ADAM
Un ensayo de antropología bíblica

CEP - 349 - 2011

ADAM
Un ensayo de antropología bíblica
© Eduardo Arens

ISBN: 978-9972-223-62-4
Hecho el Depósito Legal en la
    Biblioteca Nacional del Perú: 2011-15308
Registro de proyecto editorial: 31501131100783
Código de barras: 9789972223624
Lima, diciembre del 2011
Tiraje: 1000 ejemplares
1a. edición

Composición: Centro de Estudios y Publicaciones (CEP)
Carátula: María Elena Flores Vela
Foto carátula: La creación de Miguel Ángel. http://estudi-arte.blogspot.com/

Impreso en Ava s.a.c
Pasaje Adán Mejía 180, Jesús María
Teléfono: 4711749

Centro de Estudios y Publicaciones (CEP)
Camilo Carrillo 479, Jesús María
Apdo. 11-0107, Lima 11, Perú
cepu@cep.com.pe
www.cep.com.pe

Asociación Hijas de San Pablo
Av. El Santuario 1800 - Mangomarca
Telf.: 459-3863 Fax: 459-3842
Apartado 982 - Lima 1 - Perú
Librería: Jr. Callao 198, Lima 1 Telf.: 427-8276 / 427-9017
paulinasl_peru@terra.com.pe

Universidad Antonio Ruiz de Montoya
Paso de los Andes 970, Pueblo Libre
Teléfono: 4245322
www.uarm.edu.com

Diciembre 2011

ADAM

Un ensayo de antropología bíblica

Eduardo Arens

En gratitud a los miembros de la
Asociación de Biblistas de México.

Índice

Prólogo

L a sociedad está en crisis, y lo está porque el hombre[1] está en crisis. Ya no rige en Occidente una sola visión del hombre, la judeocristiana, sino una miríada de concepciones, no pocas con ingredientes orientales y otras tantas secularizadas. No hay un único humanismo tampoco. La globalización, sobre todo en las comunicaciones, nos confronta con un pluralismo de concepciones antropológicas. La valía del hombre ha sido progresivamente reemplazada por la primacía de la "trinidad" capital –progreso– placer, sustentada por un abanico de dogmas y sus derivados ideológicos.

Cada vez más marcadamente, el hombre ha ido pretendiendo hacer realidad la "muerte de Dios" proclamada por Nietzsche, y asumida inclusive por teólogos a mediados del siglo pasado[2]; de hecho

---

1 Empleo el vocablo "hombre" en su sentido genérico de "ser humano" o persona, no de varón, vocablo que reservo para designar el género masculino.
2 G. Vahanian, autor del libro titulado *Teología de la muerte de Dios,* a quien se plegaron P. van Buren, W. Hamilton, H. Cox y, el más radical, T. Altizer, entre otros teólogos, iniciaron una corriente de pensamiento cuya tesis es que la idea de trascendencia es carente de sentido. En el mundo secularizado el dios tras-

son cada vez más los que viven prescindiendo de Él. En su lugar están Mamón y sus placebos. No sólo eso, sino que cada vez más agresivamente se predica el ateísmo[3]. La crisis social que se ha producido (sin mencionar las crisis personales, evidentes en el recurso a paliativos y el creciente consumo de fármacos, amén de psicólogos, sin mencionar el incremento en suicidios) no es novedosa, por cierto, pero ha resurgido con marcado furor: violencia multiforme, guerras y guerrillas, fanatismos y fundamentalismos suicidas, desprecio de la vida, tanto humana como no-humana (fauna y flora), destrozo de la naturaleza inerte (glaciares, minería salvaje, ozono), nuevas esclavitudes enmascaradas, crisis económicas y ecológicas de grandes magnitudes, etc. y todo esto a pesar de la Declaración Universal de Derechos Humanos y de tantos organismos dedicados a salvaguardarlos.

Algo definitivamente anda mal, y es así fundamentalmente porque las personas, actores responsables de la vida, se han cosificado, gozan siendo manipulados, y han fijado como meta de su existencia el culto al placer vía el consumo irresponsable en el altar de la autosatisfacción egoísta. Se ha ido forjando una suerte de cultura del placer, obvia en el manejo de los medios de comunicación masiva, carentes de reflexión crítica y orientados a la manipulación hedonista que dispensa del pensamiento y del compromiso desprendido con la sociedad. Las religiones posmodernas son el hedonismo, el neoliberalismo, el consumismo. La "educación" se entiende como formación tecnológica, cuya meta es lidiar con la competitividad productiva y consumista. El paradigma es el hombre de "éxito", que es el que se desvive para lograr riquezas y acrecentarlas a como dé

---

cendental está muerto. Jesucristo no es más que modelo de humanidad, por eso urge una teología post-cristiana, que ya había sugerido Bonhoeffer.

3 Pienso en el reciente impacto que ha tenido el libro de uno de sus predicadores más ilustrados, el biólogo de Oxford, R. Dawkins: *El espejismo de Dios,* Madrid 2007, el Google-video titulado "Zeitgeist" (http://video.google.com), y la propaganda afichada en autobuses en España e Inglaterra.

lugar –por eso la pérdida de valores éticos (la ética es un obstáculo para el libre mercado)–, y darse gusto en todo, sin importar sus consecuencias o el impacto en el mundo en el que está físicamente inserto, como es evidente sobre todo en el mundo empresarial y financiero. Se considera realizada a la persona de éxito, rodeada de mujeres (o varones), que viste ropa de marca, tiene auto último modelo, etc. Es lo que vende la publicidad como filosofía de vida, por eso justamente calificada como propaganda; es lo que se inculca a muchos jóvenes como meta en la vida y se aplica en muchas escuelas que forman "robots".

En ese esquema, las únicas religiones que tienen cabida son las que siguen ese paradigma, las religiones "opio del pueblo", como acertadamente las llamó Karl Marx. Es el culto al becerro de oro, el dios Mamón, sobre el que se advierte reiteradas veces en la Biblia[4]. Lejos están de su mente la solidaridad gratuita, la compasión amorosa, el desprendimiento servicial, la ética solidaria. La caridad que calma conciencias es la filantropía o el asistencialismo, a menudo ostentosos. Y no faltan movimientos seudo-cristianos que bendicen ese mundo neoliberal, que predican "el evangelio de la prosperidad". Es simple y llanamente revivir el mito del hombre que se erige en superhombre, destrona a Dios, y tiene todo bajo sus pies. Es el mito que sustenta el llamado "progreso" (medido por la economía)[5].

Con ese panorama, que apenas es un esbozo y muy parcial, sin embargo fácilmente constatable, considero provechoso echar una mirada a lo que la reflexión bíblica, basada en muchas experiencias

---

4 Cf. H. Assmann, *La idolatría del mercado,* San José, Costa Rica 1997; J. de Santa Ana, *La práctica económica como religión,* San José, Costa Rica 1991; J.I. González Faus, *El engaño de un capitalismo aceptable,* Santander 1983, además de la Teología de la Liberación. Vea también V. Forrester, *El horror económico,* México DF 1996, además de sendas publicaciones de N. Chomski y J. Stiglitz, entre otros que ponen el dedo sobre la llaga.

5 Vea al respecto O. de Rivero, *El mito del desarrollo,* México DF 1998.

acumuladas, que cubren más de un milenio, nos pueda aportar para nuestra reflexión sobre el hombre. Y es que, insisto, la crisis de hoy es esencialmente crisis de humanidad. El binomio que recorre la Biblia, y nos reta aún hoy, es Dios - hombre. Hablar de Dios supone hablar del hombre, y viceversa, hablar judeo-cristianamente del hombre supone hablar de Dios[6]. Es urgente repensar y revalorar al hombre en su valía y su dignidad, como enfáticamente advirtió reiteradas veces Juan Pablo II. El hombre es lo más precioso en nuestro mundo; bíblicamente, es el culmen de la creación. Es por eso importante resaltar el aporte que al respecto pueda ofrecer la visión bíblica.

Según la idea que tenga de sí mismo, de su razón y finalidad para vivir, responderá el hombre a las disyuntivas que constantemente se le presentan. Sus opciones dependen, no sólo del objeto propuesto, sino de la apreciación que tenga de sí mismo como persona. Distinta será la apreciación y la respuesta de un ateo que la de un creyente, la de un cristiano que la de un musulmán. Esto involucra situaciones mil con las que está confrontado: la sociedad misma, sus relaciones con otros, sus propias metas, las crisis existenciales, la muerte. Esto toca el fundamento de la ética, y la aceptación y la configuración de la moral.

Preguntarse por sí mismo, la introspección y la toma de conciencia, la reflexión y el cuestionamiento, son propios del ser humano. Él es el único ser que tiene conciencia histórica; hace historia. La hace en sus opciones. Él es el único capaz de convertirse conscientemente

---

6 Dejo de lado el problema que encierra hablar correctamente de Dios. ¿Nos referimos a una persona o a una realidad transpersonal? ¿Es el todopoderoso, o la realidad última? ¿Cómo pensar de Dios en relación a nuestra historia y en relación al inconmensurable universo? Me ceñiré a la imagen de Dios que encontramos en los textos bíblicos. Nuestro tema es el hombre.

en proyecto –no sólo sujeto– de su futuro. El hombre es, además, el único ser que puede ser realmente libre, por tanto responsable de sus opciones. La pregunta por el hombre se agudiza tanto en sus capacidades como en sus limitaciones, así como en sus logros y sus fracasos: el hombre como proyecto.

Es propio del hombre reflexionar sobre su historia –en particular la personal–, y aprender para decidir a partir de ese polifacético pasado cara al futuro. Y eso, precisamente, es lo que se preserva en la Biblia: una larga y compleja historia, que es presentada en distintas formas –no solo acontecimientos narrados, sino reflexiones sapienciales, advertencias proféticas, expresiones de sentimientos (pena, alegría, esperanzas, temores, gratitud, etc.) en la poesía. Los textos bíblicos están conformados por experiencias evaluadas tanto personales como colectivas; son testimonios de la conciencia histórica del pueblo de Israel. Por eso la Biblia es una fuente rica a no perder de vista, desde la historia ya vivida y la proyectada. De aquí también su dimensión escatológica, aquella que le lleva al límite de su existencia humana y más allá de ella.

Ante esta realidad, hay dos caminos o modos de existencia: la auténtica y la inauténtica. Estas son categorías tomadas de Martin Heidegger que, en términos bíblicos, corresponden a lo que conocemos como salvación y condenación, o en términos mitológicos, a cielo e infierno. La existencia auténtica es la que se orienta hacia la realización de la persona en su humanidad, que se entiende como libre y altruista. El psicoanalista Ignace Lepp la redefine: "Vivir auténticamente quiere decir para nosotros aceptación de la condición humana con su llamado a la creación y a la superación. Por el contrario, es inauténtica toda existencia que se contenta con lo que es, que se repliega sobre sí misma, que acepta ser una cosa entre las cosas"[7]. Y aclara que, "sólo hay existencia auténtica para la persona que vive conscientemente su vocación" a ser plenamente humana[8].

Hablamos de "existencia (in)auténtica" cuando se trata de la manera que el hombre conduce su vida y se proyecta, lo que incluye su relación con otras personas y el mundo mismo. Concierne su naturaleza como persona humana, su dignidad y su valía. Cuando se cosifica, cuando es esclavo de sus instintos o de la opinión de las masas, entonces vive una existencia inauténtica, pues desdice la existencia distintivamente humana. Es así que, lo que llamamos pecado, es en realidad una situación de existencia inauténtica.

Ahora bien, uno de los rasgos principales de la existencia auténtica, que Lepp expone ampliamente en su libro, es aquel con el que titula uno de sus primeros capítulos: la "libertad bienamada". Es de hecho lo que distingue al ser humano como tal, o dicho más correctamente, es lo que nos hace ser humanos: "la libertad es la característica principal de la realidad humana porque el hombre está llamado a realizarse a sí mismo, porque está-por-ser-lo-que-es"[9]. Ésta la calificaba Lepp como existencia auténtica, en contraste con la inauténtica, que es determinista y hace del hombre una "cosa", abdicando de su ser humano.

El hecho que la libertad sea una dimensión distintiva del hombre lo ilustra Gén 2-3 con el símbolo del árbol del conocimiento de lo bueno y lo malo y en el relato de la tentación –como más adelante lo ilustran las tentaciones de Jesús. Más aún, el relato del éxodo de Egipto (el acontecimiento fundacional del pueblo de Israel), es nada menos que la clave interpretativa fundamental de su historia. No solo es liberación de la esclavitud, sino liberación para ir a una tierra de promisión, donde puedan desarrollarse como pueblo guiado

---

7   I. Lepp, *La existencia auténtica*, Buenos Aires 1963, 10 (énfasis mío).
8   *Ibid.*, 27 (ver todo su cap. II).
9   *Ibid.*, 65 (énfasis en el original).

por la alianza con Yahvéh. Dios no es como los ídolos, que exigen ser satisfechos so pena de castigo. Por eso la prohibición de hacer ídolos, pues éstos esclavizan. Se contraponen el faraón, representante del poder dominante y dominador, con sus dioses, y Moisés, el representante de Yahvéh, el libertador. No hay términos medios: esclavitud o libertad, ídolos o Yahvéh, seguridades (Egipto) o aventura (desierto de Sinaí).

El relato de las vicisitudes durante el éxodo recuerda, aunque en otro registro, aspectos expuestos en el prólogo de Génesis. El pueblo hebreo quiere la libertad, pero no el precio que supone. Conocidas son las frecuentes "murmuraciones" a lo largo del camino, hasta la insinuación que mejor se estaba en Egipto. Ese pueblo es conducido a una tierra de promisión, pero es tentado a dar la espalda a Yahvéh, pues exige privaciones, y sucumbe fabricándose un dios a su medida. Es la búsqueda de seguridades, tan innata al hombre. Es necesario morir a un modo de existencia para nacer a otro; es necesario morir a las seguridades inmovilizantes, a la esclavitud deshumanizante, para vivir la aventura de la libertad, de la existencia auténtica. Esto, entre paréntesis, explica la razón profunda del aparente éxito hoy de los movimientos fundamentalistas: oferta de seguridades y de certezas que liberan de miedos e incertidumbres, al precio de dejar de pensar y decidir por sí mismo. Hacen del hombre un ente programado. En cambio el camino hacia la libertad es con dolores de parto; es un re-nacimiento. Para nacer a la vida auténtica hay que morir a la inauténtica (vea en clave cristiana Mc 8,34-37; Rom 6,4s). Es lo que Jesús afirma en Jn 3,3: "Nadie entra en el reino de Dios si no nace de nuevo", pasando por la conversión. Hay que convertirse de la existencia inauténtica a la auténtica, es decir, para ser plenamente humanos es necesario resistir a la tentación de endiosarse y, paradójicamente, de sustituir a Dios por ídolos hechos a la medida y conveniencia. Hay que ser libres –tema de san Pablo en su carta a los Gálatas– si se quiere llegar a ser plenamente humanos.

Estas páginas se originaron en unas conferencias dictadas en ocasión del encuentro anual de la Asociación de Biblistas de México, del 25 al 27 de enero de 2011, en San Miguel de Allende. Agradezco a Javier Quezada, presidente de la ABM, y en él a sus miembros por la invitación a compartir, por la calurosa acogida que me brindaron, y por el envidiable ejemplo de valentía al hablar en las conferencias y coloquios con libertad, conocimiento, y honestidad académica de la Palabra de Dios.

Introducción

L a antropología es el tratado sobre el hombre, el ser humano. La elaboran hombres en base a su autorreflexión sustentada en sus diversas observaciones y apreciaciones de la vida humana. Inevitablemente se prioriza un ángulo o punto de vista sobre otros. Uno de los posibles enfoques es el religioso. Es éste el que nos ocupará en estas páginas, más concretamente la perspectiva judeo-cristiana tal como se refleja en la Biblia.

En los últimos tiempos se ha apreciado la importancia de la antropología para la teología y la dimensión religiosa de la vida[1]. Y es que, en última instancia, el sujeto es el hombre; él es el pensante, y es de él, su naturaleza, su salvación, su fe, de lo que se trata. ¿Qué puede ser más importante en la vida que el hombre? ¡Así aparece también en la Biblia! Además, visto desde la fe en Dios (que tiene

---

1   Ya R. Bultmann, bajo el influjo de M. Heidegger, entendió la teología como antropología teológica, y desencadenó una fructífera polémica. Ver hoy, entre otros, los estudios de J. Moltmann y W. Pannenberg. Particular interés concitó san Pablo, cuya antropología ha sido objeto de muchos estudios.

inevitablemente diversos matices), se obtiene una perspectiva distinta sobre el hombre que cuando él se centra exclusivamente en sí mismo. Ésa es la particularidad de la antropología teológica-bíblica.

LA PERSPECTIVA ANTROPOLÓGICA

Hablar de antropología es centrarse en el hombre, es enfrentar preguntas tales como ¿qué es el hombre?, ¿qué le hace ser humano?, ¿quién soy yo? No sólo hay diversos enfoques y preguntas, sino también muchas posibles puertas de entrada para responder a las preguntas sobre el hombre, y no pocos elementos importantes que resaltar. No han cesado de ofrecerse respuestas desde la biología, la psicología, la sociología, y afines, y por cierto desde la filosofía y la teología. Es esta última la que nos interesa, pero tal como se presenta en la Biblia, punto de referencia obligada en el pensamiento judeo-cristiano.

Las ciencias mencionadas se relativizan mutuamente, y plantean serios retos a la teología. Pensemos tan sólo en la toma de conciencia de que el hombre es un ser en evolución, en lo personal y como especie humana a lo largo de los milenios. Conocido es el escándalo que produjeron las publicaciones de Charles Darwin, que hasta hoy inquietan y provocan diversas reacciones, y la creciente pugna en los Estados Unidos entre las influyentes corrientes fundamentalistas que buscan imponer la enseñanza del creacionismo basada en una lectura literalista de Génesis, y los defensores de la tesis evolucionista.

Hoy se habla de antropología cultural, social, religiosa, filosófica, etc. Como sea, no se debe disociar al hombre de la sociedad y de su "ideología", incluida la religiosa, pues se correría el riesgo de distorsionar el cuadro. El hombre es una unidad, si bien entramado en una sociedad y orientado por su "ideología" o conjunto de axiomas y paradigmas rectores. Por eso la idea materialista del hombre difiere profundamente de la idea judeo-cristiana[2].

La pregunta por el hombre se la plantea el hombre mismo, en busca de su identidad en el contexto del mundo y sus relaciones. Es producto de una autorreflexión, que por cierto no se da en el vacío sino dentro del marco de ciertas preconcepciones o ideas. Para el israelita ésta está marcada por sus convicciones religiosas, por eso responde tal como leemos en la Biblia, aunque sea de formas muy diferentes, como veremos –diferentes son las ideas en Génesis y en los evangelios. Las concepciones del hombre y de Dios están en mutua relación. Dicho más precisamente, la idea que se tenía de Dios se formaba por analogía y contraste con la idea que el hombre tenía de sí mismo. Las imágenes de Dios son sustancialmente imágenes del hombre. Por tanto, en su mente, antropología y teología son inseparables, y éstas son inseparables de la religión. Ésta no es la única correlación. La respuesta a la pregunta por el hombre es también inseparable de las relaciones que sitúan al hombre en el espacio y el tiempo. Para la mente hebrea algo "es" en su relación "a algo"; no "es" en sí mismo. Para el hombre esto se traduce en sus relaciones con la sociedad, con la naturaleza, con su cultura, con su historia, con sus sueños y sus esperanzas –además de su relación con la divinidad–, es decir por una "constelación de relaciones"[3].

---

2 Uno de los temas recurrentes de discusión durante las décadas de dominio comunista en Europa del Este era precisamente el antropológico, especialmente en los diálogos con filósofos y teólogos de Europa "continental". Y es que se tocaba una fibra vital sensible relacionada a la valía del hombre y de su existencia y su historia.

3 B. Janowski, "Konstellative Anthropologie. Zum Begriff der Person im Alten Testament", en C. Frevel (ed.), *Biblische Anthropologie* (QD 237), Friburgo/Br. 2010, 64-87. Este artículo, así como el de R. di Vito, "Old Testament Anthropology and the Construction of Personal Identity", en *Catholic Biblical Quarterly* 61(1999), 217-238, son sumamente instructivos para entender la antropología bíblica.

La antropología hoy empieza preguntando por el hombre, no por Dios, y pregunta a la teología críticamente por el lugar del hombre en su reflexión mirando a Dios. Si la pregunta se traslada a los textos bíblicos, es indispensable estar familiarizado con la visión del hombre antaño en las culturas semíticas, y cotejarla con lo que conocemos hoy. Por ser antropología teológica, repensará en un segundo momento la relación de ese hombre con Dios (*theós*). No hablará de Dios ignorando al hombre, como no hablará del hombre ignorando a Dios. Es precisamente así, relacionalmente, como están presentados el hombre y Dios en la Biblia.

Mi enfoque será existencial, no metafísico. Ése es el que se impone en una antropología desde la perspectiva bíblica. Más que el qué, interesa el quién es humano. Por eso, la antropología, como la enfocaremos, no se limitará a las tradicionales preguntas de orden ontológico y metafísico[4], sino que empieza por las más empíricas (que son las de la Biblia), como son su corporeidad, su relacionalidad, su dignidad, su historicidad, además de su dimensión religiosa –el hombre visto desde su relación con Dios.

---

4   Quien en estudios teológicos pregunta por lo humano se expone a ser acusado de hacer antropología o sociología, como si fuera posible la reflexión teológica a espaldas del hombre (que es quien hace teología!!). Ésta es la postura típica en grupos integristas, que por lo mismo prefieren la teología basada en la filosofía metafísica, como la *Summa Theologica* de Tomás de Aquino. Es una visión con claro perfil dualista, un rasgo distintivo del fundamentalismo, que adopta una visión neoplatónica del hombre. Cuando hablan del hombre es negativamente en relación al cuerpo, con una visión maniquea con fijación en la sexualidad, para concentrarse en el pecado, el alma, el cielo, etc. Una de las claras voces críticas al respecto fue la de L. Feuerbach, especialmente en su libro *La esencia del cristianismo* (1841).

LA PERSPECTIVA BÍBLICA

Distintas son las respuestas del creyente y la del ateo sobre el hombre. Para unos es creatura de Dios, para otros es producto de leyes naturales o de la contingencia. Para unos Dios creó al hombre, para otros el hombre creó a Dios. Las diferentes respuestas evidencian la existencia de diferentes antropologías. No son juegos de palabras o simples elucubraciones. Son posturas producto de la autoconciencia y autovaloración. Su importancia se refleja en las consecuencias éticas: el creyente vive pendiente de su relación con Dios, incluido un juicio final y el veredicto divino, no así el ateo.

En contraste con Génesis y la fe judeocristiana, entre otras, según el ateo el hombre se autogenera y su tarea es hacer que su naturaleza imperfecta evolucione hacia una re-creación, inclusive una nueva creación, hacia el superhombre. El hombre ha asumido la creatividad de Dios y así convirtió la trascendencia en inmanencia, la eternidad en tiempo. Él es sujeto autónomo, por tanto no hay otra ética válida que la que asegure la supervivencia y permita esa re-creación, es decir, es una cuestión de conducción pragmática e inteligente de la vida.

Desde la perspectiva bíblica, que es teológica, el hombre es entendido como creatura y por tanto objeto del amor del Creador. Es un dogma fundamental. Para el creyente el hombre no es producto del azar, de una reencarnación, o de un juego con genomas. En eso afirma su dignidad y dirá ser "imagen de Dios". Al ateo le preguntará si es posible que el hombre pueda crearse a sí mismo, que sea producto de la creatividad humana, de conjugaciones moleculares o biológicas.

Si nos interesa la respuesta bíblica es porque toca una dimensión que, de una u otra forma, está latente en "el interior" de los humanos: la pregunta por sí mismo, el presente y la (posible) trascendencia, el hoy y el más allá en el tiempo y el espacio. En su sencillez, y quizás precisamente por eso, por ser cándidos como son los niños, libres de las capas de complicaciones modernas, los hebreos intuyeron la dimensión religiosa –al margen de las influencias sociales y culturales. ¿Qué nos diferencia del resto del mundo, de los animales? ¿Cuál es el origen de esa diferencia sustancial? Como personas religiosas, los hebreos buscaban la respuesta en su particular relación con la divinidad, el ser supremo. Es el concepto de creación.

Hablamos de antropología "bíblica" por cuanto procede de una lectura desde textos bíblicos, pero, como sabemos, por su origen y su naturaleza, la Biblia no es un todo uniforme. Eso significa que no existe tal cosa como la antropología bíblica, ni tal cosa como "la enseñanza o doctrina bíblica sobre el hombre", porque lo "bíblico" es muy variado en origen y perspectiva; no es igual el AT que el NT, el mundo semítico antiguo que el posterior más helénico. Lo mismo hay que decir sobre la imagen de Dios. No es igual en Génesis que en Sabiduría o en Isaías, o que en los evangelios. Cierto, hay un denominador común mínimo, como la relación del hombre frente a Dios en clave de alianza, o la visión unitaria del hombre mismo en contraste con la platónica (que sin embargo aflora en textos más helénicos).

El calificativo "bíblica" no se refiere al libro sino al mundo en el que se forjó la Biblia. Hay que tener presente que el "tiempo bíblico" no es uniforme; ha evolucionado, variando según las épocas e influencias. No es igual el tiempo pre-exílico que el post-exílico (del s. VI a.C. en adelante, y marcado por la cultura babilónica del exilio), ni que el tiempo de Jesús, sin mencionar que la idea del hombre que pueda tener un autor no necesariamente es la misma que la de otro; la de un Oseas y de un Malaquías o un Pablo de Tarso, por ejemplo, son diferentes. Obviamente, las ideas religiosas –con ello las ideas sobre el hombre– fueron evolucionando, igual que la sociedad.

La antropología que sustenta los relatos de Génesis es en gran medida representativa de la antropología semítica de tiempos del exilio en Babilonia, que es cuando se empezó a componer el Pentateuco. Los primeros capítulos de Génesis, en particular, tratan de forma explícita de la naturaleza y la dignidad del hombre, y de su relación con la sociedad y con Dios: creado, débil ante la tentación, inclinado a querer ser divino, envidioso, castigado por Dios y renovado con una alianza... A partir de Gén 12 se impone la primacía de Dios sobre el hombre, cuyos éxitos dependen de obedecer a Dios.

La idea bíblica del hombre es indudablemente pre-científica. En la Biblia, cuya perspectiva es religiosa, se valora al hombre primordialmente en su relación con Dios. En otras palabras, sólo visto desde Dios se puede decir, según la Biblia, quién es realmente el hombre. Por lo mismo, se entretejen teología y antropología, y éstas coloreadas por conceptos mitológicos.

En efecto, la idea del hombre en la Biblia está marcada –inevitable y naturalmente– por los supuestos mitológicos de aquellos tiempos. Sin embargo, eso no significa que no haya logrado penetrar en la identidad humana, o que no haya captado su relación con el mundo natural, la sociedad y con Dios. Las reflexiones y las orientaciones bíblicas para la vida humana no por ello carecen de valor para hoy. Sus expresiones son diferentes, no así necesariamente sus contenidos centrales, como lo son sus relaciones con el entorno, sus anhelos, sus deseos, sus debilidades y temores, que son las constantes. En este sentido, en su humanidad, el hombre es el mismo ayer y hoy.

Ahora bien, la idea semítica del hombre, la predominante en la Biblia, no es la platónica. Posteriormente, por el contagio cultural, se fue asumiendo en el cristianismo en particular, la visión platónica del hombre con sus dualismos e idealismos. En estas páginas nos centraremos en el AT de tiempos anteriores a la influencia helénica y, en un segundo momento, en la antropología de Jesús, tributaria de la semítica veterotestamentaria.

El neo-platonismo influyó considerablemente en el pensamiento religioso, imponiéndose paulatinamente una visión dualista del mundo, la contraposición entre Dios y el mundo, entre espíritu y materia, entre cuerpo y alma, que contrasta radicalmente con la visión unitaria del hombre en la mentalidad semítica. Fue así como la religión menospreció el cuerpo de cuya inclinación al pecado había que salvar al alma. Con esta visión se llevó a cabo una relectura de los relatos de Creación en particular y se impusieron las interpretaciones negativas con respecto al mundo que nos son familiares: el pecado original, la negatividad de la sexualidad, la mujer como seductora, la pérdida del paraíso, la concupiscencia, etc. Eso explica también la actitud hostil que durante siglos ha mantenido la religión frente a las ciencias naturales, con un consecuente ateísmo expreso o tácito. Pero, ¿están avaladas esas apreciaciones por la Biblia, en particular los textos en Génesis? Es lo que nos ocupará en la primera parte.

La idea del hombre en el mundo bíblico se revela ya en los términos empleados y sus significados. No es "animal racional", sino "imagen de Dios". Además, la idea hebrea es esencialmente unitaria y relacional, no individualista. En el AT los términos con los que se refieren al hombre, son simbólicos: corazón, garganta, riñones, no designan solamente órganos sino también funciones afectivas (sentimientos); se refieren a los miembros visibles (manos, pies, oídos, ojos) para designar funciones efectivas, lo que realizan (acción), no a sus apariencias o formas. El hombre ama "con todo el corazón" (Dt 6,5; 10,12), siente con "los riñones" (Jb 16,13) y "el hígado" (Lam 2,11), "sus huesos se estremecen" (Jb 4,14; Sal 6,2), conoce la vejez cuando "los ojos están débiles" (Dt 34,7) y confía encontrar "gracia a los ojos" de los demás (Nm 11,11; 32,5), etc.[5] Así también hablan de Dios y su relación con el hombre, por lo que no extrañan los antropomorfismos: escucha, habla, siente, viene. Fue Dios quien creó al hombre, le dio la vida, y los medios para relacionarse dialogalmente. El cuerpo, con sus componentes y dimensiones, está hecho para relacionarse, tanto con Dios como con la sociedad y el mundo mismo. El hombre está determinado por su corporeidad, su existencia carnal, que lo confronta con sus limitaciones, no por último con la muerte. Las limitaciones invitan a mirar a Dios.

Por eso la corporeidad es esencial en la idea del hombre. Se trata del hombre concreto, real. El hombre es cuerpo, no tiene un cuerpo[6]. Se comprende a sí mismo en términos relacionales[7]. Sin cuerpo no hay comunicación, experiencias, sensibilidad, compasión, humanidad. Sin cuerpo no se sufre ni se muere, tampoco se festeja ni se reproduce... No en vano en el mundo semítico era frecuente designar a la persona y sus dimensiones vitales por medio de referencias al cuerpo humano, como hemos visto.

Ya anticipé que la pregunta básica e importante no es "qué es el hombre", sino "quién eres tú, hombre". No es la pregunta por una esencia o composición biológica o anatómica, sino por una conciencia y vivencia de su identidad como persona. La pregunta qué es el hombre la responde la Biblia diciendo que es un cuerpo del limo de la tierra vitalizado por el espíritu divino. A la pregunta quién es el hombre, responde la Biblia de diversas maneras, directas e indi-

---

5   Cf. H.-W. Wolff, *Antropología del Antiguo Testamento,* Salamanca 1975.

6   Es el sentido del vocablo en boca de Jesús en el curso de la última cena: "esto es mi cuerpo", que en la mentalidad semítica equivale a decir "soy yo". Y la Iglesia (no el pan eucarístico!) es designada luego como "cuerpo" de Cristo (1Cor 12). El pan eucarístico compartido constituye Iglesia, comunión con Jesucristo, cabeza de la Iglesia.

7   El hebreo desconoce un "yo" entendido desde su interioridad. La identidad la da el papel social y la posición que ocupa. Cf. R. di Vito, *art. cit.* 231.

rectas, pero básicamente a través de relatos, como aquellos en Génesis[8]. En éstos se observa que el hombre es esencialmente alguien en relación, en situación dialogal; en relación al mundo, a la humanidad, y especialmente a Dios. El hombre no existe en sí y para sí. La relación del hombre con el mundo está resaltada en los relatos de creación en Génesis al poner las plantas y los animales a su disposición. La relación con la humanidad está expresada en el hecho de que desde el inicio son dos, varón y mujer, sea para complementarse (Gén 1) o para acompañarse (Gén 2), en relación dialogante: "ésta sí es carne de mi carne". La relación con Dios es la primera, en la creación misma del hombre, que para el hebreo es la fundamental.

En tres ocasiones en el AT se plantea expresamente la pregunta "¿qué (quién) es el hombre para que te fijes en él?", y siempre es respondida en relación a Dios: en Sal 8,5, Sal 144,3 y Job 7,17s. Pero es en Gén 1-11, especialmente en los tres primeros capítulos donde, sin expresamente plantear la pregunta, se responde a ella mediante relatos "protológicos" (de inicios). En todos éstos se trata de la dignidad de la persona, que se predica como debida al Creador, con lo que también se apunta a sus limitaciones. En esencia, el hombre es lo que es gracias a Dios, su creador[9] –tema de Gén 1 y 2. Pero, quién es depende de sus relaciones con Dios y con el mundo, y del ejercicio de su libertad –tema de Gén 3. Por supuesto, sin plantear expresamente la pregunta, el hombre es tema en muchos textos veterotestamentarios, sobre todo en Génesis, en los Salmos y en la literatura sapiencial.

---

8   Para ser exactos, la Biblia nunca pregunta "quién (*mih*) es el hombre" porque esta formulación nace en la mente que abstrae y se sumerge en su autoconciencia, algo ajeno a la idiosincrasia hebrea. Por eso siempre dice "qué (*mah*) es el hombre", pero, por las respuestas dadas, es evidente que corresponde a nuestra formulación quién, en lugar de qué.

9   Como advirtió C. Tresmontant, *A Study of Hebrew Thought,* Nueva York 1960, 95 (hay trad. castellana), "la distinción bíblica (en el hombre) es aquella entre el Hacedor y aquellos que Él ha hecho, y no entre cuerpo y alma, como en Platón".

En lo que sigue, nos centraremos primero ampliamente en los relatos de creación de Génesis, por ser textos fundamentales, complementados con algunos otros del A.T. En un segundo momento preguntaremos por la antropología que probablemente era parte del pensamiento de Jesús de Nazaret y que, en parte (vista desde los destinatarios reales en su tiempo), explica su predicación.

I.
EL HOMBRE, CREATURA DE DIOS

L os once primeros capítulos de Génesis son probablemente los más conocidos de la Biblia, y a su vez son de los más discutidos; basta que pensemos en las disputas a partir de la tesis sobre "la evolución de las especies" o las aserciones sobre la naturaleza del fruto comido por Eva. Los relatos de la creación, la serpiente tentadora, la expulsión del paraíso, Caín y Abel, el diluvio y el arca de Noé, la torre de Babel, los hemos escuchado cuando éramos pequeños... y los hemos entendido literalmente; no se nos ocurría que no fuesen historias reales. Y muchos aún hoy los entienden así: "la Biblia no cuenta cuentos", se retruca.

Estos capítulos de Génesis constituyen una grandiosa y sopesada síntesis del pensamiento hebreo sobre Dios, el hombre, el mundo y la sociedad, que ha influido notablemente en el pensamiento judeo-cristiano[1]. Son fruto maduro de un largo recorrido cuyas raíces se

---

1 Bibliografía básica castellana: G. von Rad. *El libro de Génesis,* Salamanca 1977; F. Castel, *Comienzos. Génesis 1-11,* Estella 1987; G. Ravasi, *El libro del Génesis,* vol. I, Barcelona 1992; R. Clifford - R. E. Murphy, "Génesis", en Brown - Fitzmyer - Murphy, *Nuevo Comentario Bíblico "San Jerónimo",*

hunden en siglos de vivencias históricas del pueblo de Israel. Esta síntesis reflexionada y madura, con su visión universal[2], fue fijada por escrito en su forma actual después del exilio en Babilonia, es decir después de fines del s. VI a.C.[3]

El relato de los orígenes no se limita a los tres primeros capítulos del Génesis, la creación y el pecado, como es costumbre pensar, sino que se extiende hasta la aparición de Abraham en la escena. De hecho, con el extenso (cap. 6-9) relato dedicado a Noé, tras la "exterminación de sobre la faz de la tierra" (6,7), se da un nuevo inicio de la vida sobre la tierra, con términos iguales a los de Gén 1,28: "Dios bendijo a Noé y a sus hijos, y les dijo: Sean fecundos, multiplíquense y llenen la tierra... y domínenla" (9,1s.7). El recorrido se va estrechando selectivamente de lo universal hasta lo individual, desde la creación del mundo hasta la persona de Abraham[4]. Con la figura de Abraham comienza la historia de la relación de Dios con

---

vol. I, Estella 2008; J. Loza – R. Duarte, *Introducción al Pentateuco. Génesis*, Estella 2007. Omito obras de corte fundamentalista, que leen Génesis como una historia cronística.

2   Uno de los rasgos del bloque Gén 1-11 es la universalidad en las perícopas: se trata de la "historia" de la humanidad. Recién a partir de Gén 12, con la figura de Abraham, se centra la obra en la historia de *Israel*. Es así como la historia nacional es enmarcada en la "historia universal". Desde el punto de vista de experiencias, es al revés, se pasa de las vivencias individuales y comunitarias a la reflexión sobre el hombre universal, algo que se observa en otra obra centrada en el hombre: el libro de Job.

3   La fecha se determina por las referencias, alusiones, concepciones, aspectos culturales y teológicos, entre otros, que se encuentran en los textos, que corresponden a una determinada época que se conoce. El exilio en Babilonia, tras la conquista de Judea por Nabucodonosor, produjo cambios significativos y dejó huellas profundas en la religión judía, tanto por las reflexiones tras esa desgracia como por las naturales influencias de la cultura y religión babilónica.

4   Es notorio que repetidas veces se habla de *toledot*, que denota una secuencia de generaciones. Con ese vocablo termina el primer relato en 2,4a: "Este es el *toledot* del cielo y la tierra..."; nuevamente al inicio de cada genealogía (5,1; 6,9; 10,1; 11,10.27). En otras palabras, se trata de una secuencia histórica que desembocará en Abraham.

Israel y su destino. Es decir, Gén 1-11 está relatado con la mirada puesta en el origen de Israel como pueblo escogido por Dios.

En las páginas que siguen nos vamos a concentrar en la idea del hombre que se revela en los relatos de creación en Génesis. Otros temas, tales como la creación misma o el cosmos, los trataremos tan sólo tangencialmente. Pero, antes de abordar nuestro tema, debemos tener una idea suficientemente clara de la naturaleza de esos textos, pues de ello dependerá la rectitud de nuestra comprensión de los relatos.

LO PRIMERO ES LO PRIMERO:
LA CUESTIÓN LITERARIA

En Génesis no se trata de la historia de los orígenes en sí. Lo que tenemos es una *narración* de la *pre*historia. Como toda narración, ofrece el punto de vista del narrador, su cultura, sus conceptos, su cosmovisión, sus creencias. Tenemos, además, no una, sino varias *narraciones*. La prehistoria como tal la investigan las ciencias. De ella no tenemos tradiciones orales ni escritas, tan sólo algunos restos, vasijas y utensilios, instrumentos y huesos, testimonios mudos de aquellos remotos tiempos. La prehistoria narrada en la Biblia no se preocupa de la historia que esos restos atestiguan ni del modo de vivir en esos tiempos, sino fundamentalmente de la relación entre el hombre y Dios *proyectada* a los lejanos orígenes. No son testimonios de sus actores, sino relatos de los narradores.

Si historia es la crónica (narración) de acontecimientos atestiguados fidedignamente, entonces no puede ser que antes de tener testimonios empiece a configurarse una historia narrada; lo que por cierto no se aplica a la creación del mundo pues el hombre no existía aún. Y el hombre primitivo no ha legado testimonios de su vida o su pasado, salvo algunos mudos artefactos o restos físicos. Esto significa que la historia empieza a conocerse en momentos diferentes según los pueblos que se trate. En el Incanato, p. ej, recién con la venida de los españoles en el s. XVI se empieza el interés por la historia, las tradiciones orales ancestrales eran pocas y de dudosa procedencia y veracidad. En Israel la historia empezó a gestarse después que se constituyó como pueblo, tras la conquista en el s. XI a.c., pero no se escribió hasta muchos siglos después.

Notorio es que en Israel el relato de su historia se *retrotrajo* hacia la figura de Abraham, patriarca tradicional del pueblo, y más atrás hacia los meros orígenes del hombre. Pero eso es proyección retrospectiva para fijar las raíces; es pre-historia.

El tema y propósito de la arqueología y ciencias afines, indispensable para comprender y reconstruir confiablemente la historia primitiva, es diferente de aquel de la Biblia. Para la Biblia el tema no es la historia del hombre sino más bien la relación del hombre con Dios, que es materia de creencias y convicciones. Es historia teológica. Por lo tanto, la frecuente contraposición Biblia - ciencia, generalmente asociada con Génesis, es ficticia; no es real (está sólo en las mentes). Sus temas, métodos e intereses son distintos. La ciencia no se interesa por preguntas teológicas; la Biblia no tiene como tema las ciencias naturales. La una es netamente científica, la otra teológica. Es la confusión de ambas la que genera el conflicto.

Sin embargo, el hecho es que desde tiempo inmemorial se ha creído, y muchos aún hoy creen a pie juntillas, literalmente, con algunos posibles matices, que el mundo se originó tal como se relata en la Biblia[5]. Es la primera afirmación del Credo: "Creo en Dios

---

5   Es el tema del fundamentalismo. Concretamente, vea ahora F. Fernández Pastor, *Fundamentalismo bíblico,* Bilbao 2008. Ya antes, E. Arens, *¿Conoces la Biblia? Respuestas al fundamentalismo biblicista,* Lima 1994, cap. 1-3. En general, J. M. Mardones, ed., *10 palabras clave sobre fundamentalismos,* Estella 1999. Al hablar de la inerrancia, el concilio Vaticano II afirmó que "la verdad

Padre todopoderoso, creador del cielo y de la tierra". Tácitamente se asume que lo que tenemos en la Biblia se basa en testimonios de quienes estuvieron allí en aquellos remotos tiempos (o que Dios les "reveló" cómo fue la creación). Esta creencia, sin embargo, empezó a resquebrajarse con el advenimiento de la Ilustración, la independencia del pensamiento racional del de los dogmas religiosos, y los descubrimientos, especialmente en el campo de la astronomía y de las ciencias naturales. Pensemos en los descubrimientos de científicos, especialmente astrónomos, como Copérnico y Galileo, que proponían una visión distinta del mundo y el cosmos. Por otro lado, se observó que en Génesis tenemos dos relatos de creación muy diferentes, no en todo conciliables, como veremos luego: ¿cuál es el más "histórico"? Fue particularmente con la publicación en 1859 de "La evolución de las especies" por Charles Darwin, que la idea del origen del hombre cambió drásticamente. Ya antes, con los estudios de anatomía desde el siglo XVI había empezado a cambiar la idea sobre la naturaleza del hombre. Pero las iglesias rechazaban esas explicaciones, basándose en su tradicional lectura literal de la Biblia. Es así como se empezó a contraponer Biblia y ciencia, fe y razón. Pero, ¿es real tal oposición? Gran parte de esa contraposición proviene de la incomprensión de los textos bíblicos, su origen, su naturaleza y sus limitaciones. Es la lectura *literal* de los textos bíblicos la que choca con los datos de las ciencias.

Todo esto nos lleva a preguntarnos por el tipo de literatura que tenemos en Génesis, especialmente en los primeros capítulos, y por su relación con la realidad del mundo físico y humano, es decir con "la creación", como acto y como realidad en la que vivimos. Repito: nos estamos refiriendo a literatura, *narraciones* acerca de unos orígenes, lo que implica una gran dosis de interpretaciones subjetivas y de proyecciones de creencias.

---

que Dios quiso consignar en las sagradas letras fue aquella *para nuestra salvación"* (Dei Verbum n.11), es decir no concierne las ciencias.

LUGAR DEL PENTATEUCO

Un texto literario se compone según un plan mínimo y con un claro propósito. El lugar que ocupan las piezas, los capítulos y los párrafos, está en función de lo que su autor quiere comunicar con la obra entera, es decir su propósito. Son piezas para una construcción: la obra literaria. Por eso, debemos preguntar por el papel que ocupan los relatos de creación en la Biblia, más precisamente, en su primer "volumen", el Pentateuco o Torá, conocida como "los libros de Moisés". Pero también debemos preguntar por el proceso de construcción, las posibles etapas, añadiduras, cambios, acomodos. Una segunda pero indispensable pregunta es por el género literario de la obra, y el de cada pieza que la constituye, concretamente nos interesa el género de los relatos de creación: ¿son historia, crónicas, leyendas, mitos? Esta pregunta, que corresponde a aquella por la intención o propósito del narrador, la iremos respondiendo conforme nos sumergimos en la trama del texto mismo.

Génesis 1-11 fue introducido en el Pentateuco a modo de grandioso *prólogo*, antes de los relatos sobre los patriarcas, como Jn 1,1-18 es el prólogo para el cuarto evangelio, y la visión inicial en Apoc 1,9-20 lo es para el Apocalipsis. La ruptura es evidente no bien se empieza en Gén 12,1. Como tal, es clave o guía hermenéutica de lectura para el resto de la obra. Aunque se lee primero por estar ubicado al inicio, el prólogo *se escribe al concluir* la obra. Es un condensado reflexionado y sopesado, pensando expresamente en las ideas que el autor quiere que el lector tenga presentes al leer la obra, y desde qué ángulo debe leerla. Así, por ejemplo, los temas de la Alianza y de la Ley, que son fundamentales, están presentes en las escenas de la tentación a Eva, representados en "el árbol de la ciencia" (2,17; 3,3.11) y después del diluvio (9,8-17). Por todo esto, cualquier presentación de la antropología bíblica que valga su sal *debe* detenerse en el prólogo al Pentateuco donde, además, al inicio se trata expresamente del hombre.

DOS RELATOS DE CREACIÓN

La *composición* del Pentateuco es compleja, producto de un proceso de recopilaciones y redacciones difícil de reconstruir, lo que no es trascendental para nuestro tema. Una lectura atenta de los tres primeros capítulos de Génesis muestra que nos hallamos ante *dos* relatos de la creación, poniendo cada uno diferentes énfasis: el primero presenta una secuencia de la creación del mundo[6], cuya culminación es el hombre, y el segundo apenas si sintetiza la creación del mundo para concentrarse acto seguido en la creación del hombre. Se trata de los relatos que leemos en Gén 1,1 - 2,4a y en Gén 2,4b - 25.

He aquí algunos rasgos distintivos evidentes:

• El nombre de Dios en el primer relato de creación es siempre el mismo: *Elohim*, nombre genérico para Dios. En el otro relato, el nombre es siempre *Yahvéh* (a menudo traducido por "Señor"), nombre propio del dios de Israel.

• La imagen de Dios varía notablemente: en el primer relato es un Dios majestuoso, soberano, distante de la creación –se dirige a ella desde su lejanía, con su mera palabra. En el segundo relato Dios aparece caluroso, cercano, que actúa directamente sobre la creación; Él mismo formó al hombre del polvo y sopló en sus narices (2,7), plantó un jardín (2,8), habló al hombre (2,16s, etc.).

• El punto de vista del primero es cósmico (cielos y tierra), mientras el del otro refleja una visión más bien provinciana, centrada en el Edén, no "la tierra" toda, que está "en el oriente" (2,8).

---

6   Está casi demás recordar que "mundo" engloba aquel que ellos podían ver. No tenían ni idea de un cosmos inmenso como el que conocemos, con constelaciones y galaxias. Este "mundo" consta de cielos *arriba*, aguas *abajo* y tierra firme en el medio.

- La creación del hombre es notablemente distinta en ambos relatos: en uno es *formado* del polvo de la tierra, en el otro es *creado* por la mera palabra de Dios ("Dios dijo..."); en el uno el hombre es el culmen de la creación, pero en el otro después de él Dios crea los animales y luego la mujer.

- Literariamente, Gén 1 es rítmico (seis días), con estribillos con sabor poético; Gén 2 es una narración de marcado sabor mitológico. Sus estilos, incluso en traducción castellana, son notablemente diferentes. El uno es solemne, sobrio; el otro es popular, colorido. El uno es terso, reflexivo, con palabras sopesadas; el otro es descriptivo, vivaz, reflejando movimiento.

Desde hace varios siglos estudiosos de la Biblia han determinado que los dos relatos de la creación provienen de dos tradiciones o círculos diferentes. A esta conclusión llegaron por las observaciones que he destacado. El relato más reciente, Gén 1,1-2,4a, proviene de un medio interesado en afirmar el culto (sábado), por eso se le califica como "sacerdotal". El más antiguo, Gén 2,4b-25, proviene de un círculo calificado como "yahvista", porque se refiere a Dios sistemáticamente con el nombre Yahvéh, no Elohim como en el otro relato[7].

Como toda comunicación oral, al pasarse de una persona a otra, particularmente en la sucesión de generaciones, el material comunicado es objeto de una serie de alteraciones. Piense usted qué sucede cuando A le dice algo a B, y éste a su vez se lo dice a C, y así en cadena sucesiva.... Pues bien, el material sufre modificaciones: adaptaciones, actualizaciones, elaboración de ciertos aspectos, pérdida de elementos que llegan a ser irrelevantes, etc. Eso mismo sucedió con

---

7 El relato de origen sacerdotal, Gén 1, se conoce como P (del alemán *Priester*), y el del círculo monoteísta yahvista, Gén 2-3, se conoce con la sigla J (del alemán *Jahwist*). Para nuestro estudio no es de vital importancia detenernos en el intricado problema de esas "fuentes". El interesado puede informarse en cualquier introducción crítica al Pentateuco, incluida aquella en la "Biblia de Jerusalén".

el material que leemos ahora en los relatos del Génesis, entre otros muchos que encontramos en la Biblia.

El prólogo originalmente empezaba con el relato en Gén 2, la versión más antigua, *luego* se le antepuso Gén 1, de origen más reciente. El hecho es que el redactor o recopilador del libro de Génesis[8] optó por una secuencia narrativa que va pasando de una visión cósmica (Gén 1) a una más centrada en el hombre y su relación con su entorno inmediato en el Oriente medio (Gén 2-3), para seguir con el desarrollo de la humanidad en sí misma (Gén 4-11), y así ubicar las historias de los patriarcas, que vienen a continuación. Por razones prácticas, siguiendo esa pauta pedagógica, veremos los relatos de la creación en el orden en el que se encuentran en la Biblia, no en el cronológico de su composición (el cual nos daría una idea de la evolución del pensamiento).

GÉNERO LITERARIO

Mirando el contenido, la primera pregunta que debe plantearse y responderse ante una obra literaria es aquella por su *género lite-*

---

8   No tenemos la más remota idea de quién fue o quiénes fueron los autores de los libros que conforman el Pentateuco. Gran parte del material proviene de largas tradiciones orales, particularmente los relatos. Por eso, hablar de "el autor" es una alusión práctica pero no corresponde necesariamente a la realidad, pues no pocos relatos se fueron transformando en el transcurso de su transmisión oral, siendo cada contribuyente en cierto modo también un autor; inclusive la forma escrita pasó por varias redacciones. Por eso es preferible hablar de redactor, pues quien escribió no es autor en sentido estricto. No es imposible que en algún momento se hayan fijado por escrito ciertas tradiciones según una determinada corriente de pensamiento, razón por la que hablamos de "tradición" sacerdotal y "tradición" yahvista. Como sea, el trabajo final ha sido producto de una escuela de maestros. Su fijación escrita, tal como la hemos heredado, data de no antes del siglo VI a.C., tiempo del exilio en Babilonia. Una buena presentación, informativa y didáctica, es la de A. Salas, *Los orígenes. Del Edén a Babel,* Madrid 1992.

rario[9]. No se entienden e interpretan igualmente una novela, una fábula, una leyenda, una crónica, un cuento o un mito, por mencionar algunos géneros narrativos. La importancia de esta cuestión ha sido resaltada formalmente en la Iglesia Católica a partir de la encíclica *Divino afflante spiritu*, del papa Pío XII: el exegeta "discierna y distintamente vea qué *género literario* quisieron emplear y de hecho emplearon los escritores de aquella vetusta edad. Porque los antiguos Orientales no siempre empleaban las mismas *formas* y los mismos *modos de decir* que hoy usamos nosotros, sino más bien aquellos que eran los corrientes entre los hombres de sus tiempos y lugares. Cuáles fueron éstos, no puede el intérprete determinarlo de antemano, sino solamente en virtud de una cuidadosa investigación de las antiguas literaturas del Oriente Medio. Ésta, llevada a cabo en los últimos decenios con mayor cuidado y diligencia que anteriormente, nos ha hecho ver con más claridad qué *formas de decir* se usaron en aquellos antiguos tiempos..." (n.20-22). Desde entonces ha sido reiterada esta indicación en múltiples ocasiones, no por último en la constitución *Dei Verbum* del concilio Vaticano II: "Para descubrir la intención de los autores sagrados, entre otras cosas hay que atender a 'los géneros literarios'. Puesto que la verdad se propone y se expresa de maneras diversas en los textos de diverso género: histórico, profético, poético o en otros géneros literarios" (n.12)[10]. Por lo tanto, la pregunta por el género literario de los relatos en Génesis 1-11 es de vital importancia.

---

9   Explicaciones sobre los géneros literarios se encuentran en introducciones críticas a la Biblia. Entre las dedicadas al tema, vea G. Lohfink, *Ahora entiendo la Biblia,* Madrid 1977; S. Muñoz Iglesias, *Los géneros literarios y la interpretación de la Biblia,* Madrid 1968; J. Schreiner, ed., "Formas y géneros literarios del Antiguo Testamento", en Id., *Introducción a los métodos de la exégesis bíblica,* Barcelona 1974, cap. VIII; H. A. Mertens, *Manual de la Biblia,* Barcelona 1989, 68-111.
10 Vea especialmente el documento de 1993 de la Pontificia Comisión Bíblica, "La interpretación de la Biblia en la Iglesia".

El género literario está en función del propósito del autor: para entretener, el género novela es idóneo, así como para exigir un pago se recurre al género factura, o para narrar la vida de alguien se emplea el género biografía.

La lectura literalista de Génesis 1-11 es la más común, asumida inocentemente en nuestra niñez. En círculos y movimientos de corte fundamentalista, se tratan esos relatos como crónicas que (supuestamente) describen personajes y situaciones históricas tal como se lee *literalmente*. Caso conocido y emblemático es la lectura de los Testigos de Jehová, que inclusive afirman conocer el lugar y la fecha de la creación del hombre por parte de Dios, deducible de la Biblia misma. Entienden Génesis como una crónica de una serie de hechos realmente acaecidos. En defensa de esa lectura es común argumentar que "Dios todo lo puede", por tanto puede haber creado tal como se relata y puede habérselo contado o revelado al que narró la creación, o que, siendo la Biblia "palabra de Dios", no puede engañarnos y por tanto hay que asumir que sucedió tal como se relata, aunque nos parezca inverosímil.

Acostumbrado por crianza a este tipo de lectura historicista, puede resultar chocante, para quien no conoce el origen y la naturaleza de la Biblia en su dimensión de palabras humanas, la posibilidad de que no se trate de historia[11]. Sin embargo, la comparación con otros textos más antiguos ampliamente extendidos, encontrados en los últimos dos siglos, que tienen las mismas características literarias, revelan que se trata de relatos similares a los *mitos* de creación en otras culturas circundantes[12]. ¿Cómo explicar sus notorias semejan-

---

11 El escándalo se supera cuando se está informado sobre la naturaleza y los alcances de la Biblia. Para eso remítase a una introducción crítica (no fundamentalista) de la Biblia. Vea E. Arens, *La Biblia sin mitos,* Lima 2004, con amplia bibliografía.

12 El término mito no es el más feliz porque suele evocar el mundo de los cuentos, lo netamente imaginario, asociado a lo falso. Los mitos transmiten sus verda-

zas? Notoria es la semejanza del relato bíblico con otros tantos relatos en el mundo mesopotámico y cananeo –el mundo circundante a Palestina–, con los mismos componentes y parecido desarrollo. Destacan los populares mitos mesopotámicos *Atrahasis* y *Enuma Elish*[13]: un dios que pone orden al caos, y crea a una pareja de la que se genera la humanidad. Más recientemente se ha encontrado en Menfis, Egipto, un relato de creación que encuentra eco en el bíblico. En todas las civilizaciones pre-científicas se ha explicado el origen del mundo en términos religiosos y se hace con lenguaje mitológico. Éstas difieren enormemente de las explicaciones que las ciencias hoy ofrecen sobre el origen del mundo y del hombre. Veamos algunas observaciones adicionales que nos deben abrir los ojos para conocer el género literario de los relatos bíblicos de creación.

(1) En aquellos remotos tiempos no tenían la misma idea de "historia" que nosotros, en clave científica, ni tenían la misma idea del mundo, del hombre y de Dios que tenemos hoy; eran más "primitivas" (vea 1,6s; Job 38). (2) Los relatos no pueden ser productos de testigos, ni remotamente, de la creación. ¿De dónde provienen todos los detalles, y tan diferentes en uno y otro relato? Si Dios lo "reveló" (entiéndase como "lo dio a conocer"), entonces no fue coherente pues los dos relatos son notoriamente diferentes. (3) En efecto tenemos, no uno, sino dos relatos de creación muy diferentes y que en sendos puntos, incluida la secuencia misma, se contradicen. Notorio es que la creación del hombre en Gén 1 se da al final (v.27),

---

des, en otro *lenguaje* que la filosofía o los cuentos, por ejemplo. Los relatos en Génesis no son mitos al estado puro, sino que representan una suerte de desmitificación de relatos míticos conocidos en el mundo pagano antaño. Pero, siendo el término más aceptado, lo adopto pero matizando que se trata de relatos de "*carácter* mitológico".

13 Una colección de mitos orientales de creación se encontrará en M. J. Seux, J. Briend, J.L. Cunchillos, *La creación del mundo y del hombre en los textos del próximo Oriente antiguo,* Estella 1982; en M. García Cordero, *La Biblia y el legado del antiguo Oriente,* Madrid 1977; y en G. del Olmo, *Mitos y leyendas de Canaán,* Madrid 1981.

mientras que en Gén 2 se da antes que los animales (v.7.19). (4) La secuencia en seis días (no períodos o eras), un esquema laboral (descanso el séptimo), no sólo es inverosímil sino que se narra con una imagen primitiva del mundo, p. ej. que haya "aguas por encima del firmamento" (1,7). No dice *qué* produce luz al inicio; recién en el cuarto día crea Dios las "luminarias en el firmamento para alumbrar la tierra", que "apartan la luz de la oscuridad" (v.15-18). (5) Si se mira un mapa, las coordenadas del supuesto jardín en Edén son simplemente imposibles (2,11-14). (6) ¿Creó Dios a la mujer el mismo día que creó al hombre (1,27), o fue pasado algún tiempo (2,7.21s)? (7) Que una serpiente razone y hable, y que además pretenda presentar a Dios como mentiroso ("no morirán..." 3,4), es más que inverosímil. (8) Igualmente es inverosímil que Dios se pasee por el jardín como un humano y converse así con Adán y Eva (3,10), como lo es que hiciera las veces de jardinero, de alfarero y luego de cirujano para crear al hombre y luego a la mujer, como si tuviera pies, manos y boca. (9) Si la "revelación" de Dios es sobre lo importante *para la salvación*, la narración de la creación vista como reportaje es irrelevante, no hace más que informar, satisfacer la curiosidad. Nada aporta a la salvación eterna saber cómo, cuándo, por quién, se creó el mundo –eso también investigan ciertas ciencias. Como nos recuerda Vaticano II, la verdad revelada es aquella "para la salvación" (DV n.11).

Digámoslo clara y directamente: los relatos en Gén 1-11 son todos de carácter mitológico. Es la conclusión a la que los estudios de los textos han llegado y que la mayoría de exegetas sostiene.

¿Qué es un mito[14]? No es producto de la imaginación creadora; no es un cuento, una fábula, o una quimera. El mito se distingue por los siguientes rasgos: relata con trazos notoriamente vivaces algo

---

14 Sobre el género mito, vea M. Eliade, *Mito y realidad,* Madrid 1968; L. Cencillo, *Los mitos, sus mundos y su verdad,* Madrid 1998; L. Duch, *Mito, interpretación y cultura,* Barcelona 1998; G. S. Kirk, *El mito. Su significado y funciones en las*

supuestamente sucedido en un tiempo *inmemorial*, con la intervención de personajes representativos y con figuras simbólicas y coloridas, y siempre con la intervención de seres, poderes o fuerzas que no son de este mundo. Se habla de ángeles, demonios y/o fuerzas extrañas, de lugares y tiempos remotos científicamente no comprobables e históricamente no verificables, y de hechos inverosímiles (p.ej. hacer una mujer de una costilla). El mito corresponde a una comprensión precientífica del mundo con una buena dosis de imaginación alimentada por tradiciones populares y experiencias vividas en su mundo –por eso los mitos a su vez alimentan la imaginación (¡cuántos dibujos basados en los relatos bíblicos de creación!) [15]. Más concretamente, mito es la expresión (narración: género literario) de la reflexión sobre el origen de una realidad vivida hoy. Cada mito depende de la idea que se tiene del mundo y del hombre, por tanto de las creencias y la cultura. Con los incipientes conocimientos que tenían antaño *no conocían otra manera* de hablar de las causas primeras de lo que vivían que no fuera en mitos. Todo relato se aceptaba como lo hemos hecho de pequeños: literalmente, sin preguntarnos si es historia o mito. Antaño no tenían idea de géneros literarios.

Los mitos hablan de realidades (no ficción) que están más allá de nuestra simple comprensión pragmática y de las que no hay testigos; por eso se expresan en símbolos y metáforas. La *finalidad* de todo mito es explicar el *origen* de algo significativo para el hombre: el origen del mundo, de la humanidad, de un pueblo, de fenómenos

---

diversas culturas, Barcelona 1985. En relación a Génesis, esp. J. L. McKenzie, *Mito y realidad en el Antiguo Testamento*, Madrid 1971, cap. 2-3.

15 El lector mínimamente instruido observará que la manera de entender e imaginarse la creación en Génesis es pre-científica. El escritor era hijo de su tiempo; no poseía los conocimientos que tenemos hoy sobre la naturaleza y sus leyes. Por eso cualquier confrontación con las ciencias está fuera de lugar, como lo es el enfrentamiento entre "creacionismo" y "evolucionismo". ¿Acaso los seres vivientes no evolucionan desde que son concebidos hasta su madurez? El enfoque bíblico es teológico, no científico. Lo mismo, y con mucha más razón, hay que decir del relato en Gén 2-3.

naturales, del culto, de ciertos males, etcétera. Para sus narradores se trata de realidades sucedidas. La calificación de esos relatos como mitos es nuestra, como lo es la distinción entre mito y realidad, gracias a nuestros conocimientos.

En la mente de muchas personas, mito es sinónimo de falsedad, mentira, como si la única narración veraz fuera la historia, como si la única verdad fuera la demostrable (científica). Pero, como todo género literario, el mito tiene *su verdad*, que no es la verdad matemática, la biológica o la histórica. No es de orden histórico o científico sino religioso y teológico; concierne la trascendencia, la creación, la vida, la salvación. La verdad (convicción) de que Dios es el "creador" del hombre la expresaron míticamente por medio de los relatos que leemos en Gén 1-2. No es del orden de lo palpable, objetivo, demostrable. Su verdad es del tipo de la poesía, que no es la misma que la de un relato histórico, sin embargo tiene "su verdad", una verdad a menudo más profunda que la de un relato histórico.

Pero, ¿no hay algo de historia en los relatos de Génesis? No en sentido científico moderno, que hubiera sucedido tal como se narra, pero sí en sentido existencial. En los relatos del prólogo de Génesis (cap. 1-11) sus narradores han plasmado sus experiencias y sus reflexiones sobre el hombre frente a Dios, interpretadas desde su fe en su momento actual, es decir una lectura religiosa, no imparcial histórica. Más concretamente, no es la historia de Adán, Eva y Caín de los orígenes, sino de los Adán, Eva y Caín del momento del escritor –y de hoy. ¿Cuántos no estamos reflejados en la tentación de querer ser como dioses, o en la historia de Caín y Abel? La "historia" de Adán y Eva es la historia de cada uno de nosotros. Visto desde otro ángulo: nuestra real historia humana, existencial, está representada en la mítica "historia" de los primeros "padres".

Esto implica que, para comprender estos capítulos debemos renunciar a nuestra tendencia a leerlos en clave historicista.

Por eso, en resumen, es falsa la disyuntiva mito o historia, porque son géneros literarios que responden a temas y contenidos diferentes. Por un lado, el mito surge de una realidad a la que pretende "conectar" con el mundo divino. La historia busca explicar los hechos por sus causas y efectos, y permanece en la instancia de lo fenoménico. Por otro lado, si un hecho histórico es leído en perspectiva religiosa, necesariamente es relatado con una gran carga de símbolos, metáforas e imágenes, propios y religiosos.

En el mito, el elemento histórico no es el pasado que narran, sino el presente del lector al que aluden. En forma imaginaria comunican creencias y vivencias. Todos somos Adán; muchos tenemos algo de Caín; todos queremos vivir en el Edén; todos somos tentados a ser como dioses.

No siendo del género historia o crónica –menos tal como lo entendemos hoy–, ni los personajes (salvo Dios), ni los tiempos, ni los lugares son reales: Adán y Eva no existieron, ni hubo un cronograma de creaciones (que además redundan), ni un jardín en Edén, ni una costilla extraída, ni un árbol de fruto prohibido, ni una serpiente que hable, etc. Todos son figuras literarias o símbolos *representativos* de diferentes realidades. Algunos son arquetipos, como Adán y Eva. Aunque estas afirmaciones puedan resultar chocantes, tendremos ocasión de constatarlas una y otra vez.

Con su conocida lucidez Carlos Mesters anotó que, "el objetivo de la Biblia no es tanto, en primer lugar informar sobre lo que sucedió, sino sobre lo que estaba sucediendo en la vida de los lectores"[16]. Y esto se aplica a los relatos en Génesis; sin tenerlo presente no los entenderemos correcta y fructíferamente como "palabra de Dios", palabra que desde la creación interpela y orienta.

---

16 C. Mesters, *Tierra prometida,* Bogotá 1989, 21.

¿Cuál es, por tanto, el propósito de los relatos de creación? Ciertamente no es reportar sobre un remoto pasado. No es remembranza. Es para el presente. Es *pedagógico*. El meollo es la relación del hombre con Dios. El nombre mismo es genérico: '*adam* significa "ser humano". Y si el relato se seguía narrando y se reconocía como "palabra de Dios" era porque "decía" algo, y "dice" aún hoy: tiene un mensaje, nos confronta, invita a mirarnos en los relatos como en un espejo, preguntarnos por las causas profundas para nuestra conducta.

¿DE QUÉ SE TRATA? LA CUESTIÓN TEMÁTICA

Las narraciones en Gén 1 y Gén 2 presentan dos antropologías yuxtapuestas, de orígenes diferentes. En Gén 1 Dios crea (*bara'*), no así en Gén 2, donde Dios fabrica, modela (*yatsar*, '*asah*). Gén 1 tiene una visión cósmica: el hombre es relacionado a toda la creación. En cambio Gén 2 centra su atención en la tierra de Adán, el Edén.

Estos dos relatos de la creación provienen de mundos y mentalidades diferentes. Ambas fueron consideradas veraces y complementarias, por eso fueron preservadas. Ambos relatos son proyectados sobre el universo y la humanidad, es decir tenidos como verdades de carácter universal. Su tema es la relación de la creación –en particular del hombre– con Dios, dicho de otro modo, el hombre es visto y presentado *teo*lógicamente. El pensamiento se alimentó de las experiencias vividas por el pueblo de Israel, tales como el éxodo, la conquista, la monarquía y sus consecuencias, repensadas desde la experiencia del exilio, así como de las experiencias cotidianas, es decir de los éxitos y las miserias, las glorias y las penas. Esos relatos nacieron, pues, de la vida y se relataban para orientar la vida. Son reflexionados por el hombre y pensados para él. En otras palabras, Gén 1-11 fue compuesto después de una larga historia del pueblo hebreo que pasó por su configuración como nación en Canaán, los altibajos con los reyes, los mensajes de los profetas, y la experiencia del exilio babilónico (s. VI) en particular.

En cuanto a las escenas y conductas de los personajes en los relatos, en palabras de Antonio Salas, "se impone clarificar ante todo qué se busca en tales relatos: ¿información de lo ocurrido en los orígenes o información de cuanto sigue ocurriendo hoy?"[17]. No se trata de lo que sucedió una única vez, sino de lo que sigue sucediendo. Adán, Eva, Caín, Abel, no son personas, sino *personajes*. En ellos estamos representados. Es ésta la verdadera historia, la del presente. Se interesa por el pasado sólo en su incidencia en el presente –visto, además, desde el presente. En otras palabras, además de afirmar que Yahvéh Dios es el creador del mundo, los relatos en Génesis también destacan la relación que el hombre debe tener con el mundo. Son relatos esencialmente antropológicos, no cosmogónicos.

EL "SITZ IM LEBEN"

¿Cuál es el origen situacional (*Sitz im Leben*) de los textos? ¿*Por qué* se relató la creación del mundo, y se hizo de la manera en que se hizo en Gén 1 y en Gén 2? Esta pregunta se suele ignorar al concentrar la atención en el tema o contenido teológico, así como en cuestiones de crítica literaria. Pero, todo escritor, consciente o inconscientemente, tiene en mente a un lector o auditorio. Quiere comunicar algo que considera importante o significativo para el receptor. Es decir, los autores de los relatos en Génesis querían decir a través de ellos algo a sus compatriotas de ese momento. Para conocer lo que quisieron comunicar es necesario saber cuándo y en qué circunstancias (históricas, culturales, situacionales) escribieron.

---

17 A. Salas, *Los orígenes. Del Edén a Babel,* Madrid 1992, 19.

Gracias a los estudios histórico-críticos de los textos, sabemos que los dos relatos de creación fueron *escritos* en relación a la experiencia del exilio babilónico[18]. A inicios del siglo VI Nabucodonosor conquistó la Judea, destruyó el Templo, tomó posesión de la tierra de Judá, y llevó en exilio a Babilonia a la crema y nata de la población, mientras muchos otros lograron huir, especialmente hacia Egipto. El resultado fue la pérdida de los tres grandes pilares de la identidad: el Templo, la tierra, y la unidad como pueblo. Ahora bien, el relato de creación en *Gén 1* no miraba hacia atrás, sino que se proyecta hacia delante; no era un manifiesto "nostálgico", como bien lo calificó Carlos Mesters, sino una profesión de esperanza. Lo hace nítidamente mediante la mención de la "creación" del sábado, momento de la comunión con Dios, de celebrar la concordia y la armonía de la creación[19]. Eso mismo destacará el autor del Apocalipsis joánico en su cuadro final de la "Jerusalén celestial" (cap. 21).

Durante el exilio, grupos de judíos se plantearon la pregunta por las *causas* de tan descomunal desgracia desde la perspectiva religiosa. ¿Es que Dios nos abandonó, o nos ha castigado? ¿Por qué? Es así como lo que era un simple relato de creación, el original de *Gén 2,* como los conocidos en otros pueblos, se convirtió en un relato que desvela la raíz profunda de las desgracias de su pueblo, ampliado

---

18 Así, p.ej. G. von Rad y C. Westermann, dos de los más denodados estudiosos de Génesis. El hecho que una obra haya sido *escrita* en una determinada fecha, no significa de modo alguno que se compusiera recién en esa fecha. De hecho, el segundo relato, Gén 2-3, probablemente se compuso después de la caída de Israel a manos de los asirios, en el siglo VIII. El escritor puede haberse nutrido de otras obras o de tradiciones de larga data. (Sobre la pre-historia composicional de Gén 1, vea p.ej. el análisis de G. von Rad, *Genesis,* Londres 1974, 64s (hay trad. castellana), y sobre Gén 2-3, vea p. 98-100.) Sin embargo, al *escribir* el redactor reformuló ese material, le dio su particular forma, y puso determinados acentos. Sobre la datación, vea cualquier introducción crítica.

19 El sábado une a todos los judíos de todas partes y corrientes, aún hoy. Los une en su pasado, su presente, y sus esperanzas. Es el elemento estructural unificador por antonomasia.

por el relato del pecado "original" en *Gén 3,* que es el de comer del árbol prohibido por Dios, trasgrediendo su ley –expuesta en el Pentateuco, por eso Gén 1-11 es prólogo a toda la Ley–, lo que, puesto en términos mitológicos, equivale a querer "ser como dioses". Esa es la raíz de todas las desgracias que aún hoy nos ocasionamos los humanos. Es lo que se advierte en Deut 30,15-20: "Mira, yo pongo hoy ante ti la vida y el bien, la muerte y el mal. Si escuchas los mandamientos de Yahvéh tu Dios..."

En el grandioso prólogo de Génesis, después de los relatos de creación, hay cuatro amplios relatos que desnudan al hombre y que deben servir de advertencias sobre el camino a seguir para su realización humana. Éstos son: el relato de la tentación de Eva, el homicidio de Caín, el diluvio con sus antecedentes y, tras el retorno a tiempos primordiales, el relato de la torre de Babel. El denominador común está desvelado en el primero: el deseo de "ser como dioses".

COSMOVISIÓN HEBREA

La idea del hombre es inseparable de la idea del mundo como conjunto, en el cual el hombre nace, crece, se mueve e interacciona. La cosmovisión hebrea de antaño, compartida en gran medida con sus vecinos, estaba entrañablemente marcada por su idea de Dios, y viceversa. El principio, el correr del tiempo, los fenómenos naturales, la vida misma, todos están en las manos de Dios. La historia y sus acontecimientos, son queridos, planificados e indefectiblemente realizados por Dios. Nada se le escapa –hoy, en cambio, tenemos explicaciones científicas para la mayoría de fenómenos. Por eso la oración y el culto tenían la función principal de mover a Dios a actuar favorablemente.

En todo esto juega un papel importante la idea del inicio de todo. Los hebreos, a diferencia de sus vecinos, lo explicaban como una "creación", más concretamente, como el resultado de acciones directas y exclusivas de Dios, no como resultado de relaciones sexuales entre divinidades o de luchas contra el caos –de lo cual queda como rezago Gén 1,1: el *tohu wabohu* (caos) inicial. El origen es producto de las manos de un artesano, un *Deus faber*, o del poder de su palabra[20]. Todo se crea por la palabra de Dios: "Cuando Dios empezaba a crear el cielo y la tierra... habló Dios: ¡Sea la luz!" Dios habla antes de actuar, y hace lo que dice. Nos recuerda Isa 55,10s: "mi palabra no vuelve a mí vacía...". La suya es una palabra creadora y vivificadora, no es un simple discurso. Ese hablar de Dios *no es una comunicación*: no hay destinatario; *no es anuncio*: es una orden (forma yusiva).

Dios no se retira una vez hecho el mundo, sino que sigue atento al mismo[21]. El mundo es el tabladillo de Dios que ha forjado a su gusto, y ahora dirige y contempla. Pero para el hebreo no es un determinismo absoluto o un fatalismo, pues entiende y sabe que cuenta con libertad de decidir y actuar; puede pecar y puede convertirse. Dios le encomendó regir sobre la creación en la tierra (Gén 1), es responsable por ella, y por eso le pide cuentas. Aquí hay que traer a colación reflexiones sobre el cuidado del mundo, la ecología en general.

El mundo para ellos, como para todos los pueblos primitivos, estaba conformado por el que conocían y que podían ver. Era una pequeña parte del planeta tierra, que era considerada como una suerte de gran plataforma rodeada de aguas y sostenida por columnas (sobresalen en los montes), debajo de la cual se ubica el "abismo"

---

20 La "palabra" (*dabar*) para el hebreo no era simplemente el morfema sintagmático, sino que incluye lo que dice. El vocablo *dabar* designa tanto lo dicho como la cosa en sí. La palabra corresponde a lo que designa como realidad cruda: dijo, y lo dicho se hizo.

21 La gramática hebrea no conoce tiempos verbales sino modalidades, acciones en proceso.

(*sheol*) o lugar donde descienden los muertos. Hay aguas en los confines (mares) y aguas debajo (por eso lagunas, pozos y manantiales), también aguas arriba en los cielos (por eso las lluvias). Encima está la "bóveda de los cielos" o firmamento, donde penden y donde se mueven las "luminarias" (estrellas, sol, luna). Encima de todo se encuentra "el trono de Dios". Esta es la cosmovisión que se encuentra en Gén 1 y otros pasajes como Job 38.

Su idea del cosmos la comparten los hebreos con los pueblos vecinos. El mundo creado es la suma de cielos y tierra. Encima del firmamento, tiene Dios su trono, desde donde, cual supervisor, ve todo lo que sucede en la tierra. A su servicio tiene a "ángeles", que son sus mensajeros (por eso con alas). Debajo de la tierra está el lugar donde van a residir los muertos (sheol o profundidades), lugar de sombras. La idea de un premio o un castigo después de la muerte ingresó en la teología hebrea más tarde, y posteriormente la creencia en una resurrección de los muertos.

La relación del hombre con el mundo creado es cercana, táctil, por eso se refiere a él como otro yo: habla de "la boca del río", "la cabeza del monte", "el corazón de los cielos" (Ezeq 27,4.25ss; 28,2; Jon 2,4; Sal 46,3; Prov 23,34); las medidas son palmas, codos, pasos. El día termina cuando el sol se acuesta. En estrecho contacto con la tierra, que es como una madre, y con los animales, el hombre vive al ritmo de la naturaleza.

La explicación del mundo hebreo, fundamentada en su creencia en la creación y el gobierno divinos, es por tanto en clave de *causalidades*: todo tiene su razón de ser, su causa (Am 3,3ss). Dios estableció un orden en la creación. Todo lo que sucede tiene explicación. La más notable de las causalidades es la divina. Nada sucede por azar o casualidad. Prueba de la atención divina son las desgracias y las maravillas; son señales (*'ot*), como lo son la "respuesta" a las oraciones y sacrificios, así como los castigos. Su historia la narran en términos de su relación con Dios.

El hebreo está convencido de que Dios ha fijado un orden en la creación en base al principio de la retribución (Qoh 3). Este es el principio fundamental de su ética y de su concepto de justicia (recuerde la ley del talión), que garantiza el orden y previene el caos en el mundo. Para el hebreo, es en base a ese principio como Dios premia y castiga. Ese es el tema del libro de Job en el que los personajes discurren sobre las *causas* que expliquen la desgracia del justo Job: tiene que haber pecado, sostienen sus interlocutores.

A partir del exilio en Babilonia, y por influencia religioso-cultural, se introdujo en la cosmovisión hebrea la idea del caos inicial en el mundo (asumida en Gén 1) y de la intervención de fuerzas destructoras o espíritus malignos en el mundo (demonios, el Satán[22]). Es así que se introdujo un dualismo que contrapone en son de lucha al bien y al mal, encarnados en ángeles y demonios.

VISIÓN HEBREA DEL HOMBRE

La idea del hombre en el mundo semítico bíblico es diferente de aquella de los filósofos griegos y de la (post)modernidad. Esto se observa ya en los términos empleados y sus significados. El ser humano no es "animal racional", sino "imagen de Dios". Además, la idea hebrea del hombre es esencialmente *unitaria* y *relacional*. No es dualista ni es individualista. El hombre es y se realiza como un todo en comunidad.

---

22 A estos se suman las representaciones de las fuerzas malignas en las figuras de animales monstruosos como el Rajab, Leviatán, y Behemot, o la personificación del Mar como fuerza destructiva (Yam). La presencia de figuras monstruosas es parte importante en la literatura apocalíptica.

Fue Dios quien creó al ser humano, le dio la vida, y los medios para relacionarse dialogalmente. El cuerpo, con sus componentes y dimensiones, está hecho para *relacionarse*, tanto con Dios como con la sociedad y el mundo mismo. El hombre está determinado por su corporeidad, su existencia carnal, que lo confronta con sus limitaciones, no por último con la muerte. Las limitaciones invitan a mirar a Dios.

La *corporeidad* es esencial en la idea del hombre. Se trata del ser humano concreto, real. El hombre *es* cuerpo, no *tiene* un cuerpo[23]. Se comprende a sí mismo en términos relacionales[24]. Sin cuerpo no hay comunicación, experiencias, sensibilidad, compasión, humanidad. Sin cuerpo no se sufre ni se muere, tampoco se festeja ni se reproduce... No en vano en el mundo semítico era frecuente designar a la persona y sus dimensiones vitales por medio de referencias al cuerpo humano.

En el concepto hebreo del hombre, pertenecen inseparablemente unidas las funciones corporales, emocionales y espirituales, y noéticas. No hay dualismo alguno; no hay menosprecio del cuerpo o la materia. El único "dualismo" es vida-muerte (no cuerpo-alma o materia-espíritu), y Dios está del lado de la vida. El hombre es *un todo unitario* hecho por Dios, que incluye todas sus funciones[25]. Por

---

23 Es el sentido del vocablo en boca de Jesús en el curso de la última cena: "esto es mi cuerpo", que en la mentalidad semítica equivale a decir "soy yo". Y la Iglesia (no el pan eucarístico!) es designada luego como "cuerpo" de Cristo (1Cor 12). El pan eucarístico compartido constituye Iglesia, comunión con Jesucristo, cabeza de la Iglesia.

24 El hebreo desconoce un "yo" entendido desde su interioridad. La identidad la da el papel social y la posición que ocupa. Cf. R. di Vito, "Old Testament Anthropology and the Construction of Personal Identity", en *Catholic Biblical Quarterly* 61(1999), 231.

25 Huesos (Jb 10,11), corazón (Sal 33,15), riñones (Sal 139,13), ojos y oídos (Sal 40,7; 94,9; Prov 20,12).

eso, los sentimientos, la imaginación, los deseos y los placeres, no están contra Dios como si fueran fuerzas enemigas.

En el AT, los términos con los que se refieren a las experiencias humanas, son *simbólicos*: corazón, garganta, riñones, no designan solamente órganos sino también connotan funciones afectivas (sentimientos); mencionan los miembros visibles (manos, pies, cadera, ojos) para referirse a funciones efectivas, lo que realizan (acción), no a sus apariencias o formas. El hombre ama "con todo el corazón" (Dt 6,5; 10,12), siente con "los riñones" (Jb 16,13) y "el hígado" (Lam 2,11), "sus huesos se estremecen" (Jb 4,14; Sal 6,2), se sabe viejo cuando "los ojos están débiles" (Dt 34,7) y confía encontrar "gracia a los ojos" de los demás (Nm 11,11; 32,5), la sangre derramada es la vida arrancada (Gén 4,10), se "ciñe la cadera" para armarse de coraje, etc.[26] Así también hablan de Dios. De este modo designan la relación hombre – Dios, por lo que no extrañan los antropomorfismos al hablar de Dios (escucha, habla, siente, viene).

Ya anticipé que la pregunta básica e importante no es *"qué es* el hombre"*, sino *"quién eres *tú*, hombre"*. No es la pregunta por una esencia o composición biológica o anatómica, sino por una conciencia y vivencia de su identidad como persona. La pregunta *qué* es el hombre la responde la Biblia diciendo que es un cuerpo del limo de la tierra vitalizado por el espíritu divino. A la pregunta *quién* es el hombre, responde la Biblia de diversas maneras, directas e indirectas, pero primordialmente a través de *relatos*, como aquellos en Génesis[27]. Y es que, quién se es no es lo físico, sino lo existencial, se vive anímica no sólo biológicamente. Y lo que se vive se expresa

---

26 Cf. H.-W. Wolff, *Antropología del Antiguo Testamento*, Salamanca 1975.

27 Para ser exactos, la Biblia nunca pregunta "quién (*mih*) es el hombre" porque esta formulación nace en la mente que abstrae y se sumerge en su autoconciencia, algo ajeno a la idiosincrasia hebrea. Por eso siempre dice "qué (*mah*) es el hombre", pero, por las respuestas dadas, es evidente que corresponde a nuestra formulación quién, en lugar de qué.

eminentemente por medio de narraciones, que reflejan experiencias y valoraciones. En las narraciones bíblicas se observa que el ser humano es esencialmente alguien en relación, en situación dialogal; en *relación* al mundo, a la humanidad, y especialmente a Dios. El hombre no existe en sí y para sí. La relación del hombre con el mundo está resaltada en los relatos de creación en Génesis al poner las plantas y los animales a su disposición. La relación con la humanidad está expresada en el hecho de que, desde el inicio, son dos, varón y mujer, sea para complementarse (Gén 1) o para acompañarse (Gén 2), en relación *dialogante*: "ésta sí es hueso de mis huesos". La relación con Dios es la inicial, en la creación misma del hombre, que para el hebreo es la fundamental.

En tres ocasiones en el AT se plantea expresamente la pregunta "¿qué (= quién) es el hombre para que te fijes en él?", y siempre es respondida en relación a Dios: en Sal 8,5, Sal 144,3 y Job 7,17s. Pero es en Gén 1-11, especialmente en los tres primeros capítulos donde, sin expresamente plantear la pregunta, se responde a esa pregunta mediante relatos "protológicos" (de inicios). En todos estos se trata de la dignidad de la persona, que se predica como debida al Creador, con lo que también se apunta a sus limitaciones. En esencia, el hombre es lo *que* es gracias a Dios, su creador[28] –tema de Gén 1 y 2. Pero, *quién* es depende de sus relaciones con Dios y con el mundo, y especialmente del ejercicio de su libertad –tema de Gén 3. Por supuesto, sin plantear expresamente la pregunta, el hombre es tema en muchos textos veterotestamentarios, sobre todo en Génesis, en los Salmos y en la literatura sapiencial.

---

28 Como advirtió C. Tresmontant, *A Study of Hebrew Thought,* Nueva York 1960, 95 (hay trad. castellana), "la distinción bíblica (en el hombre) es aquella entre el Hacedor y aquellos que Él ha hecho, y no entre cuerpo y alma, como en Platón".

II.
¿QUIÉN ERES?
EL RELATO SACERDOTAL DE CREACIÓN

(1,1) Antes que Dios empezara a crear[1] los cielos y la tierra, (2) la tierra era confusión y vacío, y la oscuridad cubría el abismo y el aliento de Dios[2] aleteaba sobre las aguas.

(3) Dijo Dios: "¡Haya luz!", y hubo luz. (4) Vio Dios que la luz era buena, y separó Dios la luz de la oscuridad. (5) Llamó

---

1   *Bereshit*, generalmente traducido "al inicio/principio", en sentido temporal, deja pendiente la pregunta "al principio de qué". Es reconocido que el v.1-2 es una suerte de síntesis introductoria del relato, por eso lo traducimos refiriendo a la situación inicial antes del cambio producido a continuación. El énfasis está en el verbo crear. La creación como tal empieza en el v.3. Esa es la traducción de la *Jewish Study Bible* (2004): "When God began to create…". Cf. M. Bauks, *Die Welt am Anfang,* Neukirchen 1997, 76-83; M. Weippert, "Schöpfung am Anfang oder Anfang der Schöpfung?", en *Theologische Zeitschrift* 60(2004), 8-15.

2   *ruaj elohim* es el aliento de Dios. No es el espíritu como fuerza vital, sino el hálito, el aliento, mencionado por el narrador porque pone de relieve que Dios es un ser viviente, el *único* viviente al inicio, y por eso Dios es el principio de vida (A. Schüle, *Der Prolog der hebräischen Bibel,* Zurich 2006, 134-137). Si bien *ruaj* tiene afinidad con la palabra, lo que crea es su *palabra*: "Dios dijo… y se hizo…".

Dios a la luz día, y a la oscuridad noche. Y atardeció y amaneció: día primero.

(6) Dijo Dios: "¡Haya un firmamento entre las aguas, que las aparte unas de otras!" (7) E hizo Dios el firmamento; y apartó las aguas que hay debajo del firmamento, de las aguas que hay encima. Y así fue. (8) Y llamó Dios al firmamento cielos. Y atardeció y amaneció: día segundo.

(9) Dijo Dios: "¡Que las aguas que están debajo del firmamento se reúnan en un solo lugar, y aparezca lo seco!"; y así fue. (10) Y llamó Dios a lo seco tierra, y al conjunto de las aguas lo llamó mares. Y vio Dios que era bueno.

(11) Dijo Dios: "¡Produzca la tierra vegetación: hierbas que den semillas y árboles frutales que den en la tierra fruto, con su semilla dentro, según su especie!". Y así fue. (12) La tierra produjo vegetación: hierbas que dan semilla, según sus especies, y árboles que dan fruto con la semilla dentro, según sus especies. Y vio Dios que era bueno. (13) Y atardeció y amaneció: día tercero.

(14) Dijo Dios: "¡Haya luceros en el firmamento, para separar el día de la noche, y sirvan de señales las estaciones, los días y los años;

(15) y sirvan de luceros en el firmamento para alumbrar sobre la tierra!". Y así fue. (16) Hizo Dios los dos luceros mayores; el lucero grande para regir el día, y el lucero pequeño para regir la noche, y también las estrellas; (17) y los puso Dios en el firmamento celeste para alumbrar sobre la tierra, (18) y para regir el día y la noche, y para separar la luz de la oscuridad. Y vio Dios que era bueno. (19) Y atardeció y amaneció: día cuarto.

(20) Dijo Dios: "¡Que se llenen las aguas de animales vivientes, y aves revoloteen sobre la tierra a lo largo del firmamento!". (21) Y creó Dios los grandes monstruos marinos y todo animal viviente, los que serpean, y los que viven en las aguas por especies, y todas las aves por especies. Y vio Dios que

era bueno. (22) Y Dios los bendijo diciendo: "¡sean fecundos, multiplíquense y pueblen las aguas en los mares, y las aves se multipliquen en la tierra!" (23) Y atardeció y amaneció: día quinto.

(24) Dijo Dios: "¡Produzca la tierra animales vivientes de cada especie: ganados, reptiles y bestias terrestres de cada especie!". Y así fue. (25) Hizo Dios las bestias terrestres de cada especie, los ganados de cada especie, y reptiles del suelo de cada especie. Y vio Dios que era bueno.

(26) Entonces dijo Dios: "Hagamos a los seres humanos a nuestra imagen, como semejanza nuestra, para que dominen sobre los peces del mar, las aves del cielo, las bestias, las alimañas terrestres, y sobre todo animal que se arrastra sobre la tierra". (27) Creó, pues, Dios a los seres humanos a su imagen; a imagen de Dios los creó; macho y hembra los creó. (28) Y Dios los bendijo y les dijo Dios: "¡Sean fecundos y multiplíquense. Pueblen la tierra y sométanla, y dominen sobre los peces del mar, las aves de los cielos, y todos los animales que se arrastran sobre la tierra!".

(29) Y añadió Dios: "Vean que les entrego todas las plantas que existen sobre la faz de la tierra, así como todos los árboles que llevan frutos con sus semillas para que les sirvan de alimento; (30) y a todos los animales terrestres, y a las aves de los cielos, y a todos los seres que se mueven sobre la tierra, les doy toda la hierba verde como alimento". Y así fue.

(31) Vio Dios todo cuanto había hecho, y que todo era muy bueno.

(2, 1) Concluyeron, pues, los cielos y la tierra y todo cuanto contienen, (2) En el séptimo día Dios dio por concluida la labor que había hecho, y descansó de toda la labor que había hecho. (3) Y bendijo Dios el día séptimo y lo santificó; porque en él cesó Dios de toda la obra creadora que había hecho.

(4) Esos fueron los orígenes de los cielos y la tierra, cuando fueron creados.

Gén 1 es un relato que se originó en círculos sacerdotales. Su composición tiene, además, claras influencias sapienciales. En contraste con Gén 2 es más teológico (preocupación con Dios mismo, y el sábado) y tiene pocos rasgos netamente mitológicos. Este tiene como tema la creación en su dimensión universal, no local como en Gén 2. El texto que poseemos probablemente date del siglo V a.C. y fue antepuesto al Pentateuco, concretamente a Gén 2-3, que es de confección más antigua[3].

Las diferencias más notorias entre ambos relatos son: (1) los animales se crearon en Gén 2 después que el hombre (luego se creó la mujer); en Gén 1 es al revés, y (2) en Gén 1 la creación del varón y de la mujer no es diferenciada, es el mismo día; no así en Gén 2. Alguna correlación debe haber visto el redactor, pues no era propio consentir contradicciones e incoherencias flagrantes en un texto "sagrado".

El relato sacerdotal concuerda en lo esencial con el yahvista, de Gén 2-3. Lo novedoso es que sitúa la creación del hombre en el marco de la creación *del mundo*, por lo que no está limitado al jardín, tiene como encargo dominarlo todo, y además subraya su particular relación con Dios, que lo creó a su imagen.

Tengamos presente que estamos ante una narración. Y lo es desde el punto de vista de Dios: él ordena, él hace, él habla[4]. No es un reportaje. Es una narración hecha por personas desde su particular perspectiva, una perspectiva netamente religiosa. Tiene mucho en

---

3 Dejamos de la lado la cuestión de si el redactor responsable de la yuxtaposición de ambos relatos tuvo presente el de Gén 2. El hecho es que hay una clara complementariedad, pero también hay notables contradicciones que mencionamos a continuación. Gén 1 menciona sólo el hecho de la creación; Gén 2 menciona el cómo en relación al hombre.

4 Más correcto es admitir que el punto de vista es el del autor; es el humano. Es *su* idea de Dios la que proyecta sobre el relato. El dios del relato es el dios visto por el narrador.

común con mitos conocidos desde muy antiguo que hablan de las actividades creadoras y destructores de dioses, y de sus conflictos y proyecciones. Pero en Génesis se trata de un único dios.

Desde la perspectiva literaria, Gén 1 es una suerte de *himno de alabanza* a Dios, con su forma rítmica y el recurrente estribillo al final de cada día "y vio Dios que era *bueno*" lo que había hecho. Está enmarcado por tres palabras clave que se repiten al inicio (1,1) y al final (2,4a): cielos, tierra, (fueron) creados. De hecho, termina con la afirmación que "Estos fueron los orígenes de los cielos y la tierra…", que corresponde a la frase inicial del relato, "Antes que Dios empezara a crear los cielos y la tierra,…"[5].

La creación se presenta en seis momentos, señalados como seis días consecutivos. Cada uno empieza por "Dios dijo" acompañado de una orden que se cumple, "y así fue", seguido por un juicio, "Dios vio que era bueno", y terminando por la indicación que "atardeció y amaneció" y la enumeración del día. Cada día está dedicado a un componente del mundo. Va en orden escalonado, de la luz a los humanos, pasando por las aguas, el firmamento, la tierra fértil, las plantas, los astros, los peces y las aves, y finalmente los animales terrestres y los humanos. Todos estos juntos conforman el mundo que la gente veía con sus ojos. Es por cierto admirable cómo el autor describe con pocos trazos tantas realidades –bestias, reptiles y alimañas terrestres según sus especies (v.24) describe toda la fauna visible. De estos, el más extenso y detallado es el sexto día, dedicado a los "seres vivientes" sobre la tierra.

---

5   Estas frases, la inicial y la final, hacen en el relato las veces de antífona, una estrofa que recapitula en tono de alabanza el contenido del texto. El binomio cielos-tierra designa el universo. El plural cielos corresponde al hebreo *shama-yim*. Es un dual; nunca se emplea en singular. Esto corresponde a la idea que el cielo es una secuencia de estratos, en el más elevado de los cuales Dios tiene su trono.

Y VIO QUE TODO ERA MUY BUENO

Al principio "la tierra era confusión y vacío (*tohu wabohu*)", manera pictórica de decir que no había vida alguna, cercana al concepto de "nada", abstracción que no conocían los semitas[6]. No dice que nada había, sino que era "confusión y vacío", es decir el caos. El primer acto de Dios es introducir la luz, y la separa de las tinieblas. Caos se opone a orden, como oscuridad a luz. Al final del relato, lo que Dios habrá establecido será orden y armonía, que asegura la vida. Este es el designio divino. El séptimo día representa el culmen, que bien puede ser la meta de la creación: la comunión con Dios, por eso el sábado "lo bendijo y lo santificó" (2,3a). Como vemos, en este relato la creación no es estática, sino dinámica. Es punto de partida. Lo iniciado por el Creador debe continuarlo el hombre, debe extenderlo –es tarea de todos los hombres (sean fecundos). Esa es su grandeza: ser co-creador a continuación de Dios y re-presentante (imagen) suyo, más exactamente, es administrador de la creación de Dios: llenen la tierra, sométanla, domínenla.

"Vio que era bueno", es el juicio emitido tras cada etapa de creación. Es Dios –no el hombre– quien juzga que es bueno, es decir que corresponde a su propósito; cumple con la función para la que fue creado. Lo creado no es bueno en sí, sino para alguien. La bondad (tob), como la belleza, es siempre funcional, por eso podría traducirse como agradable, útil, provechoso para alguien, para el hombre. Pero del ser humano no se dice que Dios "vio que era bueno": él no está sujeto a otro que no sea Dios. Por eso, al final, tras la creación del hombre, el narrador recapitula: "y vio Dios todo cuanto había hecho; que era muy bueno", es decir que el mundo que creó constituye

---

6 *Tohu,* de la misma raíz que *temo,* es la confusión, lo amorfo. Denota el abismo, y también designa el gran océano donde, según la mitología, habitan los monstruos. *Bohu* denota el vacío, una región desértica. *Tohu* y *bohu,* como conjugación típicamente hebrea de dos términos, designa lo desolado, lo caótico; es la ausencia de formas delimitadas, o sea el caos.

un todo armónico; reinan la paz y la consonancia[7]. Parte integral de esa "bondad" de la creación es el encargo al hombre de asegurar que se preserve el orden; con esa finalidad ha sido creado: "Hagamos... para que dominen...". Notemos que en ningún momento se afirma que Dios creara algo mal(o), o alguna fuerza, poder o personaje maligno. No hay lugar para un principio demoníaco. Dominar es necesario porque en la creación persiste un potencial destructivo. Dominar es una necesidad par asegurar el orden establecido y la armonía[8].

Y DIOS CREÓ AL SER HUMANO

Gén 1,26-28 es reconocido por los estudiosos como el texto fundamental (*Grundtext*) de la antropología hebrea. Del ser humano se destacan varios elementos que son únicos, distintivos: es creado como imagen de Dios, es bendecido, es completo solamente en sociedad, y tiene la tarea de dominar sobre los "animales vivientes". Veámoslos por partes.

Del ser humano se dice que Dios *bara'* (creó: 1,27), en contraste con los animales, los cuales *'asah* (hizo: 1,25), que sugiere el empleo de materia prima preexistente –no así a los hombres. Aunque el redactor no ha sido consistente en su uso de los verbos crear y hacer, *bara'* y *'asah*, en el v.27 menciona tres veces consecutivas que Dios creó (*bara'*) al ser humano[9]. Es un acto especial, supremo, porque el hombre es una criatura diferente, superlativa:

---

7   En el NT, en Mc 7,37 y en 1Tim 4,3ss, se alude precisamente a este detalle de Gén 1: "todo lo hizo bien".

8   A. Schüle, *Prolog,* 112s

9   Solo para los seres vivientes emplea el verbo crear (*bara'*). El mundo vegetal no pertenecía antaño al de los "vivientes". Hombres y animales aparecen a menudo juntos: Gén 6,3; 7,23; Ex 9,25; etc. Este verbo "apunta a una relación directa entre criatura y creador" (G. von Rad, <u>Genesis,</u> 56).

Creó (*bara'*) Dios a los seres humanos (*ha'adam*)[10] a imagen suya,
a imagen de Dios los creó,
macho y hembra los creó.

En el otro relato de creación (Gén 2), en cambio, se dice que el hombre "fue formado" (*yitser*) del limo del suelo (*ha'adamah*), como hace un alfarero, es decir, Dios empleó material y con él hizo un *'adam*, un ser humano (2,7). No lo hizo "de la nada". Igual sucede con la mujer, hecha de una costilla del hombre.

El sentido de *bara'* no es idéntico a nuestro concepto de creación *ex nihilo*, de la nada. Es extraña a la mentalidad semítica la idea de "la nada", abstracción propia del pensamiento filosófico griego (metafísica)[11]. El pensamiento hebreo era práctico, producto de las experiencias y observaciones, no de la reflexión metafísica y la abs-

---

10 En Gén 1, *ha'adam* (con artículo) no es nombre propio, sino genérico para designar a la humanidad en general: Dios es creador de la humanidad. En la lengua hebrea *'adam*, hombre, humano, no existe en plural; solamente el contexto determina si su sentido es plural o singular. El contexto en Gén 1 (en hebreo) es plural: dominen, los creó, les dijo (Dios), los bendijo. Por eso sería más correcto traducirlo como un plural, "los (seres) humanos", como hace la versión "Biblia de América". La tónica de Gén 1, en contraste con el otro relato de creación, es netamente universalista –es el cosmos y los humanos, no un jardín y un Adán. En el otro relato de creación *'adam* pasa a ser utilizado como nombre propio, un individuo, Adán. Por tanto, con libertad literaria, emplearé tanto el singular como el plural, recordando que su sentido es genérico: designa a los seres humanos como tales.

11 El concepto abstracto de creación a partir de la nada (*creatio ex nihilo*) recién se encuentra, bajo la influencia del pensamiento filosófico, a mediados del s. II a.C. en 2Mac 7,29. Los verbos hebreos usados son *bara'* (forjar, en v.1, 21 y 27) y *'asah* (hacer, en v.16, 25, y 26), intercambiablemente (v.26 y 27 usan ambos para el hombre). G. May, *Creatio ex Nihilo: The Doctrine of "Creation out of Nothing" in Early Christian Thought*, Edimburgo, 1994, argumenta que ni la Biblia ni los padres apostólicos conocían esta manera de presentar la soberanía de Dios. El primero en hablar de la creación de la nada parece haber sido Ireneo de Lyon.

tracción. De hecho, debemos observar que en el relato no se parte de cero, sino de un *tohu wabohu*, de un caos existente, por tanto lo que tenemos es una suerte de *creatio ex tumulto,* no una *creatio ex nihilo.* Es notorio que el verbo *bara'* se emplea teniendo *sólo* a Dios como sujeto, es decir, tiene connotación teológica[12]. El sentido básico del término es el de dar forma a algo nuevo; no es el dar forma, sino lo totalmente inédito y diferente, lo que se destaca (vea Isa 41,20; 43,1.15; 45,8; Am 4,13; Sal 51,12; 102,19; etc.)[13]. Es así como el narrador pone verbalmente de relieve la particular dignidad del ser humano.

A diferencia del yavista, autor del otro relato, que se detiene en la formación del hombre y de la mujer, para el narrador sacerdotal en Gén 1, no era tema cómo surgieron o vinieron a ser los diferentes elementos en el mundo, incluido el ser humano, es decir si fue por generación espontánea, por modelación, o de otra manera, como la evolución, pues para él era *axiomático* que Dios "hizo" todo lo que hay, y sólo eso importa. No era para ellos una creencia, sino una certeza. Por lo mismo, la creación del mundo no es objeto de creencia, sino un presupuesto indudable para cualquier reflexión[14].

El énfasis en que Dios es el origen de todo, tiene un tono entre polémico y apologético, frente a las mitologías paganas –especialmente las cananeas y las mesopotámicas de su entorno– que afirman

---

12 Sobre el sentido de *bara'* vea los diccionarios hebreos; en relación a Gén 1, esp. C. Westermann, *Genesis,* vol. I, Neukirchen 1974, 136-139.

13 Ese es el sentido en la forma hebrea Qal; en Piel significa cortar, tallar. Por eso, es cercano al verbo *'asah* (hacer), también usado en el relato. Esto se observa en las traducciones griegas (que conocen la idea de creación *ex nihilo*) de *bara'* por el verbo *poiein* (hacer), no siempre por *ktizein* (crear). El empleo del verbo *bara'* destaca la superioridad del hombre.

14 C. Westermann, *Creation,* 114, llama la atención al hecho que nunca se asocia en el AT la creación con revelación alguna. Eso porque obviamente no había ni podía haber testimonios de la Creación; era algo "dado" desde el inicio, antes de aparecer el hombre.

que sus dioses son los creadores. El único creador de todo es Elohim/ Yahvéh (Isa 40.26ss: 42,5; 45,18; Sal 115,15s; 145,5s). Todo se origina en Él y termina en Él.

... A IMAGEN DE DIOS LO CREÓ

La creación del ser humano destaca en el texto por la extensión que el autor le dedica, y porque no es una creación resultante de una orden ("Dios dijo + imperativo... y así fue..."), sino de una deliberación, como si Dios se consultara a sí mismo ("hagamos"). Se resalta la intencionalidad del Creador. El texto le da a esta creación un claro toque personal. El ser humano es producto de una premeditada intención, que establece una relación estrecha del hombre con Dios, que lo hace singular, diferente, con una dignidad y valía únicas, como Dios es único. Repite por eso machaconamente el nombre "Dios", y que "a imagen" suya lo creó:

Dijo Dios: "Hagamos al ser humano ('*adam*) a nuestra imagen, como semejanza nuestra...". Creó pues Dios al ser humano a imagen suya, a imagen de Dios lo creó... (v.26s).

El plural "hagamos" es desconcertante[15]. Refiriéndose obviamente a Dios, puede corresponder a la clásica idea según la cual "Dios se incluye entre los seres celestiales" (cf. 1Re 22,19s; Job 1; Isa 6)[16], como se lee en 3,22: "Yahvéh dijo: 'Resulta que el hombre ha venido a ser como uno de *nosotros*...". Se suele explicar gramaticalmente como un plural deliberativo o como un plural de majestuosidad. Lo más probable, sin embargo, es que se trate de una expresión que sugiere un soliloquio, cuyo propósito es resaltar la importancia del

---

15 Vea la variedad de interpretaciones dadas por rabinos, en L. Vegas, ed., *Génesis Rabbah I. Comentario midráshico,* Estella 1994, p.112-116. El targum Pseudo Jonatán lee "Y dijo Dios a los ángeles que sirven ante Él.... Hagamos...".

16 G. von Rad, *Genesis,* 58.

último acto de creación, la del ser humano[17]. Como sea, el autor judío de tradición sacerdotal (P) no pensaría en más de un solo dios creador, que es el que actúa desde el inicio del relato. Para entonces el monoteísmo era un dogma fuertemente arraigado en el judaísmo. Por lo tanto, en concordancia con muchos exegetas, podemos pensar que el plural es una manera de destacar el hecho de que se trata de una decisión debidamente sopesada por Dios para crear al hombre[18]. No es "un acto más" de creación, sino uno distinto, especial, supremo. ¡No es creado por una palabra de Dios, como hasta aquí lo fue el resto de la creación! Y esta creatura es "imagen y semejanza" de Dios, que es su característica más notoria[19]. Esto se afirma solamente de la humanidad, y la eleva a una dignidad única, superior al resto de la creación. En efecto, en Gén 1 el ser humano es el culmen de la creación, hecho por Dios después que el mundo ha sido ordenado (tres primeros días) y que le implantó vida (siguientes tres días).

A diferencia del otro relato de creación que responde a la pregunta "qué es" el ser humano, en Gén 1 se plantea la pregunta por su *identidad*. Si bien el hebreo no distingue tan nítidamente como hacemos nosotros entre *qué* es y *quién* es el hombre, en este relato la pregunta de fondo es por la identidad: es imagen de Dios.

---

17 H. Irsigler, "Zur Interdependenz von Gottes- und Menschenbildern im Kontext alttestamentlicher Anthropologie", en C. Frevel (ed.), *Biblische Anthropologie,* Friburgo/Br. 2010, 365. Notemos que Gén 1 (P) no presenta a Dios en el marco de una corte celestial, como en 3,22 (J). Recordemos, además, que estamos ante un relato, no una crónica! En un relato el narrador es libre de expresar su *intención* de la mejor manera que conozca.

18 C. Westermann, *Genesis,* 199-201. Este exegeta, autor del más detallado e informado comentario, lo considera un plural propio de deliberaciones en forma exhortativa (201).

19 La idea del hombre imagen de Dios no era nueva: se encuentra ya en la literatura tanto mesopotámica como egipcia. Cf. W. Gross, "Die Gottebenbildlichkeit des Menschen im Kontext der Priesterschrift", en *Theologische Quartalschrift* 161(1981), 244-264.

El término imagen, *tselem*, evoca una efigie, una obra plástica que duplica un original, por tanto sugiere representatividad. Así se usa para los ídolos (Núm 33,52; Am 5,26; Ezeq 7,20; 16,17). Reyes hacían erigir estatuas que los representen, haciendo así patente su autoridad. Por eso habría que traducir explicativamente como "hagamos al ser humano como una imagen que nos represente". Escrito en círculos sacerdotales (P), está demás insistir que no pensaban que los seres humanos son imágenes en las que está Dios físicamente representado[20].

Para evitar que el lector pensase que el ser humano es una copia de Dios, en la primera mención de "imagen" el autor añadió inmediatamente "como *semejanza* (*demut*) nuestra" (v.26). El vocablo *demut*, que en hebreo se emplea cuando se compara con algo, denota una imitación, apariencia. La semejanza no es identidad, como se lee de Set en relación a su padre Adán (5,3). Semejanza implica comparación, por ende también diferencias.

En 5,3 se lee que Adán "engendró un hijo a su semejanza, conforme a su imagen", expresiones que recuerdan la creación del hombre, pero con una diferencia: mientras Dios "creó (*bara'*)" al hombre, Adán "engendró (*yoled*)" a su hijo. Esa representatividad y semejanza denotan una especial relación entre Creador y creatura, y entre Adán y su hijo. De estos dos vocablos, el que gobierna es el primero: imagen, mencionado sin "semejanza" en 1,27 y en 9,6.

Notemos que el texto bíblico dice que el '*adam*, el ser humano, fue hecho a imagen de Dios, y especifica que "macho y hembra los creó". Es decir, ambos (no solo el varón) son imagen de Dios. Imagen de Dios son *todos* los seres humanos, independientemente de su

---

20 Vea esp. W. Gross, "Gen 1,26.27; 9,6: Statue oder Ebenbild Gottes?", en *Jahrbuch biblische Theologie* n.15(2000), 11-38.; B. Janowski, "Die lebendige Statute Gottes. Zur Anthropologie der priesterliche Urgeschichte", en Idem, *Die Welt als Schöpfung,* Neukirchen 2008, 140-171, esp. 151s.

raza, sexo, etnia o religión. En eso se fundamenta la dignidad de los seres humanos. Está lejos del pensamiento bíblico que Dios haya creado a algunas personas para dominar y a otras para servir.

Ambos, varón y mujer, son imagen de Dios. Por eso, certeramente anotó Andreas Schüle que, para designar lo que el texto bíblico denota con la metáfora "imagen de Dios" hoy recurriríamos al concepto de *persona*[21]. Por ser persona, se *distingue* de los animales; es pensante, creativo, libre, por tanto responsable de sus acciones. Si bien el hombre no toma el lugar de Dios, en su vida debe reflejarse la cercanía de Dios. Una cosa es distinguirse de los animales, y otra ser imagen de Dios.

El concepto de imagen de Dios aplicado al ser humano, es relacional: lo pone en relación al Creador, a quien debe reflejar, y también a la creación, que deberá dominar. Fue Dios quien hizo al ser humano, no al revés. Es imagen *de Dios*. Visto en el contexto del encargo que Dios hace al hombre –que nos ocupará luego–, ser su imagen supone su papel de representante, como el rey es representante de Dios. Es decir, el ser imagen es con una finalidad. Cabe preguntarse si esta idea viene de la "teología de la realeza" de Egipto y Mesopotamia, donde el rey era tenido por hijo de dios, guardián de la creación, por tanto defensor *de la justicia y la armonía*. La mayoría de exegetas concuerdan que en el trasfondo de Gén 1,26-28 está la ideología oriental del rey como representante de la divinidad[22]. Lo notorio es que esta idea fue extendida por el narrador hebreo

---

21 A. Schüle, "Menschsein im Spiegel der biblischen Urgeschichte (Genesis 1-11)", en B. Janowski - K. Liess, eds., *Der Mensch im Alten Israel*, Herder 2009, 596. Vea las definiciones de persona, que se centran en la autodeterminación libre, capaz de relacionarse libremente con el mundo, de pensar libremente y de decidir, consciente de sus responsabilidades, etc. contrario al robot....

22 Vea la elevación del hombre a dignidad de realeza en Sal 8,6s. Conocidas son expresiones como "elegido" (Sal 89,4.20), "hijo" (2Sam 7,14; Sal 2,7), "primogénito" (89,28) para referirse al rey en su relación a Dios. Cf. también Sal 8; 72; 110; Ez 34, etc. Sobre la idea de los reyes en Egipto y Mesopotamia como

más allá de los reyes a todo ser humano, resultando en una suerte de "democratización" o "colectivización" de la idea de imagen de Dios aplicada al hombre. Esto nos alerta sobre la alta conciencia de identidad del hombre que tenía el autor del relato en Gén 1, que veremos confirmada por otros detalles.

La pregunta medular es: ¿qué hace al ser humano imagen de Dios? Obviamente, el hombre no es imagen de Dios en cuanto a su físico. Es tradicional apuntar a alguna dimensión espiritual. Filón de Alejandría, por influencia de la filosofía griega, veía la imagen de Dios en las capacidades anímicas del hombre. Ésta fue también la idea que se introdujo en el cristianismo. El más claro en ese sentido fue san Agustín que lo entendía como las capacidades del amor, del intelecto, de la memoria. Así es tradicional pensar en la conciencia, en la inmortalidad del alma, en la superioridad espiritual del hombre, en su ser persona, inclusive en la libertad, y en la fuerza moral. Todo esto está lejos del pensamiento bíblico, que entiende al hombre como un todo integral, no como una conjugación de lo corporal y lo espiritual, cuerpo y alma, al estilo griego. Es así como el tárgum Pseudo-Jonatán lo parafrasea: "Macho y hembra los creó *en su aspecto*"[23].

Para empezar, debemos observar atentamente el texto mismo y sus contextos (literario, histórico, cultural, etc.), evitando la tentación de introducirle significados extraños (eiségesis), de interpretarlo según prejuicios doctrinarios o filosóficos, y de omitir lo que no convenga o no concuerde con nuestros supuestos o axiomas.

---

imagen de Dios, con lo que comporta, vea esp. W. Gross, "Statue oder Ebenbild Gottes?", 13-18, y K. Koch, *Imago Dei,* Hamburgo 2000, 13-24.

23 Los targumim son traducciones parafraseadas del texto hebreo al arameo, usados en las lecturas en las sinagogas. Cf. T. Martínez Sáiz, ed., *Traducciones arameas de la Biblia. Los Targumim del Pentateuco. I. Génesis,* Estella 2004.

Lo primero que observamos es que en el texto no se habla de algo "en" el hombre, una parte o faceta, sino que *él mismo* es imagen de Dios, como lo eran los reyes en el Oriente. Es el hombre entero el que es creado a imagen de Dios. Es imagen *de Dios*. Por tanto, queda descartado que se trate de una dimensión metafísica o de orden espiritual, pues Dios no es ni lo uno ni lo otro. Tampoco es algo estático ni físico como una estatua o efigie, sino algo dinámico y procesal. Claramente Dios no es ni tiene alma o espíritu, como tampoco es una efigie.

En segundo lugar, el ser humano no es imagen de Dios como individuo autónomo, sino dentro de la creación, con la que, como parte de un conjunto, está puesto en relación. Es un proceso dinámico inseparable de una misión, no algo estático, que se posee. De hecho, el texto habla de acción: "sean fecundos, dominen, manden...". Es algo que tiene que ver con el *proceso* de creación y en relación con Dios[24], con quien pueda dialogar, a quien escuche ("les dijo", v.28).

Eso apunta a su ministerio, del cual su creación es inseparable, como se observa en la reiteración en los v.26 y 28, que enmarcan la mención de la creación misma del hombre: *"para que* domine...". Es una función o tarea –sobre lo cual volveremos luego. Con esa *finalidad* es creado como imagen de Dios. En otras palabras, el ser imagen de Dios es inseparable de la misión para la que fue creado. Es en su misión cara a la creación donde se realiza como ser *huma-*

---

24 En EE.UU. se desarrolló en la década de los 60 la llamada *"Process Theology"*, inspirada en el pensamiento filosófico de Alfred Whitehead, que postula que Dios es una realidad en proceso, no un algo/alguien acabado, y por eso también lo es la creación. Rechaza la metafísica que prioriza el ser (*being*) sobre el proceso (*becoming*). Vea C. R. Mesle, *Process Theology: A Basic Introduction,* St. Louis 1993, y esp. en relación a nuestro tema, A. Gounelle, *Le Dynamisme Créateur de Dieu: Essai sur la Théologie du Process,* Paris 2000. En relación a Génesis, vea J. Pixley, "Teología bíblica y filosofía procesual", en *Theologica Xaveriana* 60(2010), 215-236.

no. No es por tanto respuesta a la pregunta *qué* es el ser humano, sino *quién* y *para qué* es.

Tercero, cuando en Gén 5 se repite la metáfora de la imagen, primero es en referencia a Adán (ahora individualizado) como "imagen de Dios" (v.1) y acto seguido se menciona que "engendró un hijo a su semejanza, *según su imagen*" (v.3), a quien llamó Set. Hijos son imagen de sus padres, como Adán es imagen de Dios. Es decir, la "imagen y semejanza" de Dios es transmitida en la procreación, de generación en generación. Más aun, el hecho mismo de la procreación es una expresión de esa condición de imagen de Dios: como Él, transmite vida.

Hay un aspecto más a tener presente que se revela en la última referencia al hombre como imagen de Dios, en 9,6: "Quien vierta sangre de hombre por otro hombre será su sangre vertida, porque a imagen de Dios hizo Él al hombre", es decir, las relaciones interpersonales deben ser tales que se respete la vida del prójimo. La prohibición del homicidio pone los límites dentro de los cuales el derecho a la vida es inalienable para toda persona.

El hecho de que se enfatice en el texto que el ser humano fue creado a imagen de Dios no es banal. Por un lado, subraya el monoteísmo judío, pues se trata de un único Dios, Elohim, y es éste el creador de todo lo existente. El calificativo "imagen de Dios" tiene, por otro lado, una connotación polémica, pues contrasta con la idea egipcia y mesopotámica, que lo limita a los reyes, por lo mismo tenidos como representantes de Dios[25]. En Génesis se incluye todo ser humano, sin excepción. Se habla del hombre, todo hombre, en términos de realeza: esa es la dignidad humana. Al fin de cuentas, el relato de Gén 1 resalta la dignidad única propia de *todos* los hu-

---

25 U. Neumann-Gorsolke, *Herrschen in den Grenzen der Schöpfung,* Neukirchen 2004, 173ss. Esa idea confrontaba a los judíos exilados en Babilonia.

manos, superior al resto de la creación, la cual le está sujeta, pero de la cual es responsable y cuyo orden debe asegurar. Esta dignidad se la otorga su ser "imagen de Dios". El único ser de esa categoría. No es un esclavo o un siervo de dioses, sujeto a sus caprichos, como en el mundo pagano, sino representante de Dios, con dignidad de realeza[26]. Elohim, por su parte, es un dios de la gracia (todo lo puso gratuitamente en manos y bajo el dominio del hombre), no de las exigencias caprichosas de cultos, sacrificios, y humillaciones; es un dios *para* los hombres, no un déspota; es el protector de los pobres y explotados, no un tirano.

En resumen, ser imagen de Dios, es la manera positiva de valorar al ser humano, que contrasta con la negativa de "querer ser como dioses" en Gén 3, si bien este deseo apunta a la inclinación innata del hombre a autoafirmarse, a buscar rebasar sus límites, y a proyectarse al infinito. Como sea, la relación dialogal del hombre con Dios apunta a su dignidad, que le acerca a la de Dios mismo (cf. Sal 8,6s). El es el culmen de la creación, pero no su señor.

..... PARA QUE DOMINE SOBRE LA CREACIÓN

¿Desde qué perspectiva, concretamente, es el ser humano imagen de Dios? La respuesta, a la que nos venimos aproximando, hay que buscarla en el texto mismo, es decir, cuál es la imagen de Dios que se proyecta *en este relato*[27]. Una regla fundamental es que un texto debe ser entendido a la luz de sus contextos, empezando por el contexto literario –el de Gén 1. Si allí se destaca enfáticamente (v.27) que Dios lo creó "a imagen" *suya*, entonces tiene que ver con Él como totalidad o "persona". Ahora bien, en el relato bíblico, *la imagen de Dios que se proyecta es la de alguien que pone orden*

26 Ibid, 314.
27 C. Westermann, *Genesis,* 215 (después de exponer un elenco de propuestas, en p. 204-214).

en el caos, fija condiciones para la vida, establece armonía en el mundo (día, noche, aguas, tierra), domina sobre todo, y tras cada acción concluye con un juicio aprobatorio ("y vio que era bueno"). El hombre ha sido creado para vivir como imagen de Dios, es decir *en el mismo sentido que actúa Dios.* En él debe verse representado (imagen) a Dios, el creador. Por eso le encomienda la creación. Su papel como imagen de Dios está en su *relación a la creación* misma[28]. Es imagen de Dios con una finalidad, relacionada a la creación. Es lo que se dice expresamente en el texto, y es lo que Dios bendice, después de lo cual, y sólo después, se afirma que "Dios vio *todo* cuanto había hecho, y que *todo* era muy bueno" (v.31), es decir incluido el encargo al hombre de dominar sobre la creación.

La imagen de Dios que se proyecta en Gén 1 no es la de un ser omnipotente[29], como tendemos a calificarlo: no dice que absolutamente todo lo posible lo ha hecho o lo puede hacer. Tampoco se dice que el ser humano debe vivir dependiente de El, ni que su primer deber es reconocer la soberanía de Dios so pena de maldición. No ejerce violencia alguna. No es un dios tirano, dictador, ni autoritario, el que se perfila: le confía a los hombres la creación, es decir respeta su libertad y capacidad de dominio, cualidades con las que los ha creado. Contrario a la opinión de Feuerbach, Nietzsche, Freud, y otros, no se trata aquí de abajar al hombre para engrandecer a Dios. Al contrario, sin usar el vocablo mismo, Gén 1 presenta a un dios guiado por el amor a la humanidad: todo lo hace "bien" y lo hace para encomendárselo a los hombres (v.26). El ser humano pasa así a ser de cierto modo representante de Dios frente a la creación. Eso significa que, *así como Dios todo lo hizo "bien", igual debe ser*

---

28 W. Gross, "Gen 1,26.27; 9,6: Statue oder Ebenbild Gottes?", 32.

29 La cuestión de la imagen de Dios, tanto las que se presentan en la Biblia, como las que se exponen hoy, es un asunto de una importancia mucho mayor que la que se le suele conceder. Cuando se dice o lee "Dios" se suele pensar que *mi* idea de "Dios" es la misma que la que leo en el texto. Es un asunto de presupuestos teológicos o filosóficos.

el actuar humano con la creación que le es encomendada. Veamos con detenimiento esto, pues nos invita a una seria reflexión sobre el actuar humano en el contexto de la creación.

El acento no está en la naturaleza del hombre, sino en su actuación, en su misión, que aparece como orden divina[30]. Antes de su creación (v.26), y después de ella (v.28), a modo de marco, se menciona expresamente que Dios creó a los seres humanos "para que dominen" sobre los animales:

26 Entonces dijo Dios: "Hagamos a los seres humanos a nuestra imagen, conforme a nuestra semejanza, y *dominen* sobre los peces del mar, las aves del cielo, las bestias, las alimañas terrestres, y sobre todo animal que se arrastra sobre la tierra."

27 Creó, pues, Dios a los humanos a su imagen; a imagen de Dios los creó; macho y hembra los creó.

28 Dios los bendijo y les dijo: "Sean fecundos y multiplíquense. Pueblen la tierra y *sométanla,* y *dominen* sobre los peces del mar, las aves del cielo y todos los animales que se arrastran sobre la tierra."

Recordemos que la erección de una imagen en un lugar simbolizaba su señorío allí; el hombre es imagen de Dios en la tierra por cuanto debe *dominar* la creación –Sal 8,7 dirá que Dios "puso todo bajo sus pies"[31]. En el v.26, "que dominen (*radah*)" se repite en el v.28, precedido de la orden que "pueblen y sometan (*kabash*)" la tierra. Con ello se resalta el estrecho vínculo del hombre con la tierra,

---

30 El hebreo no piensa en categorías de naturaleza o de esencias, como el filósofo griego, sino en términos de acción. Esto es evidente ya, tanto en el lenguaje, en el que predomina el verbo, como en sus artefactos, que se distinguen por su practicidad y no su belleza.

31 La misma expresión se aplicará a Jesús más adelante (Ef 1,22): todo le es sometido a sus pies, porque él es la imagen, el icono de Dios (2Cor 4,4; Col, 1,15).

tan importante en la mentalidad hebrea, y su identidad como pueblo de "la tierra prometida".

El verbo dominar, *radah,* significa someter algo o a alguien; es usado en referencia a los reyes, que dominan a pueblos. (De aquí que se piense que se ha colado algo de la ideología real de antaño). Por extensión, este verbo es sinónimo de acompañar con autoridad, liderar, comandar, regentar. En el contexto de Génesis evoca la función del pastor, que guía y cuida su rebaño[32]. Todo buen rey es justo y justiciero, cuida de su pueblo y somete a sus enemigos. El objeto de la dominación son los "seres vivientes": los peces, las aves, las bestias y los que reptan sobre la tierra[33]. En relación a *toda* la creación, la tarea incluye asegurar "el orden universal" establecido por Dios, especialmente de los seres vivientes[34]. Por eso culmina la creación con el *shabbat,* día de bendición, que sólo se entiende en un clima de paz y armonía, no de violencia y tiranía.

El verbo someter, *kabash,* denota subordinación, tener algo bajo sujeción, bajo los pies. Poco lo diferencia del verbo *radah.* Su objeto no son los seres vivientes sino la tierra, la cual, por ser inerte, obviamente no puede ser objeto de órdenes o mandatos, de dominación: "pueblen la tierra y sométanla". Por eso, en este contexto *kabash* significa tomar posesión de la tierra –como lo harán más adelante al entrar a "la tierra prometida". En efecto, ésta es puesta a disposición de los hombres. La tierra incluye los campos, montes y aguas, por

---

32 Cf. B. Janowski, "Herrschaft über die Tiere. Gen 1,26-28 und die Semantik von *radah",* en B. Janowski, *Die rettende Gerechtigkeit,* Neukirchen 1999, 33-48, además de U. Neumann-Gorsolke, *Herrschaft, passim.*; K. Koch, "Gestaltet die Erde, doch heget das Leben!", en B. Janowski (ed.), *Spuren des hebräischen Denkens,* Neukirchen 1991, 223-237, esp. 230s.
33 Los animales eran los únicos otros "seres vivientes". Por eso Dios no le da al hombre como alimento a los animales, sino solamente vegetales (1,29s). Esto se suspende en el llamado pacto noético, en 9,2-5.
34 B. Janowski, "lebendige Statute", 159. Así también lo es el rey (ideal): garante del orden de su universo.

tanto los "frutos" que de ella brotan: los vegetales y minerales. De éstos los hombres se alimentarán (v.29).

Estos verbos, en el contexto del relato, resaltan la seriedad y decisión con la cual los hombres deben asegurar el orden establecido por Dios en la creación, es decir la importancia de la justicia que asegura la armonía, por tanto evita y protege de la violencia, contraria a una actuación despótica o tiránica frente a la creación. Esa justicia, como la pinta el otro relato de creación, se da cuando se asume como normativa la distinción entre bien y mal *que emana de la sabiduría de Dios*[35] –no la de la soberbia necia del que la manipula para endiosarse. (Recordemos que Gén 1 es un relato de influencia sapiencial). Eso supone espíritu de solidaridad: el hombre vive con el resto de la creación y debe cuidarla –ese es el encargo del Creador; ¡es un imperativo, no una opción! Esto se explicitará luego con el mandato "amarás a tu prójimo, porque *él es como tú*" (Lev 19,18).

Esa responsabilidad sobre la creación incluirá especialmente su relación con sus semejantes –lo que resalta el relato de Caín, y se lee expresamente en 9,6: "El que derrame la sangre de un hombre, por otro hombre su sangre será derramada, porque *a imagen de Dios* es hecho el hombre". No es un actuar a favor de Dios, sino del mundo, especialmente de sus semejantes; no es por tanto cultual, sino social[36].

Recordemos que el ser "imagen" de Dios tiene de trasfondo la ideología real, que concibe al rey como representante (inclusive la encarnación) de la divinidad, cuya función primordial es la de *preservar el orden y garantizar la justicia*, es decir la *armonía* social,

---

35 Sobre la sabiduría divina, encarnada en Jesucristo, escribirá san Pablo en 1Cor 1. Vea sobre el tema Gilbert-Aletti, *La sabiduría de Jesucristo* (CB 32), Estella 1984, parte II.

36 C. Westermann, *Genesis* 217s. El relato encomienda en Gén 1 al hombre cuidar de los animales, no de otros hombres pues todavía no los había.

lo que incluye proteger a los pobres –"la viuda, el huérfano y el extranjero", es decir los desprovistos de derechos. Por todo esto, la soberanía del hombre sobre la creación, como la de todo rey justo, debe asegurar y preservar la paz, el *shalom* (cf. 1Re 5,4s)[37].

En el v.26 se especifica que Dios hizo al hombre para que domine sobre los peces del *mar*, las aves de los *cielos*, y los animales de la *tierra*, los tres ámbitos que juntos representan la totalidad del cosmos. Así como el rey ideal ejerce su soberanía para asegurar la paz y la armonía (cf. Sal 72), así el *'adam* debe regir sobre la totalidad de la creación como representante del Creador[38]. El fracaso en ese sentido, desembocará en un caos universal: "Viendo Yahvéh que la maldad del hombre cundía en la tierra, y que todos los pensamientos que ideaba su corazón eran puro mal de continuo, le pesó a Yahvéh de haber hecho al hombre en la tierra, y se indignó en su corazón. Y dijo Yahvéh: 'Voy a exterminar de sobre la faz del suelo al hombre que he creado, desde el hombre hasta los ganados, las sierpes, y hasta las aves del cielo'" (6,5ss). La creación que Dios sentenció ser "todo (es) muy bueno" (1,31), tiempo después verá que todo "estaba corrompido, porque toda carne había corrompido su camino sobre la tierra" (6,12). Imperaba la violencia; se había roto la armonía. Y así como el primer hombre quiso "ser como un dios" (3,5s), así también tras el segundo hombre, Noé, nuevamente buscaron "llegar a la cúspide de los cielos" (11,4). Todos estos relatos responden a las simples preguntas "¿por qué se da en la creación violencia y destrucción? ¿Por que reina el caos en lugar del orden y la armonía?

---

37 El campo semántico soberanía, dominación, en nuestro mundo tiene una connotación negativa, afín a tiranía, contraria a democracia. En el Oriente Medio, lo contrario de soberanía (de los reyes), en el caso ideal, no era libertad o auto-determinación de los individuos, sino el caos, las amenazas, la esclavitud. La soberanía regia garantiza protección, paz, prosperidad.

38 En este contexto podemos traer a colación las severas advertencias de Dios que Samuel le transmite al pueblo cuando insisten en tener un rey que les gobierne, "como las demás naciones", en lugar de ser regidos por Dios (1Sam 8).

¿Qué impide que impere la paz y la concordia? ¿Qué papel juega en todo esto el hombre? No se pregunta sobre Dios, sino sobre el ser humano: es 'adam, es Eva y Adán, es Abel y Caín, es Noé. Recordemos que Dios no creó una fuerza, un poder o un personaje maligno o demoníaco. Para el autor la maldad se debe al hombre, no a un Satán o a un demonio. Es el hombre mismo el que, en tal caso, hace de "demonio" (poder destructor).

En pocas palabras, la creación que le fue encomendada a la humanidad –siempre según el relato– estaba en perfecta *armonía*. Dios hizo orden del caos inicial, estableció los ritmos de los astros, y delimitó la tierra, los mares y los cielos. Corresponde a los hombres mantener esta armonía. Esta armonía por lo mismo es generadora de vida –representada en el relato por las indicaciones sobre los alimentos en 1,29s (hierba, frutos; excluye animales)[39]. Como vemos, el hombre es imagen de Dios, no tanto en su relación con el Creador como con la creación (lea el Sal 8,5-10), es decir en la medida en que actúe responsablemente con su entorno y los seres que allí habitan, y no de modo autónomo los utilice y destruya para su satisfacción egoísta. Es el orden bendecido por Dios (v.28).

Debemos recordar que la "creación" no es estática, sino dinámica. Es *punto de partida*. Lo iniciado por el Creador deben continuarlo los seres humanos, deben extenderlo –es tarea de todos los hombres (sean fecundos). Esa es su grandeza: ser co-creadores a continuación de Dios y re-presentantes (imagen) suyo. La creación no culminó; está en continuo *proceso*[40], como los astrónomos han observado en el gran cosmos, por ejemplo, y los biólogos y antropólogos han constatado en la naturaleza viviente como "evolución".

---

39 U. Neumann-Gorsolke, *Herrschen,* 229ss. Debe respetar la vida de los otros "seres vivientes", los animales (vea nota 38).
40 Vea la n.48, arriba.

Vista desde otro ángulo, la dominación de la tierra debe ser para el bienestar de los hombres, lo que excluye el abuso de la misma; debe ser regida, no tiranizada. Por lo mismo, como alimentación Dios le da a los animales "toda la hierba verde" y al hombre "toda hierba de semilla" y los frutos de los árboles, mas no animales (v.29s), de modo que no haya rivalidad entre ellos. No debe haber motivos que provoquen violencia. No se trata, por cierto, de un mandamiento a perpetuidad a ser vegetarianos. Estamos ante un relato con un fin teológico, de resaltar quién es el hombre visto en su relación con Dios y la creación. Más adelante en Génesis, según otra tradición, después que el hombre rompió su armonía inicial con Dios, se le ofrecen los animales como alimento (9,3).

La donación de "la tierra" (*ha'aretz*) trae a la memoria el don de la tierra prometida en Canaán, perdida precisamente por ser tiranizada: "Sean fecundos y multiplíquense, para que llenen la tierra y la puedan poseer (toda ella)" (v.28)[41]. Si bien los animales comparten la tierra con los hombres, sólo a éstos les es encomendado someterla, como si fuera suya, en representación del Creador.

La orden "sean fecundos y multiplíquense" responde a la importancia para el pueblo hebreo, en aquellos tiempos, de consolidarse como una nación fuerte, especialmente después de la catástrofe del s. VI (dominación por los babilonios). La finalidad es que se aseguren su posesión: "¡sométanla!" (vea arriba). Posteriormente esta cláusula fue elevada por los rabinos a la categoría de mandato divino universal. Remitiendo a esta orden, el judaísmo, y luego el cristianismo, estableció que la razón primordial del matrimonio es la procreación[42]. Pero, tal comprensión ignora el contexto y la finalidad

---

41 Traducción explicada de U. Neumann-Gorsolke, *Herrschen,* 307. A. Schüle, *Prolog,* 75s llama la atención a las asociaciones terminológicas entre 1,28 y Ex 1,7, que sintetiza el origen de Israel.

42 Negarse a contraer nupcias era para los rabinos un pecado serio, incluso visto como equivalente a verter sangre, es decir a transgredir uno de los mandamien-

que tenía ese mandato cuando se relató la creación. Una vez más: estamos ante un relato mitológico, no una crónica.

El énfasis en la presentación del hombre como imagen de Dios conlleva un filón apologético: contrasta la historia actual del hombre con la intención primigenia del Creador, es decir lo que el hombre en realidad es, con lo que debería ser y vivir. Es un serio cuestionamiento y reto a los seres humanos en su actuar, su ética. Por eso, surge la pregunta si el hombre es realmente imagen de Dios; eso lo muestra en su actuar. A lo largo de la historia, los hombres no han cesado de ser más bien caricaturas de Dios o inclusive anti-imágenes de Dios al abusar del poder que se les ha encomendado dirigiéndolo contra la naturaleza, inclusive contra sus semejantes[43] –no pocas veces invocando nada menos que a Dios. El encargo en Génesis de someter la creación "no debe llevar a poner en peligro al hombre, como de hecho va tomando medidas alarmantes en la contaminación del medio ambiente. El dominio del hombre sobre el hombre falsea la imagen de Dios", afirmó Hans Walter Wolff hace medio siglo ya.[44]

Quien afirme que el relato bíblico sustenta la tesis que Dios le puso todo a disposición de los hombres para que sometan la creación, de modo que se aprovechen de ella, tergiversa el sentido y la intención del texto y se hace responsable de justificar lo injustificable: que se pueda depredar la naturaleza porque fue hecha para ser usufructuada por los hombres.... Eso reflejaría "arrogancia frente a la naturaleza",

---

tos de Dios. Cf. Flavio Josefo, *C. Apion* ii, 199-202; Strack-Billerbeck, vol. II, 372s con los textos rabínicos. Se tergiversa el sentido del texto cuando se afirma, como es tan frecuente oír, que Dios ha puesto como ley *a perpetuidad* que los hombres tengan cuantos hijos sea posible, o que las relaciones sexuales deben tener como finalidad la procreación, pues esto, como veremos, no era tema en Génesis. Claramente distinta es la razón dada en Gén 2: el compañerismo (vea abajo).

43 En ningún momento se afirma en el AT que por causa del "pecado" de Adán la humanidad haya dejado de ser imagen de Dios (vea Gén 5,1 y 9,6).

44 H.W. Wolff, *Antropología*, 222.

un "imperialismo teológico" y una "tiranía antropocéntrica"[45]. Esta visión utilitarista suele ir acompañada de la idea de que el hombre es imagen de Dios en "el alma"; el alma sería lo que lo asemeja a Dios, con lo que, con mentalidad dualista, se minusvalora el cuerpo y desestima la naturaleza. Según Génesis los hombres deben primordialmente *cuidar* la creación, que es *toda* "buena", *sin excepciones*. Es una función que implica responsabilidad: *no son dueños* de la creación, sino gerentes de ella. "El cielo es de Yahvéh; la tierra se la ha dado al hombre", afirma el salmista (Sal 115,16).

El hombre no es la corona de la creación, de modo que se arrogue actuar sobre ella como le plazca –y menos aún en relación a sus semejantes–, sino que es *primus inter pares* en la creación de Dios[46]. Es creatura de Dios igual que las plantas y los animales. No está puesto como centro de la creación alrededor del cual todo gira, sino como responsable de ella, para cuidarla y promoverla. No se trata, por tanto, sólo de la dignidad del hombre, sino de una *responsabilidad*!!

Una vez convertido en "un ser viviente", el hombre es autónomo y *puede* actuar contrario a la voluntad de Dios –no es su títere. Esto lo destaca Gén 3, con sus consecuencias. El límite puesto por Dios a la libertad está en relación al orden establecido; lo traspasa cuando no crea sino que destruye, no preserva sino que abusa de la creación.

Sólo de animales y humanos señala el autor que "Dios los *bendijo* diciendo: sean fecundos, multiplíquense y pueblen..." (v.22, 28). La bendición es la comunicación de la fuerza vivificadora divina que hace posible la transmisión de la vida, de generación en generación. La vida es un don divino. La esterilidad era considerada una de las

---

45 B. Janowski, "Statute", 168.
46 U. Neumann-Gorsolke, *Herrschen*, 301.

mayores maldiciones. Por eso es destacada la bendición en el relato de creación para los seres vivientes (v.22.28)[47]. Para los humanos la bendición no es sólo para que se multipliquen, pues incluye el encargo de someter y dominar la creación, asegurando que sea fructífera. El texto da a entender que sin la bendición no podrían cumplir con el encargo divino.

En el nuevo inicio, bajo una alianza (9,9ss), que empieza por Noé como una suerte de nuevo Adán, Dios repite el mandato de Gén 1: "Sean fecundos, multiplíquense y llenen la tierra" (9,1; v.7 lo repite y añade "y dominen sobre ella"), y continúa: "Infundirán temor y miedo a todos los animales de la tierra, y a todas las aves del cielo, y a todo lo que repta por el suelo, y a todos los peces del mar; quedan a vuestra disposición. Todo lo que se mueve y tiene vida les servirá de alimento: todo les doy, lo mismo que les di la hierba verde" (9,1-3). Estas reglas claras, si son observadas, deben asegurar la armonía entre los hombres, y entre éstos y los animales. Lo novedoso en estas reglas es lo referente a los alimentos, que para el hombre ahora incluye "todo lo que se mueve y tiene vida"[48]. Era un hecho que los hombres se alimentaban de la caza y la pesca. Hay una norma suprema que el texto resalta claramente: la sacralidad de la vida humana, como había hecho en la escena de Caín (cf. Gén 4,15): "Yo les prometo reclamar su propia sangre: la reclamaré a todo animal y al hombre. A todos y a cada uno reclamaré el alma humana. Quien

---

47 Para el semita la única vida que vale como tal es la de los "vivientes", animales y humanos. Su bendición no se reduce a la procreación, sino que incluye todo el proceso de crecimiento, la vida entera. ¡Cuán lejos de aquella idea de que el acto de procreación es "un mal necesario", y la idea de la sexualidad como por sí misma "impura", "sucia", a menudo acompañada de una mirada hacia la mujer como "seductora"!

48 El abandono del vegetarianismo, obviamente no es histórico, sino que el relato bíblico explica por qué al hombre le está permitido alimentarse de animales. Una restricción sin embargo se establece, y se cumple en el judaísmo hasta hoy: el llamado mandamiento noético –"no comerán la carne con su vida (*nephesh*), es decir, con su sangre" (9.4): lo sagrado es "el factor *vida* (sangre)".

vertiere sangre de hombre, por otro hombre será su sangre vertida, porque a imagen de Dios hizo al hombre" (9,5s). La prohibición de verter sangre subraya que el señor de la vida no es el hombre, sino Dios. Por esa razón el hombre no comerá la carne animal con su sangre: "Sólo dejarán de comer la carne con su vida (*nephesh*), es decir, con su sangre" (9,4; Lev 3,17; 7,26s; 17,14).

El hombre fue creado *para* (finalidad) ser imagen de Dios. El sentido, por lo tanto es netamente relacional-funcional: define la *relacionalidad* del hombre con Dios y su *funcionalidad* en el mundo, no su identidad ontológica. Mejor dicho, es en su soberanía sobre la creación, *siguiendo el patrón del Creador*, donde el hombre se revela como imagen de Dios. *El futuro de la creación le fue encomendado al hombre.* Ese es el reto: vivir humanamente, lo que significa asegurar el *shalom* en la creación, mediante las relaciones armónicas entre la humanidad y el cosmos, la creación, sus semejantes, y Dios.

No se trata, pues, en Gén 1 de una descripción de lo que es el ser humano en sí mismo, sino de una explicitación de su misión, en la cual se afirma su dignidad, la cual es deletreada a continuación: "hagamos... *para que* domine los peces del mar,... toda la tierra y todo animal..." (v.26). Es decir, el hombre no es concebido como imagen del Creador por lo que *es,* sino por su misión: señorear la creación (cf. Sal 8,6). Toda la creación está en función del hombre y para él. La afirmación de que el hombre es imagen de Dios *expresa una responsabilidad, encomendada como representante de Dios para que la creación se encamine hacia su plenitud.*

En pocas palabras, el hombre re-presenta a Dios rigiendo la creación[49]. Si es imagen "de Dios", entonces está en relación a Él y a la creación. Más concretamente, como dice Schüle, "la orientación de

---

[49] U. Neumann-Gorsolke, *Herrschen,* 304: "Elohim hizo al hombre como su *Bild* (imagen), para que, como su *Abbild* (reproducción), como su representante, ejerza su soberanía".

84

la imagen no es hacia aquel que lo hace su imagen [Dios], sino hacia el mundo, en el que el hombre surge como imagen de Dios"[50]. Por eso le encomienda dominar la creación.

Recapitulando lo dicho:

1. Imagen de Dios lo es el ser humano entero, no alguna "parte" o facultad del hombre. El uno (humano) es imagen del Otro (Dios). Él es representante de Dios. Y lo son el varón y la mujer, por tanto es imagen de Dios en cuanto *persona*.

2. Creado al final, el ser humano es el culmen de la creación, el ser más sublime, con una dignidad única: solo él es imagen de Dios. Esto es lo distintivo humano –lo *diferencia* de los animales.

3. La "imagen" es aquella que se manifiesta de Dios en Gén 1. Es imagen primordialmente en su *relación con la creación*. Concretamente, su misión determina qué lo hace ser "imagen de Dios": creado *"para que* domine…", es decir, para que actúe como Dios ha mostrado en la creación: todo está en orden y armonía, lo cual debe ser preservado.

4. Un aspecto fundamental es su libertad, por la cual se le encomienda dominar –y nadie domina sobre él. Su función es gerenciar la creación; no es su dueño. Por tanto la cuida, preserva, y sigue "creando" a la manera de Dios. Así como Dios todo "lo hizo bien", igual debe ser el actuar humano con la creación.

5. Ser imagen es dinámico, no estático; es una misión, no un estado. Por eso el hombre es responsable de proseguir el rumbo de la creación, que está en proceso evolutivo. Debe asegurar la armonía, que supone solidaridad con la creación.

---

50 A. Schüle, *Prolog*, 97.

ADAM....

En Génesis hay tres vocablos que se suelen traducir como "(el) hombre", que debemos distinguir en razón de sus matices: 'adam, 'ish, zakar. Emparentado a *'adamah*, la tierra, como se explicita en 2,7, 'adam resalta la condición de creatura y la condición mortal del hombre. Siempre en singular, designa al "ser humano" en general[51], la humanidad. Se usa también a modo de nombre propio, que en realidad es una suerte de denominación, por la simple razón de que se trata del origen de la humanidad (4,1.25; 5,1). El término 'adam se encuentra nada menos que 46 veces en Gén 1-11 (en el resto de Génesis sólo una vez)[52]. El término 'ish designa al varón (género masculino), por eso es usado también para referirse al marido. Equivale al castellano "(el) hombre" con su doble acepción, de varón y de esposo. La mujer es designada en 2,23 "varona" ('isshah). El 'ish es atraído por la 'isshah y se une a ella (2,24). Zakar designa al macho, tanto humano como animal, a diferencia de la hembra (1,27).

En 1,26 se habla de *'adam*, sin artículo definido, es decir del ser humano en general[53]. Otro tanto leemos en 2,5: "no había ser humano (*'adam*) sobre la tierra". En ambos relatos, cuando se singulariza se emplea el artículo definido: el hombre, pero preservando el senti-

---

51 La expresión hebrea para "ser humano" es *ben 'adam*, hijo de hombre. Se pluraliza el vocablo "hijo(s)", no "hombre" (*benei 'adam*). Es el sentido fundamental de la expresión "hijo de hombre" que se encuentra con frecuencia en boca de Jesús, con lo que resalta su solidaridad con la humanidad, que más tarde se convirtió en título cristológico haciendo eco a Daniel 7 y Henoc.

52 En el resto del AT, *'adam* se encuentra 45 veces en Prov; 49 en Cohelet, 27 en Job, 62 en los Salmos (además 13 veces *'enosh*). El vocablo *'enosh*, sinónimo de *'adam*, se usa en Génesis solo como nombre propio (4,26; 5,6-11).

53 Vea al respecto J. Barr, „Ein Mann oder die Menschen? Zur Anthropologie von Genesis 1", en H.-P. Mathys, ed. *Ebenbild Gottes – Herrscher über die Welt*, Neukirchen 1998, 75-93, 84ss, además de los diccionarios lexicográficos (ThWAT, THAT). La pregunta si el origen de la humanidad remonta a una sola pareja (monogenismo) o varias parejas (poligenismo) surge sólo si se entienden los relatos de creación literalmente, como una suerte de reportaje histórico.

do genérico de "el ser humano", por tanto con la connotación plural de los hombres. En la mente semítica no existe "la humanidad" en general, que es una abstracción, sino hombres concretos.

En la lengua hebrea, *'adam* es del género masculino; nunca se emplea para la mujer. Como he mencionado, expresa o tácitamente se refiere a "la humanidad" en sentido colectivo, por eso no existe el plural. Es así que en 5,2 se lee: "Macho (*zakar*) y hembra los creó, los bendijo, y los llamó *'adam* el día de su creación". Eso significa que *'adam* no es un individuo, sino que *representa* a la especie humana, por tanto no excluye a la mujer; por eso en 1,27 se lee que al ser humano (*'adam*) "macho (*zakar*) y hembra los creó" Dios. Es decir, *'adam* es una personalidad corporativa, que encarna la humanidad[54]. De igual manera, cuando se relata la creación de los animales se refiere a tipos de animales, no a individualidades; no se distinguen géneros.

... MACHO Y HEMBRA LOS CREÓ

En los dos relatos de creación está claro que para sus autores "no puede haber 'esencia del hombre' aparte de su existencia en dos sexos. Seres humanos existen *en comunidad*; este es el significado

---

54 Cf. J. de Fraine, *Adam and the Family of Man,* Nueva York 1965, un estudio bastante exhaustivo. En general, ver J.W. Rogerson, "The Hebrew Conception of Corporate Personality", en B. Lang, ed., *Anthropological Approaches to the Old Testament,* Londres 1985, 43-59. El ser personalidad corporativa significa que la creación no es en un único momento, sino que se extiende a todos los seres humanos; la teología lo conoce como "creación continua". El día que Dios no comunica el aliento vital, los seres vivientes mueren: "Si escondes tu rostro, desaparecen; les retiras tu soplo y expiran, y retornan al polvo" (Sal 104,29; cf. Jb 34,14s). La vida humana comienza en el parto –cuando Dios insufla el aire de vida–, no en la concepción, según la idea semita de la vida.

de la existencia humana"[55]. La mención de macho (*zakar*) y hembra (*neqebah*) no es sólo por distinción sexual, sino para resaltar que no hay seres humanos excluidos[56]. En Gén 1,27 el tema no es las diferencias de género como tales, ni sociales ni étnicas ni biológicas: varón y mujer son *igualmente* seres humanos por cuanto son creaturas del mismo Dios, del mismo acto de creación el sexto día. Recién en 3,16c se tematiza la diferencia de géneros: "Hacia tu marido (*'ish*) irá tu apetencia", le dice Dios a la mujer. En otras palabras, en la creación se pone de relieve que los seres humanos son ·completos cuando viven en comunidad dialogante. Esto está más claro en el otro relato de creación: la mujer es creada para ser *compañera idónea*, capaz de comunicarse, porque "no es bueno que el hombre esté solo" (2,18-23). Esa era y es la experiencia de los humanos.

En Gén 1, el carácter de "imagen de Dios" está en '*adam,* en el ser humano como tal. No solo en el varón. A '*adam* lo hizo "macho[57] y hembra (*zajar uneqebah*)". De hecho, se especifica claramente: "macho y hembra *los* creó, y *los* bendijo (plural)". No se trata por cierto de un andrógino, un hombre con dos mitades, bisexuado. En otras palabras, la humanidad está constituida por hombres y mujeres, creados en pie de igualdad.

---

55 M.P. Hogan, The *Biblical vision of the human person,* Frankfurt/M. 1994, 97 (énfasis mío). No debe sorprender que, como se reitera en la tradición judía, se entienda esta vida "en comunidad" en primer plano en términos de pareja, varón y mujer. La masculinidad del varón, en particular, se veía afirmada en el hecho de tener mujer.

56 Recordemos que antaño una totalidad se solía expresar por dúos complementarios: cielos y tierra designa el cosmos; niños y ancianos, al igual que hombre y mujer (en tándem, como en 1,27) designan la humanidad en su totalidad según el acento que se ponga.

57 Si la mujer también es imagen de Dios, ¿significa esto que Dios es ambos, varón y mujer? Para el hebreo es inconcebible! Dios es siempre invocado como varón. Es decir, ambos, varón y mujer son imagen de Dios, no por su sexualidad, sino por ser '*adam,* humanos, como expresamente se lee en 5,2: "Los creó varón y mujer, los bendijo y los llamó '*adam* en el día de su creación".

Esa afirmación a menudo es tomada como una suerte de dogma: Dios creó *solamente* macho y hembra, entendido en términos de sexualidad o género. Con ello se excluye *a priori* como "creación de Dios" a quienes, siendo fisiológicamente varones o mujeres, no son heterosexuales, sino homosexuales. Este es un enfoque desde la sexualidad, no desde el del compañerismo (sobre 2,24, texto clásico relacionado a la monogamia, vea el capítulo siguiente), que es el del texto bíblico.

Nuestro texto nada dice de una creación con miras al matrimonio, ni se piensa aquí en la monogamia[58], ni se trata de relaciones de pareja. De hecho, el texto no tiene como tema el matrimonio, ni la atracción sexual[59], sino la creación de la humanidad como tal. Como humanos ('*adam*), el varón y la mujer son obra de Dios que los creó como "imagen" suya, lo que es tema aparte del sexual –¡Dios no es sexuado! La humanidad se realiza como tal y es imagen de Dios en

---

58 Es conocido que a lo largo de la historia de Israel la monogamia pocas veces era tema como tal. Que el varón deje a sus padres para unirse a su mujer, de por sí no excluía la posibilidad de tener una concubina. La tradición bíblica preservaba con toda naturalidad muchos ejemplos de personajes importantes que tenían concubinas, sin por ello depurarlos o extirparlos de los relatos como "inmorales". Es el caso de los patriarcas Abraham y Jacob, del gran Moisés, y por cierto de los reyes (vea legislaciones como Ex 19,15; 21,10; 22,16; Lev 18,18; 20,14). Se especifica solamente la prohibición de tener relaciones con una mujer casada (propiedad de otro), calificada como adulterio; no así si no es casada. Más adelante, Jesús de Nazaret, entre otros, leerá Génesis en clave de monogamia. Aun allí, notemos que en ningún momento expresamente se condena la poligamia: concentrarse en "la mujer (esposa)" en ese tiempo no excluía la posibilidad de tener sucedáneas, otra mujer que no sea la esposa.

59 La sexualidad era tenida como algo natural, y por cierto no se pensaba que fuera sólo con miras a la procreación. Tener hijos era un anhelo profundo, pero el que hombre y mujer sean "una sola carne (persona)" designa la expresión corporal de la comunión personal con la otra persona. Ésta no estaba pensada con la finalidad de la procreación. Por eso se empleaba el verbo *conocer* con su connotación sexual: "no conozco varón alguno" no significaba otra cosa que "no tengo intimidad con algún varón"; no es un conocimiento intelectual, sino existencial de intercompenetración.

su relación comunitaria y dialogal, no restringida a una correlación heterosexual, por lo que *incluye a los solteros y célibes*.

En el primer relato de Génesis se trata de la complementariedad en pie de igualdad; hombre y mujer *juntos* representan la humanidad. La orden "sean fecundos y multiplíquense..." era natural para asegurar la continuidad de la creación. Nada se dice en el relato en términos de sexualidad o de matrimonio. De hecho, la misma orden, "sean fecundos y multiplíquense", es dada también a los animales (1,22). En el segundo relato, la mujer le es dada a Adán expresamente para ser compañera, con quien dialogar y complementarse; "esta sí es hueso de mis huesos, y carne de mi carne". En ese relato se alude a la unión del hombre y la mujer como pareja: "... por eso deja el hombre a su padre y su madre y se une a su mujer" (2,24).

Andreas Schüle preguntó acuciosamente por qué solamente del ser humano se menciona que "Dios los creó macho y hembra" (1,27), no así de los animales que obviamente también son macho y hembra. Su respuesta es clara: "las relaciones sexuales entre humanos, a diferencia de los animales, no sólo son un medio para la procreación y preservación de la especie [de animales se dice "según su especie", v.24]... La relación entre hombre y mujer (en cambio) no se orienta en ese sentido. Eso se muestra también lingüísticamente en que están estrechamente enlazadas las frases 'Dios creó al hombre a su imagen' y 'varón y mujer los creó'... Aquí se trata de relaciones interpersonales que se establecen entre los partícipes"[60], es decir el intercambio dialogal constructivo y complementario que refleja su condición de humanos.

Son interesantes algunos comentarios judíos a este pasaje de Génesis. El rabino Yirmeyah ben Lazar afirmó que, al primer hombre

---

60 A. Schüle, "Menschsein", 595s; id. *Prolog,* 92s, que las considera una suerte de metáfora cuyo contenido es "imagen de Dios" (n.259).

Dios "lo creó andrógino". El famoso rabino Raschi, haciendo eco al rabino Samuel bar Najmán, explicaba la cláusula "los creó macho y hembra" como que Adán fue creado con "dos caras", las cuales más tarde Dios separó en dos partes, de modo que surgieron dos personas complementarias[61]. En Jubileos 3,8 se lee: "En la primera semana fue creado Adán y la costilla que habría de ser su mujer; en la segunda semana se la mostró..."[62], o sea hizo de ella una mujer. San Pablo mezcla en 1Cor 11 los dos relatos: "El varón no debe cubrirse la cabeza, pues él es *imagen* y gloria de Dios; pero la mujer es gloria del varón, pues el varón no *procede* de la mujer, sino la mujer del varón..." (v.7s).

.... CONCLUYÓ LA LABOR EL SÉPTIMO DÍA

El relato sacerdotal de creación concluye destacando la importancia del sábado. Esta es la razón para la estructuración en siete días, a diferencia del segundo relato en el que no hay mención de tiempos. Es así que, siguiendo la narración, leemos que "Dios dio por concluida en el séptimo día la labor que había hecho" (2,2). Es parte integral de la actividad del Creador, y debe servir de paradigma para la humanidad. No es un apéndice, ni es una institución cultual. Será en Ex 20 cuando, en el Decálogo, se fundamente en la creación según Gén 1 el mandato de observar el sábado. Recordemos que el sábado era una de las instituciones distintivas del judaísmo, que se resaltó a partir del exilio babilónico (tiempo de la redacción de Gén 1).

---

61 L. Vegas Montaner, ed., *Génesis Rabbah I. Comentario midráshico*, Estella 1994, ad Gen 1,26-28 (p.109), y los textos hagádicos en Strack-Billerbeck, I, 801s. Cf. J. Barr, "Ein Mensch oder die Menschen?", en H.-P. Mathys, *Ebenbild Gottes*, 78s.
62 El libro de Jubileos es uno de los apócrifos judíos más populares. Recuenta (comentario hagádico) a su modo los relatos de Génesis.

El séptimo día lo *bendijo* Dios, igual como hizo con el hombre, y además lo santificó. Santificar algo significa separarlo para dedicarlo a la divinidad. El sábado es un día separado; no es un día cualquiera. Seis días se dedican a la creación, y el último al Creador, en reconocimiento por la labor y el don creacional, del cual el hombre es parte integral. Todo se debe a Dios.

Dios llevó a cabo la creación de tal manera que todo exista en armonía, una armonía propia de Dios mismo, la cual ha sido encomendada al hombre. Esa armonía debe expresarse especialmente el sábado. Por eso más adelante se dará como justificación para la observancia del descanso sabático la liberación de la esclavitud en Egipto: "No harás ningún trabajo, ni tú, ni tu hijo, ni tu hija, ni tu siervo, ni tu buey, ni tu asno... ni el forastero que vive en tus ciudades, de modo que puedan descansar *como tú....* Recuerda que fuiste esclavo en el país de Egipto y que Yahvéh tu dios de sacó de allí... por eso Yahvéh tu dios te manda guardar el día de sábado (descanso)" (Dt 5,14s). Que no es esclavo ni de la tierra ni de su trabajo lo muestra reposando el sábado, y dejando plena libertad a todos los que con él viven. Así se muestra ser imagen de Dios (lo explicita la versión de Ex 20,11), que los liberó de la esclavitud de Egipto (Dt 5,15), y afirma su dignidad humana. La observancia del sábado debe ser, pues, experiencia de la auténtica libertad. El hombre fue creado libre, y para vivir libre.

"Vio Dios cuanto había hecho, y que todo era muy bueno" (1,31). Ese fue el paso del caos a la creación, de la desolación a la vida. En la perspectiva sacerdotal, la finalidad última de la creación, especialmente del ser humano, es entrar en el sábado definitivo de comunión con el Creador. Por eso, el descanso es para los seres humanos en comunidad, no solos (Ex 31,12-17; 35,1-3). Así la creación se completó. En efecto, el sábado es la etapa final de la creación. Es el día en que Israel se reúne como comunidad y reafirma su lealtad a Dios. Ese día le pertenece a Dios. Al final de la vida, terminados todos los trabajos, el descanso es con Dios, lo cual pinta san Pablo desde la perspectiva cristiana en Rom 8,18-22.

Recordemos que la "creación" no es estática, sino dinámica. Es punto de partida. El sábado marca el fin de un ciclo que debe renovarse, pero no en una suerte de "eterno retorno", sino constructivamente hacia delante con el ritmo de la historia. Lo iniciado por el Creador deben continuarlo los hombres, deben extenderlo: sean fecundos. Esa es su grandeza: son co-creadores a continuación de Dios y re-presentantes (imagen) suyo, más exactamente, son administradores de la creación de Dios.

EN RESUMEN...

La respuesta al título de este capítulo dedicado al primer relato de creación en la Biblia, "¿Qué eres (hombre)?", es: "imagen de Dios". Él es el culmen de la creación, a quien además Dios le encomienda todo lo creado. En efecto, tan sólo del hombre no se dice tras su creación que Dios "vio que era bueno", sino más bien desde *antes* de su creación (finalidad) se dice que será "imagen de Dios"[63], es decir bueno en grado superlativo, partícipe de la bondad divina. Fue creado con la finalidad de ser imagen de Dios. Y lo será en la medida que "domine" creativa y constructivamente la tierra y, como se esperaba de los reyes antaño, que "mande" sobre los seres vivientes con justicia y armonía. ¡Esa es la dignidad humana! Así entiende el redactor la creación, es decir la obra que emanó de Dios mismo, y

---

63 Observemos que el texto no distingue varón y mujer, sino que es el ser humano mismo, de ambos sexos, que es imagen de Dios y a quien se le encomienda su administración. A diferencia del segundo relato, es notoria la ausencia de un patriarcalismo en el primer relato de creación. Más aún, debemos anotar la expresión igualitaria: "creó Dios al hombre (*ha'adam*) a su imagen, a imagen de Dios lo creó; varón y mujer (*zakar 'uneqebah*) los creó" (1,27). Será más bien el judaísmo tardío, entre ellos Pablo, quien más tarde hará la distinción (1Cor 11,7s).

por tanto lo que debería ser. Pero... la historia bíblica nos muestra pronto que los hombres no respondieron con gratitud y fidelidad a su Creador... con lo que se volvió a tener sabor a caos, al *tohu wabohu* inicial. Esta realidad se ha repetido muchas veces a lo largo de la historia, y de manera más universal y dramática hoy día.

Dios encomienda su creación a los hombres; les ha sido dada gratuitamente, cual obsequio, pero no como posesión sino para ser administrada. Desde ahora son los hombres quienes son responsables por ella. La vocación humana es asumir su responsabilidad como imagen de Dios de cuidar la obra de Dios. Es así que el hombre será realmente imagen de Dios, continuando a ejemplo del Creador lo que Él empezó –no destruyéndolo, por cierto.

Hay una correlación e interdependencia entre el hombre y la naturaleza. De ella depende para su supervivencia: alimento, vivienda, vestimenta. El desequilibrio causado a la naturaleza repercute en el hombre, como sabemos hoy más que nunca. De aquí que haya una responsabilidad ecológica para la vida del hombre. Esto cuestiona la ideología del "crecimiento", asociada a la del "desarrollo", ambas primordialmente mercantilistas, que anteponen el beneficio económico (además, para unos pocos) al bienestar humano. Son ideologías afines que entienden "progreso" en términos de abundancia de bienes materiales producidos a cualquier costo, relegando al orden de los discursos "políticamente correctos" el bienestar de la humanidad, su alimentación, su salud, su educación, su habitat. Confunden realización humana con bonanza material[64]. Su único interés es el poder y el placer que da el poseer, esa codicia que lleva a las

---

64 Al respecto ya advertía E. Fromm, *¿Tener o ser?*, Buenos Aires 1977; más recientemente, entre muchos V. Forrester, *El horror económico*, Buenos Aires 1997, G. Soros, *La crisis del capitalismo global*, Barcelona 1999, y el premio Nobel en economía, J. Stiglitz en sendas publicaciones, esp. *Los Felices 90. La semilla de la destrucción*, Buenos Aires 2003, y *El malestar en la globalización*, Buenos Aires 2003.

guerras y las crisis financieras con las consecuentes desesperanzas y angustias.

Aquí deberíamos detenernos en observaciones y reflexiones sobre el trato que se prodiga a la naturaleza, a nuestros bosques y ríos, al aire y los mares, a la flora y la fauna. Deberíamos evocar las matanzas indiscriminadas de animales hasta la extinción de especies. Deberíamos ampliamente considerar las realidades devastadoras del avance de las deforestaciones, del envenenamiento de aguas con químicos (petróleos, minería) y de las contaminaciones ambientales, con sus consecuencias. Deberíamos reflexionar con espíritu crítico sobre la codicia que antepone las ganancias financieras a las personas; la explotación y la esclavitud en formas solapadas pero reales en esta época (post)moderna y supuestamente culta, y no pocas veces tenida por "cristiana". Deberíamos preguntarnos por el tipo de cultura y de civilización que se va imponiendo; por los conflictos armados y el abuso de químicos y de la energía nuclear que destruyen el mundo…. Se ha venido escribiendo bastante al respecto, y no cesa de exponerse en distintos foros a voz en cuello, por eso me dispenso de detenerme aquí sobre ello para remitir a voces más autorizadas[65].

La fe bíblica, aunque marcada por ideas precientíficas y visiones mitológicas, ha captado en profundidad lo esencial de la vida humana como tal. Nos invita a tomar conciencia de nuestra relación e interdependencia con la naturaleza.

En pocas palabras, ser imagen de Dios no es una cualidad predeterminada; se realiza en el proceso de una 'naturalización del hom-

---

65 La lista de personas e instituciones dedicadas a alertarnos sobre la destrucción del mundo por la codicia humana sería larga, empezando por ONGs, instituciones como Greenpeace, y voces como las del ex-vicepresidente de EE.UU. Alan Gore. Lo notorio es que por parte de muchos Gobiernos hay poca o casi nula voluntad política de hacer algo para frenar tales devastaciones al primar intereses políticos y económicos, ambos signos de avidez de poder y dominación.

bre' y una 'humanización de la naturaleza', es decir en su tarea de cuidar y proteger la naturaleza[66]. En este sentido mucho dan que pensar sendos libros del antropólogo jesuita Teilhard de Chardin, escritos hace más de medio siglo, en particular *El fenómeno humano*.

¿CREACIONISMO O EVOLUCIONISMO?

La contraposición creación-evolución es el ejemplo más típico de antagonismo entre Biblia y ciencia, entre fe y razón[67]. Las preguntas son conocidas: ¿Creó Dios el universo completo y cerrado, como se lee en Génesis, o es éste producto de una expansión (bigbang), o el resultado de fluctuaciones cuánticas que dieron paso a la formación de las galaxias, las estrellas y la vida humana? ¿Fue a partir de una sola pareja histórica creada por Dios (monogenismo), Adán y Eva, hace n-años, que nacieron (¿ya no por creación?) todas las razas humanas, o es el homo sapiens el último eslabón en una larga evolución de homínidos? ¿Procede el hombre de una evolución del mono, del chimpancé o de otro simio (demostradamente el más cercano al hombre)? ¿Remonta el origen de la humanidad a casi seis mil años, según cálculos en base a las genealogías en la Biblia[68], o existió ya desde hace más de seis millones de años como sostienen los paleontólogos?

Empecemos por una aclaración: creación es un concepto teológico; evolución es una constatación científica. El vocablo creación

---

66 J.P. Miranda, *Schöpfungsglaube,* Stuttgart 1989, 36 (agradezco a Juan Peter facilitarme este incisivo estudio suyo).

67 Vea esp. F.J. Ayala, *Darwin y el diseño inteligente. Creacionismo, cristianismo y evolución.* 3a. ed., Madrid 2009.

68 El Judaísmo cuenta el calendario desde la creación de Adán y Eva, lo que según ellos hace que el 2010/11 sea el año 5771. Los Testigos de Jehová, tras cálculos basados en la lectura literal de los edades dadas en las genealogías, sostienen que "llegamos a 4026 a. de la E.C. para la creación de Adán, quizás en el otoño,..." *(Toda Escritura es inspirada....,* 1968, p. 285).

denota el acto de hacer algo de la nada, sin materia previa, y sin precedentes. Esto, obviamente, no es constatable. En cambio, la evolución la comprobamos todos en nuestras vidas: no somos los mismos hoy que cuando éramos niños, tanto biológica como afectiva y mentalmente[69]. Evolución, a diferencia de regresión, connota desarrollo, crecimiento, progreso, que incluye mutaciones.

Hay que distinguir, además, entre la teoría de la evolución en sí, y la teoría de la selección natural, que tiene muchas variantes. Según ésta, sólo sobreviven y se reproducen los organismos que pueden adaptarse el medio ambiente. El hombre ha llevado a cabo artificialmente mutaciones y selecciones en la naturaleza: piense en los transgénicos, en las razas animales como el perro Doberman y los caballos de carrera, y en la ingeniería genética en general, que demuestra la posibilidad de la evolución de especies.

La evolución de las especies, incluida la humana, no se opone a la visión creacionista de la Biblia. La primera es una explicación de orden netamente científico[70]; la segunda de orden teológico. Son respuestas a preguntas diferentemente enfocadas. El conflicto entre Biblia y ciencia, y la contraposición de creación y evolución, se debe primordialmente a la incomprensión de la naturaleza, los alcances,

---

69 Entre la abundante literatura sobre el tema, vea F. Facchini, *Y el hombre apareció sobre la tierra. ¿Creación o evolución?* Madrid 2007, y I. Tattersall, *Hacia el ser humano. La singularidad del hombre y la evolución.* Barcelona 1998, y M. Kehl, *La creación,* Santander, 2011. Desde la perspectiva teológica, vea en esp. K. Rahner, *El problema de la hominización. Sobre el origen biológico del hombre,* Madrid 1973.

70 No hay una sino diferentes teorías, en cuanto al modo de la evolución. Existe una explicación netamente materialista, pero también una espiritualista, entre otras. El fenómeno de la evolución se da no solo en las especies orgánicas, sino también en el cosmos, como lo ha descubierto la astrofísica. La continua expansión del universo cuyo origen se explica hoy con la teoría del *big-bang* (gran explosión), contraria a la idea tradicional de un cosmos completo y cerrado hecho todo él por Dios.

los enfoques y las limitaciones de los textos bíblicos. En relación al origen del hombre, la contradicción surge entre fundamentalistas al leer Génesis en clave de historia y ciencia, en lugar de entenderlo como lo que es: relatos de orden teológico, y de género mitológico.

"La evolución científica elimina la creencia en Dios o la creación especial", escribió Pat Robertson, representante del típico pensamiento fundamentalista americano[71]. Para los fundamentalistas el relato de creación en Génesis se basa en *la revelación divina*, por tanto es incuestionable, y además es más creíble que la teoría de la evolución. Es la teoría del creacionismo. Lo llamo "teoría" porque merece la misma advertencia que se hace a la teoría de la evolución: no se basa en certezas –incluso mucho menos que la teoría de la evolución que en gran parte está demostrada por la paleontología y por la biología misma– sino en creencias, que son absolutamente subjetivas.

En cuanto al texto bíblico, el problema no es tanto si el relato es revelación divina o no, sino cómo se entiende el relato mismo. El fundamentalista, por un lado, entiende por "revelación" una suerte de *dictado* al escritor (por eso libre de errores), sin tradiciones orales de por medio, y *asume* que el relato es una suerte de reportaje. Por otro lado, no considera la posibilidad de que sea una narración de tipo parabólico, como tantas otras en la Biblia, para comunicar (género literario) la verdad de que Dios está al inicio de todo lo existente. Por eso el fundamentalista se ve forzado a liar con el hecho de que hay dos relatos muy distintos y en parte contradictorios, como hemos ya visto –ambos supuestamente revelados– y termina siendo fideísta: cree a ojos cerrados y sin dudas ni murmuraciones que todo sucedió tal como se lee en Génesis. Es una suerte de reportaje de autoría divina.

---

71 P. Robertson, *Answers to 200 of Life's Most Probing Questions,* Nashville 1984, 61.

En su encíclica *Humani Generis*, el papa Pío XII afirmó que el "evolucionismo" es una hipótesis seria, que amerita una investigación y una reflexión profundas[72]. Más recientemente, en su discurso a la Academia Pontificia de Ciencias en 1996, Juan Pablo II afirmó que "la teoría de la evolución es más que una hipótesis" y debe ser tomada seriamente en cuenta.

Debemos tener presente el hecho de que hasta el siglo XIX no se tenía noción clara de una evolución de especies. Naturalmente, no tenían esta idea cuando se escribió Génesis. Nada de extraño que concibieran el origen del mundo como producto directo de creación divina, como se lee en Gén 1. El creacionismo es una *explicación* de los orígenes que corresponde a los conocimientos y las convicciones de esos remotos tiempos, compartida con las culturas antiguas.

El *conocimiento* del cómo (y del cuándo) del origen del mundo y del hombre responde a una pregunta de curiosidad intelectual. Debe ser demostrado con datos objetivos. En el fondo, es irrelevante; no es necesario para la fe ni para la vida misma. La vida *se vive*, igualmente la fe. El conocimiento relevante es aquel que atañe a la vida misma, que ayuda a ser más humanos, mejores personas. Y éste se puede comunicar mediante parábolas, mitos, leyendas, u otras formas narrativas. Por lo tanto, la pregunta si creación o evolución es legítima para el conocimiento intelectual, pero carece de importancia para la vida y la fe en Dios. Contrario a Paterson y tantos fundamentalistas, no creeré más o menos que Dios existe y que está al mero origen del mundo, si se afirma que la manera fue por creación o resultante del *big-bang*, y si el hombre existe por una creación de la manera que se lee en Génesis, o por una evolución (que también tuvo un inicio!), o de una única célula.

---

72 Vea los n. 21-25, y 35-39 de la *Humani generis*. Sobre esto vea H. Haag, A. Haas, J. Hürzeler, *Evolución y Biblia*, Barcelona 1965, y C. Montenat - L. Plateux, *Para leer la creación en la evolución*, Estella 1985.

Para los hebreos era importante afirmar que Yahvéh Dios, y no otra divinidad, es quien "creó" todo lo que existe. La manera en que esto se dio no era el tema, sino el hecho: Dios es el creador de todo. La forma de comunicarlo es mediante las narraciones que leemos, propias de sus autores y enmarcadas dentro de sus culturas, basados en sus simples observaciones. Es así como tenemos en Génesis dos relatos distintos, uno de los cuales es más mitológico (J) que el otro (P). Pero hoy estamos mucho mejor informados y sabemos que el hombre no fue formado de barro ni la mujer de una costilla; que al principio no hubo una sola pareja sino varias y dispersas; y que los primeros hombres, los homínidos, eran primitivos, no unos genios. El origen de la especie humana, los homínidos, sin hablar de su origen mismo, si de una célula u otra forma, data de unos seis millones de años (el *Sahelanthropus*). Este se desarrolló en el *homo habilis*, creador de instrumentos, que data de unos dos millones de años. Más cercanamente, el *homo erectus*, ancestro nuestro, apareció en la escena hace unos 500 mil años, y el hombre con libertad, inteligencia creativa y capacidad de discernimiento e introspección, el *homo sapiens*, existe desde hace unos 200 mil años y fue evolucionando humana y biológicamente. Todo esto basado en descubrimientos paleontológicos.

Sin embargo, es comprensible la resistencia a admitir la teoría de la evolución, pues hacerlo, en su manera historicista y fideísta de entender la Biblia, descalificaría como históricos ambos relatos en Génesis y tendría un efecto dominó para sus convicciones teológicas: todos los seres vivientes, incluido el hombre, no habrían sido creados directa y expresamente por Dios; no habría un "paraíso" ni un "pecado original" (con lo que esto implica para las ideas religiosas tradicionales), y por cierto Adán y Eva no habrían sido personas reales, ni la humanidad procedería de esta pareja.

En su libro *El canto del pájaro,* Anthony de Mello cuenta que "Un intelectual cristiano que consideraba que la Biblia es literalmente verdadera hasta en sus menores detalles, fue abordado en cierta ocasión por un colega que le dijo: «Según la Biblia, la tierra fue creada hace cinco mil años aproximadamente. Pero se han descubierto huesos que demuestran que la vida ha existido en este planeta durante centenares de miles de años». La respuesta no se hizo esperar: «Cuando Dios creó la tierra, hace cinco mil años, puso a propósito esos huesos en la tierra para comprobar si daríamos más crédito a las afirmaciones de los científicos que a su sagrada Palabra». Una prueba más –añade de Mello– de que las creencias *rígidas* conducen a *distorsionar la realidad.*"[73]

De este capítulo debemos resaltar que Gén 1 no narra una creación de la nada (*ex nihilo*), sino una creación del *orden* a partir del caos. Lo primero que hace Dios es poner orden. Éste se fue constituyendo: del caos la luz, con la luz separación tierra y aguas, luego la vegetación, siguen los animales, finalmente crea al hombre. Él es la meta del proceso de creación. Hay así una subordinación e interdependencia, "según su especie". Y "todo estaba muy bien". Para asegurar ese *orden* y esa *armonía* Dios crea al hombre a su imagen y le encomienda "someter y dominar" esa creación. Así, la creación termina siendo un todo unitario, ordenado, estructurado armónicamente. Es responsabilidad del hombre asegurar esa armonía, que en el orden de la creación es clave para su supervivencia y su realización humana.

---

73 Santander 1982, p.60.

III.
¿QUÉ ERES?
EL RELATO YAVISTA DE CREACIÓN

El segundo relato de creación en la Biblia, que es el más antiguo, responde a la pregunta por la materia de la que ha sido hecho el ser humano. Es *'adam*, hecho de la *'adamah*, el limo de la tierra. No pregunta por la identidad, como hace el otro relato, sino por su materialidad. Es ella la que define la naturaleza del ser humano, y no lo hace en relación a Dios (imagen) como en Gén 1, sino en relación a la tierra.

Este relato de creación, que empieza en Gén 2,4b, tiene un fuerte sabor mitológico. El texto actual es fruto de la mezcla de varias tradiciones, razón por la que se observan repeticiones, rupturas, e inconsistencias[1].

---

1 Por ejemplo, el nombre de la mujer se repite pero distintamente: en un momento es llamada '*isshah* (2,23) en otro es llamada *hawwa* (Eva; 3,20). Se habla primero de dos árboles en el centro del jardín (2,9), pero luego se habla de uno solo (3,3). La situación geográfica del Edén es confusa: v.8 nos ubica al este de Palestina; v.10ss al norte. Dos veces se menciona de modo distinto la vestimenta (3,7.21). El tema del castigo es confuso. Para mayores detalles, vea alguno de los comentarios exegéticos histórico-críticos, como el de G. von Rad. *El*

Conocido como "yahvista[2]", este es un texto antropológico fundamental, pues se centra desde el principio en el hombre: su origen, su naturaleza y su finalidad. En el relato se destacan cuatro relaciones del hombre: con Dios (es su creador), con la tierra (hecho de ella), con los animales (creados para acompañarlo), y con otro ser humano[3] (varón-mujer). Creado por Dios, hecho de la tierra, es de por sí frágil, pero hecho para vivir en *armonía*.

Por otro lado, Dios es cercano a los hombres, lo que es evidente en los rasgos antropomórficos con los que se le presenta. Al hombre lo hace con sus manos, como un alfarero, no mediante una palabra distante. No se trata de un soberano que se imponga, sino de alguien que gratuitamente obsequia su creación a los hombres. Todo es *armonía*, armonía que al final del relato se romperá: la tierra será maldecida (será portadora de dolor y muerte; le será adversa al hombre, dará sus frutos con cardos y espinas).

Esta es, en pocas palabras, la trama de la "historia bíblica" de los orígenes del hombre en Gén 2: Dios prepara un frondoso jardín en Edén[4] para deleite del hombre. Adán es formado para labrar y cuidar la tierra (2,5.15). De la tierra proviene, le es connatural —es lo que pone de relieve el juego de palabras *'adam-'adamah*-, pero además

---

libro de *Génesis*, Salamanca 1977, o el de F. Castel, *Comienzos. Génesis 1-11*, Estella 1987.

2 Llamado así porque sistemáticamente aquí se llama a Dios "Yahvéh", en contraste con el primer relato en el que es llamado "Elohim". Por eso es común hablar del "texto yavista".

3 Digo "otro ser humano", no "su pareja", pues estamos en un relato de orígenes, por tanto desde aquí "crecen y se multiplican". Mal podría el autor haber puesto sólo dos varones o dos mujeres al inicio. Es natural que se hable de una pareja en los mitos de orígenes, pues es de tales de donde se procrea y se propaga la raza humana. No hay más significados intencionados en esos textos.

4 Edén es un sustantivo que en hebreo denota "delicias, abundancia, suntuosidad", de donde en Génesis se habla de un jardín o huerto (*gan*) "de delicias". Al jardín de Edén se refiere en particular Ezequiel (28,12-19; 31,7-9.16.18; 36,35; cf. Isa 51,3; Joel 2,3).

está sujeto a ella para su supervivencia, y a ella está destinado a volver. Pero, "no es bueno que esté solo". Con los animales no es posible una relación dialogal, sólo de dependencia: les pone nombres como a su pertenencia (v.19s). Finalmente, por arte de Dios, el hombre establece la relación dialogal con un ser hecho de su misma naturaleza, hueso de sus huesos (v.22s). De todo fruto puede disfrutar menos del árbol del conocimiento de lo bueno y lo malo. Para salvaguardar la armonía debe abstenerse de comer de este árbol (2,16s). Pero… la relación armoniosa inicial en la creación se rompe por el deseo del hombre de endiosarse comiendo el fruto prohibido. La radicalidad de la ruptura la ilustra la expulsión de Edén. El efecto extremo del intento de ser como Dios lo ilustra el relato de Caín y Abel.

Quiero llamar la atención al concepto de *armonía*, que he mencionado repetidas veces. La armonía refiere al orden en la creación, por tanto al hombre en su relación con ella. Es contraria al caos. Hermana de la justicia, que garantiza la concordia social, es contraria a la tiranía que atenta contra la libertad y la vida. Afín a la paz, *shalom*, es contraria a la discordia y la violencia destructiva (Isa 48,18). Por eso, la armonía se da sólo donde hay *unicidad*[5]. En la medida que garantiza la armonía en la creación y en la sociedad, el hombre será imagen de Dios, lo que se traduce en que "la justicia y la paz se besan" (Sal 85,10). Dios llevó a cabo la creación de tal manera que todo exista en armonía, una armonía propia de Él mismo ("la armonía absoluta"), la cual ha sido encomendada al hombre.

Veamos ahora el texto bíblico más detenidamente, con la atención centrada en el tema que nos ocupa: el hombre.

---

5 A. Nolan, en su libro *Jesús, hoy* (Santander, 2007), le dedica a esto la última (cuarta) parte de su libro: ser uno con Dios, consigo mismo, con los demás humanos, y con el universo.

(2, 4) El día en que Yahvéh Dios hizo la tierra y los cielos, (5) no había aún en la tierra arbusto alguno del campo, y ninguna hierba del campo había germinado todavía, pues Yahvéh Dios no había hecho llover sobre la tierra, ni había hombre que labrara el suelo. (6) Pero un manantial brotaba de la tierra, y regaba toda la superficie del suelo. (7) Yahvéh Dios formó al hombre con el polvo del suelo e insufló en sus narices aliento de vida, y resultó el hombre un ser viviente.

(8) Luego plantó Yahvéh Dios un jardín en Edén, al oriente, donde colocó al hombre que había formado. (9) Yahvéh Dios hizo brotar del suelo toda clase de árboles hermosos a la vista y buenos para comer, y en medio del jardín, el árbol de la vida y el árbol del conocimiento de lo bueno y lo malo.

(10) De Edén salía un río que regaba el jardín, y desde allí se repartía en cuatro brazos. (11) El uno se llama Pisón: es el que rodea todo el país de Javilá, donde hay oro. (12) El oro de aquel país es fino. Allí se encuentra el bedelio y el ónice. (13) El segundo río se llama Guijón: es el que rodea el país de Kus. (14) El tercer río se llama Tigris: es el que corre al oriente de Asur. Y el cuarto río es el Éufrates. (15) Tomó, pues, Yahvéh Dios al hombre y lo dejó en el jardín de Edén, para que lo labrase y cuidase.

(16) Y Dios impuso al hombre este mandamiento: "De cualquier árbol del jardín puedes comer, (17) mas del árbol del conocimiento de lo bueno y lo malo no comerás, porque el día que comas de él, morirás sin remedio".

(18) Dijo luego Yahvéh Dios: "No es bueno que el hombre esté solo. Voy a hacerle una ayuda adecuada". (19) Y Yahvéh Dios formó del suelo todos los animales del campo y todas las aves del cielo y los llevó ante el hombre para ver cómo los llamaba, y para que cada ser viviente tuviese el nombre que el hombre le diera. (20) El hombre puso nombres a todos los ganados, a las aves del cielo y a todos los animales del campo, mas para el hombre no encontró una ayuda adecuada.

(21) Entonces Yahvéh Dios hizo caer un profundo sueño sobre el hombre, el cual se durmió. Y le quitó una de las costillas, rellenando el vacío con carne. (22) De la costilla que Yahvéh Dios había tomado del hombre formó una mujer y la llevó ante el hombre. (23) Entonces éste exclamó: "Ésta sí que es hueso de mis huesos y carne de mi carne. Ésta será llamada varona, porque del varón ha sido tomada". (24) Por eso deja el varón a su padre y a su madre y se une a su mujer, y se hacen una sola carne. (25) Estaban ambos desnudos, el hombre y su mujer, pero no se avergonzaban uno del otro.

El capítulo está estructurado en tres escenas claramente demarcadas:

2,4-7: creación del hombre
2,8-17: el Edén
2,18-23: creación de la compañera.

FORMÓ AL HOMBRE DE LA TIERRA...

El largo inicio de este relato de la creación es una concatenación de frases subordinadas: "El día que Yahvéh Dios hizo la tierra... no había aún arbusto alguno... ni había hombre que labrara el suelo... Pero un manantial brotaba..."[6]. Éstas apuntan a la frase principal que está hacia el final: ese día "Yahvéh Dios formó al hombre con polvo del suelo..." (v.7). Eso significa que la tierra fértil fue hecha para beneficio del hombre, y que el hombre está inseparablemente unido a la tierra.

---

6   A diferencia de Gén 1, en este relato no se menciona la creación del sol, la luna y los astros. La mirada está concentrada en la tierra, y en ella en el hombre.

A la pregunta qué es el hombre, responde Gén 2,7 pictóricamente:

Yahvéh Dios formó (*yitser*) al hombre (*ha'adam*) con el polvo del suelo (*'phar minha'adamah*),
e insufló en sus narices aliento de vida (*nishmat jayim*),
y resultó el hombre un ser viviente (*nephesh jayah*).

La creación del hombre no se diferencia de aquella de los animales: ambos fueron formados (*yatsar*) del polvo de la tierra, y ambos son seres vivientes (v.19). Sólo del hombre se dice que Dios le "*insufló* aliento de vida (*neshamah*)", pero lo podemos suponer de los animales, ya que el producto final es el mismo: "un ser viviente" (*nephesh jayah;* v.7.19). En eso no se diferencian. No se dice que *es* un aliento o espíritu "divino", sino que Dios le insufló aliento "de vida". No se insinúa una relación "espiritual" con Dios. Se limita al factor "vida". Antes era simplemente un "hombre", ahora es un "ser viviente". Cierto, lo es gracias a la iniciativa divina, es decir del Creador, pero el acento está puesto en la vida como tal, es decir en el hecho que el hombre es un "ser viviente". Lo es gracias a la iniciativa divina, es decir que es *un don* del Creador. Si se menciona solamente en relación al hombre es porque, para el narrador, la vida humana es un don que diferencia al hombre. De aquí la sacralidad de la vida humana, destacada expresamente en 9,6, donde Dios prohíbe el derramamiento de sangre (vida) refiriendo a la creación.

Que en el relato Dios primero "formó al hombre con polvo del suelo" y luego le "insufló aliento de vida", no significa que se pensara al estilo griego en la animación de un cuerpo. El hombre es entendido por el narrador como una unidad, una totalidad unitaria. La afirmación que así el hombre resultó "un ser viviente" resalta que el hombre es un ser humano solamente en su existencia vital, animado por ese "aliento de vida". Sin él no es humano. Ese aliento hace posible que se relacione, tanto con Dios como con la comunidad humana, tema que se destaca luego con la creación de la mujer[7].

Esta comprensión unitaria del hombre es posiblemente uno de los grandes aportes de la Biblia a la antropología. Es a la vez una advertencia a las ciencias humanas que tienden a dividirse y especializarse tanto en uno u otro aspecto que olvidan el todo, como si el hombre fuera la yuxtaposición de compartimentos[8].

Como advierte Claus Westermann, "el hombre es *hecho* un *nephesh jayah* (ser viviente); no se introduce en su cuerpo un 'alma viviente'. En su ser viviente el hombre es entendido como un todo. Una idea según la cual el hombre esté compuesto de cuerpo y alma queda totalmente descartada"[9]. Esa es una idea más bien griega.

"Dios formó (*yitser*) al hombre (*ha'adam*) del limo de la tierra (*min-ha'adamah*)". No habla de crear (*bara'*), como en Gén 1. El verbo *yatsar* significa moldear, como hace un artesano; hecho con "tierra" (*'adamah*), evoca el trabajo del alfarero, imagen ésta bastante frecuente. La alfarería era una profesión altamente respetada por su habilidad creativa con la arcilla, que produce vajilla y otros utensilios. Así, por ejemplo, leemos en boca de Dios en Jer 18,6: "Como barro en las manos del alfarero, así son ustedes en mis manos" (cf. Isa 29,16; 45,9; 64,7; Jer 18,2-5). Esta imagen pone de relieve que el hombre ha sido formado por Dios, ha salido de sus manos, y también denota su fragilidad (cf. también Jb 10,9; 33,6; Jer 19,11; Isa 30,14; Qoh 12,6; Sir 33,13; 2Cor 4,7). Esta idea, junto

---

7   El tárgum Neofiti I añadió "… viviente con capacidad de hablar"; similar en el tárgum Ps-Jonatán, que añade además "que hace oír a los oídos". Lo distintivo es su capacidad comunicativa.

8   Esta advertencia vale también para toda antropología teológica que se concentre solamente en la relación entre Dios y el hombre. Debe dialogar con las otras ciencias humanas, como la sociología, la psicología, y la neurología. Ningún humano existe solamente en su relación con Dios.

9   *Genesis,* Neukirchen 1974, 283.

con la de la fuerza vital dada por la divinidad, es bastante común en muchas culturas primitivas[10].

El juego en palabras, entre *'adam* (hombre) y *'adamah* (tierra), no es casual. En él, como antes en la orden de someter la tierra, se resalta que hay una estrecha relación entre ambos, una relación que debe cuidarse. Es lo que expresan en Gén 1 la orden de dominar la tierra, y en Gén 2 la de labrarla. De ella se alimentará el hombre (1,29; 2,9.16). Y tras ceder a la tentación se le recordará que "polvo *eres* y al polvo volverás" (3,19), es decir su "terrenalidad".

Es como *viviente* como el ser humano es una persona, que no es lo mismo que la simple existencia; no es un ser o estar en sí mismo, sino que implica comunicabilidad, movimiento, interrelación. Por eso no está completo hasta que puede relacionarse con otro ser viviente.

NOTA COMPLEMENTARIA SOBRE LA ANTROPOLOGÍA HEBREA

En el capítulo I hemos presentado la antropología hebrea en términos generales. Llegados a este punto, cuando el texto se detiene como ningún otro en la creación del hombre como tal, es necesario ampliar nuestro conocimiento de la idea semítica sobre el hombre.

Empecemos por recapitular algunas nociones expuestas más ampliamente al inicio. La idea semítica del hombre se da en términos de una dualidad (tierra y aliento: 2,7; cf. Ecl 3,20; 12,7), no de un dualismo como en la mentalidad griega que entiende al ser humano en términos de cuerpo y alma en tensión, o contrapuestos como en el

---

10 La idea de Dios fungiendo de alfarero, que con barro hace al ser humano, era conocida en Mesopotamia, y siglos antes ya en Egipto: el dios Knum es el que hace a los seres humanos, y los hace como un alfarero.

platonismo (el alma prisionera en el cuerpo)[11]. El hombre es cuerpo y *vida* (no alma), o mejor dicho, es un cuerpo vivo[12]. Cuando Dios le retira el aliento, torna a ser un cuerpo inerte, que "vuelve a ser polvo de la tierra" (Sal 104,29s; Job 34,14).

El "aliento vital" insuflado por Dios no equivale al "alma (*psy-che*)" que sobrevive a la muerte; es el factor que hace al hombre ser "viviente". Para el hebreo, con la muerte el hombre deja de ser "viviente". Sólo tardíamente se hablará en el judaísmo de una resurrección (1Mac), aunque ya se intuyó como posibilidad (Job). Por otro lado, es Dios quien forma al ser humano en el seno de la madre (vea esp. Salmo 139,13-16 y Job 10,8-12), pero la vida como tal (aliento) se da recién con el nacimiento (no con la concepción). Es Dios quien le hace nacer (Sal 22,10s; Jb 3,11s; Qoh 6,3-5; Isa 26,17s).

El ser humano no *tiene* un cuerpo, sino que *es* cuerpo (*basar*, lit. carne)[13]. Dios hizo a Adán "cuerpo"; Adán *es* un cuerpo. Por *ser* cuerpo es que se comunica. Es en el cuerpo en el que se dan los

---

11 Vea al respecto esp. W. Beinert, "La problemática cuerpo-alma en teología", en *Selecciones de Teología* n.161 (2002), 39-49.

12 El cuerpo mortal es la carne (*basar*); para "cadáver" se emplean otros vocablos (*gewija, peger, nebelah*). El cuerpo no es simplemente un organismo, sino una constelación de miembros y órganos. Por eso se refieren a menudo a él mencionando miembros de modo metafórico (brazo, cuello, ojo, boca, corazón, riñones, etc.). Vea lo dicho en el cap. I.

13 El equivalente en nuestro idioma es carne, la materia tangible. El hebreo no tiene un vocablo para lo que llamamos "cuerpo" (*guph*, usado en el hebreo moderno para cuerpo, antaño denotaba "cadáver"), ni para lo que llamamos "materia" como abstracción. Sólo conoce concretos, personas que hablan, se mueven, con las que se relaciona sensiblemente. Aunque se asemeja al materialismo, no lo es por cuanto no es maniqueo al no oponerse a la dimensión "espiritual". No se puede por cierto compaginar con el idealismo metafísico. No es dualista. Cf. C. Tresmontant, *A Study of Hebrew Thought,* Nueva York 1960, 46s (hay trad. castellana).

encuentros[14]. El cuerpo es, por tanto, sagrado y debe ser mantenido "puro", es decir no contaminado con lo que le menoscabe o rebaje. De aquí el cuidado de la salud y la ritualización de la pureza, el esmero en la limpieza, el cuidado con los alimentos (cf. Lev 11-16), etc. Pero es un cuerpo con *nephesh* (vitalidad)[15], es decir con vida (no alma). El hombre "no tiene *nephesh*, sino que es *nephesh*, vive como *nephesh*"[16] –como viviente. Y por ser *nephesh* es que siente, piensa, decide. Por eso, para referirse a la "persona humana" los hebreos usaban intercambiablemente los vocablos *basar* (carne) y *nephesh*[17]. Y es así como se inserta en el mundo, es parte del mismo (del polvo del suelo).

Indicativo de la antropología hebrea es la correlación que ven entre órganos del cuerpo y funciones vitales. Así, el corazón es el lugar de decisiones; el riñón es el lugar de las emociones fuertes; las

---

14 Vea lo dicho en el cap I. El equivalente griego es "carne" (*sarx*). Es la materialidad en su fragilidad. En hebreo "carne" (*basar*) corresponde al griego "cuerpo y alma (*soma, psyche*)", que llamamos persona.

15 *Nephesh* es a menudo traducido por "alma", vocablo éste que evoca la idea griega de *psyche,* que lo contrapone a la carne. H.-W. Wolff destaca los siguientes sentidos de *nephesh*: garganta, cuello, anhelo, alma, vida, persona, pronombre. Propio hebreo es el "espíritu", *ruaj*, traducido al griego por *pneuma* (aire, aliento), el don de Dios comunicado al hombre para tener vida (Gén 6,3; Job 27,3; 34,14; Sal 104,29; Ecl 12,7), es el lugar de la voluntad y de la fuerza vital, de las decisiones y la conciencia (como también lo es el corazón). El *ruaj* es de Dios y vuelve a Dios. Con respecto a *ruaj* Wolff destaca los siguientes significados: viento, aliento, fuerza vital, espíritu, ánimo, fuerza de voluntad. La diferencia entre *nephesh* y *ruaj* se capta sólo en el contexto en que se usa. Sobre todo esto vea H.-W. Wolff, *Antropología del Antiguo Testamento,* Salamanca 1975, cap. I, y los diccionarios.

16 *Ibidem,* 26.

17 Comunes son las expresiones "toda carne (*basar*)" y "toda "alma" (*nephesh)* para decir toda persona (Gén 1,21.24; 2,7.19; 6,13.17; 7,15.21; 9,10.12; etc.). También se encuentra en el NT "toda carne (*sarx*)": Mc 13,10; Mt 24,22; 1 Cor 1,23; etc.; "toda alma (*psyche*)": Hch 2,43; 3,23; Rom 2,9; 13,1; etc.

entrañas son el lugar de la compasión[18]. Y es que, para el hebreo, el hombre es *una unidad psicosomática*, no un cuerpo y alma de cierto modo unidos. Las dimensiones noética, psíquica, afectiva y corporal son un todo.

La sexualidad es parte integral de la constitución de la persona; no hay persona sin sexualidad. Por su relación con otros, la sexualidad configura la identidad[19]. El que se hable de varón y mujer era, obviamente, una referencia a los dos sexos. No hay, sin embargo, en este texto juicio alguno, ni siquiera implícito o tácito, sobre la homosexualidad como tal[20]. Su razón de ser primera es la comunión de la pareja[21]. En ningún momento y en ningún texto bíblico se afirma que la finalidad de la sexualidad sea la procreación. Obviamente, la procreación sólo es posible por ese camino, pero esa no es la finalidad primera de la intimidad sexual en la mente semítica, ni se lee en la Biblia[22]. En Gén 1 y 2, la sexualidad no es algo que separe al hombre de Dios (ni es lo que "comen" Adán y Eva en el Edén, como es común pensar), sino que es más bien un don de Dios, inherente

---

18 Esa unidad se observa en los paralelos sinonímicos en los Salmos, p. ej. 6,3s (yo // mis huesos // mi vida); 23,16 (corazón // riñones); 63,2 (mi vida // mi cuerpo). Otros notables ejemplos: la sangre de Abel clama al cielo (= su vida, Gén 4,10); el ojo del adúltero espera ver el alba (= él mismo, Jb 24,15); los riñones exultan alegres (Prov 23,16); los huesos hablan (= la persona, Sal 35,10).

19 C. Frevel, *Menschsein* (NEB. Themen n.11), Würzburg 2003, 42.

20 Cuando se habla de uniones sexuales, así como de homosexualidad y de adulterio, en la Biblia, como en el Oriente en general, se piensa en el varón, no en la mujer. La condenación de la homosexualidad se dirige a la persona que juega el papel que se asume que no le es natural, es decir el varón que es penetrado por otro varón.

21 C. Frevel, *ob. cit.*, 42ss. Es notorio que en el AT no ocurren los vocablos sexo, sexualidad, erotismo, ni se encuentra una suerte de enseñanza sobre la sexualidad. Se asume como dimensión natural de identidad y de comunión. En esta vena, Adán y Eva caminan con toda naturalidad desnudos por el jardín, sin ninguna indicación de vergüenza –que recién aparece al traspasar la prohibición de comer del fruto del árbol.

22 Vea esp. H. Haag - K. Elliger, *Stört nicht die Liebe,* Munich 1990.

al hombre mismo: es una bendición. La creación *toda* es buena –no hay un maniqueísmo, que se introdujo posteriormente en la teología de la creación.

Una advertencia es necesaria: debemos cuidarnos de pensar que las referencias a la sexualidad en términos de varón-mujer procedan de la voluntad divina, y que por eso excluye como no-*deseados* por Dios a los homosexuales[23]. El factor cultural propio de los escritos de antaño no debe ser descartado, como si los textos hubiesen sido dictados por Dios mismo y compuestos en una suerte de vacío cultural[24]. Esa es la postura típicamente fundamentalista, cuya lectura de la Biblia es literal, basada en la idea de que Dios de alguna forma (inspiración literal) dictó el texto, y éste es por lo tanto en sentido estricto y exclusivo "palabra *de Dios*", invariable y universal, y... tal como la entendemos desde nuestra cultura moderna occidental, asumiendo que antaño se entendía igual. Ignora, no solo los contextos del texto, por tanto sus condicionamientos, alcances y limitaciones, sino que además ignora que Gén 1-3 no son crónicas sino relatos mitológicos.

Robert di Vito advirtió que, entre otras, las diferencias fundamentales entre la idea moderna de la persona y la bíblica son las siguientes[25]:

---

23 El tema debe ser tratado con respeto y seriedad, sobre todo bien informados desde los distintos ángulos que toda consideración humana amerita. Los textos bíblicos deben ser tratados siguiendo los criterios de toda hermenéutica integral, y no con *aprioris* categóricos, cuidándose de anacronismos. La bibliografía de estudios exegéticos sobre la homosexualidad es abundante.

24 Vea las advertencias al respecto en el documento de la Pontificia Comisión Bíblica, *La Interpretación de la Biblia en la Iglesia*, Vaticano 1993, I.D.

25 R. A. di Vito, "Old Testament Anthropology and the Construction of Personal Identity", en *Catholic Biblical Quarterly* 61(1999), 217-238.

1. Mientras la idea moderna de la dignidad humana se asienta en la autosuficiencia, la idea bíblica está profundamente enraizada en su identidad social.

2. Un rasgo importante del mundo moderno es la convicción de que todos los humanos tenemos una "profundidad", que es única y nos define (importancia de las ciencias de psicología). La visión bíblica del hombre lo entiende en y desde su dimensión externa, socializada. Se *es* por la posición social y las relaciones con el mundo externo –no se es según el papel o función que se cumple, como en el mundo griego y el moderno que distinguen entre el ser y el actuar. El comportamiento revela quién se es, de aquí la importancia del honor. El hebreo no distingue entre el interior y el exterior en el hombre (cf. Sal 139), ni entre lo psíquico y lo físico[26], como se observa en la manera de referirse a la dimensión "interna", sentimientos y emociones, mencionando componentes u órganos físicos (ojo, huesos, entrañas, sangre[27]). "El verdadero 'yo' (*self*) es un 'yo' público", visible, transparente[28].

Como vemos, una característica de la antropología hebrea es su dimensión social o comunitaria. Contrario al mundo moderno que enfatiza la subjetividad y la individualidad, en el mundo semítico la vida tiene sentido sólo en la constelación de relaciones sociales; aislada no tiene sentido, está "muerta"[29]. Comunidad no es una yuxtaposición de personas, sino un estar entrelazados en una trama de relaciones que incluyen la sociedad, el mundo, y Dios. Por eso la religión no es individual, sino comunitaria –del "pueblo de Dios".

---

26 Por cierto, ocasionalmente se menciona la interioridad, como claramente en el Sal 139. Pero, se trata de la diferencia entre lo observable por otros y lo oculto a la vista –por eso las advertencias contra la hipocresía, que equivale a falsedad.
27 Muchos ejemplos se encuentran en H.-W. Wolff, *Antropología*.
28 R. A. di Vito, *art. cit.,* 232.
29 Cf. B. Janowski, "Der Mensch im alten Israel", en *Zeitschrift für Theologie und Kirche* 102(2005), 160-166.

La persona marginada está del lado de la muerte –el peor castigo es ser expulsado de la comunidad[30]. Esto es inseparable de dos valores supremos: el honor y la justicia, que se basan en el principio de las relaciones mutuas. Esto está tematizado en los libros sapienciales.

En resumen, la antropología del AT hay que entenderla en tres dimensiones básicas[31]:

1. El hombre visto *en sí mismo*, que se caracteriza por la correlación entre los órganos humanos y las funciones de la vida, como un todo integral, a diferencia de la antropología dicotómica (cuerpo-alma) y la tricotómica (cuerpo-alma-espíritu). Constitutivo del ser humano es el cuerpo; como cuerpo vive y está en el mundo.

2. La relacionalidad *social*, es decir la dimensión comunitaria. El hombre es un ser relacional en una trama comunitaria social, que incluye las relaciones hombre/mujer, individuo/comunidad, Dios/hombre. Un factor importante es el honor (o vergüenza), que es la valoración de la persona en su función y relacionalidad comunitaria, no aislada. Característico del hombre hebreo es su ser expresivo, más que reflexivo; activo, más que contemplativo.

3. La interacción con el *mundo* se basa en su cosmovisión, de la que extrae un sistema simbólico-mitológico. Considera las influencias cósmicas en su vida (fenómenos meteorológicos, influencias de astros, horóscopo). Desde esta visión concibe y estructura el sistema simbólico religioso (por eso el culto).

---

30 Esta condición de exclusión, debida a un antagonismo, está representada en los Salmos y en las Lamentaciones a menudo bajo la figura de "mi enemigo"; cf. B. Janowski, *Konfliktgespräche mit Gott,* Neukirchen 2003, 98ss.

31 D. Bester - B. Janowski, "Anthropologie des Alten Testaments", en B. Janowski - K. Liess, eds., *Der Mensch im Alten Israel,* Herder 2009, (3-40), 31.

Estas tres dimensiones son siempre vistas con el trasfondo de sus creencias religiosas. El hombre es lo que es por ser creatura de Dios: Dios lo modeló y le insufló vida.

.... INSERTOS EN EDÉN

Es importante tener presente la diferencia entre "la tierra" como una extensión geográfica o política (*'eretz*), y la tierra como suelo cultivable, designada con el vocablo *'adamah*, del cual se deriva el nombre del primer humano, Adán. La distinción se observa claramente en 2,5: "no había aún en la tierra (*'eretz*) arbusto alguno del campo... ni había hombre que labrara el suelo (*'adamah*)". Ahora bien, Dios había creado la tierra, y luego en ésta "plantó un jardín" dentro del cual colocó al hombre (2,8)[32]. El relato se concentra en este lugar imaginario, ubicado "al oriente" (v.7)[33].

¿Un paraíso? Es lo que tradicionalmente se ha postulado. Pero, no es lo que el texto pinta. El cuadro *idílico* del jardín, inspirado probablemente en los frondosos jardines de Babilonia (v.14 menciona los ríos Tigris y Éufrates), expresa la convicción de que Dios quiere que el hombre viva esa condición ideal de armonía y paz con la naturaleza, con los animales, con sus semejantes, y por cierto con Él. Dios es un dios de la vida y la armonía, no de la muerte y el

---

32 Observe la secuencia: primero hizo Dios la tierra, luego "formó al hombre con tierra", a continuación "plantó Dios un jardín en Edén", y allí colocó al hombre "que había formado". Lo que sigue se desarrolla en el jardín, hasta la expulsión. Si el trabajo, asociado con el campo, le da a las personas su dignidad humana, el "desempleo" es una privación de esa dignidad. Caín ha sido despojado de su dignidad –pero, por fratricida, no por no haber trabajo!

33 La ubicación, descrita básicamente por ríos, es ficticia. Nos recuerda la visión de las aguas que salen del Templo, en Ezeq 47. Los "cuatro brazos" del río que *sale* de Edén recorren regiones distantes: Arabia (v.11s), el Nilo (v.13), y Mesopotamia (v.14). El río Pisón es situado por los tárgums en la India y el Guijón en Egipto.

117

caos. Por eso el jardín se llama 'eden, que significa deleite, y connota abundancia, magnificencia[34]. Descrito como un lugar frondoso, donde florece la vida, es una suerte de grandioso oasis en medio de zonas desérticas, bendecido con abundante agua, símbolo de vida; en él hay exuberancia, concordia, gratuidad. En esas condiciones vive el hombre si obedece las pautas que expresan la voluntad del Creador, que es su Ley, representada por el árbol del conocimiento de lo bueno y lo malo[35].

Inspirados en narraciones populares y la imaginación, se tejió el *mito* de una supuesta vida paradisíaca inicial, sin duros trabajos ni penurias, inclusive inmortal. En el primer momento el hombre habría tenido un *status integralis*, pero lo perdió por desobedecer a Dios comiendo el fruto prohibido, de modo que decayó a un *status corruptionis*, y de aquí en adelante –se sostiene–, la naturaleza humana está marcada por la concupiscencia. Esta idea (pues eso es), sin embargo, no la avala el texto bíblico[36].

Ninguno de los dos relatos bíblicos de creación describe las condiciones de vida en un (supuesto) mundo paradisíaco como tradicionalmente se ha sostenido. En efecto, el texto no dice que antes

---

34 Ha contribuido a la idea de paraíso el hecho que la traducción griega del texto, popular antaño, lee *paradeisos*. Más expresamente, la traducción latina lee *paradisum voluptatis* (v.8; notar el calificativo!).

35 Vea Sir 17,7-14 donde el autor hace eco a los relatos de creación y destaca que a los humanos "los llenó de saber e inteligencia, les enseñó el bien y el mal... Les concedió además el conocimiento y una ley de vida... Les dijo 'guárdense de toda iniquidad'".

36 C. Westermann, *Genesis,* 374-380 (con amplia bibliografía). Han sido la lectura historicista de Génesis, ignorando el género literario (mitológico), y la retroproyección sobre el texto bíblico de ideas doctrinarias (eiségesis), especialmente a partir de san Agustín, a quienes se debe la suposición (infundada) de que hubo un tiempo paradisíaco, destruido por "el pecado original" de Adán y Eva. No extraña que ningún texto bíblico siquiera aluda a ese supuesto pecado y cambio de condición. Es una regla elemental leer los textos sin proyectarles ideas preconcebidas, respetando tanto sus géneros como sus contextos vitales.

de comer del fruto eran inmortales y vivían felices en una suerte de paraíso, disfrutando de los frutos y jugando con los animales, como nos lo han pintado sendos cuadros y la teología cristiana[37]. La mención en 2,25 que "estaban ambos desnudos" (inocencia) está en función de su contraste con 3,7: "se dieron cuenta de que estaban desnudos" y se avergonzaron (culpa). Esta imagen pinta alegóricamente la pérdida de la "inocencia primera" (Ricoeur), y con ello la armonía y la paz del Edén. Al pretender "ser como dioses" se perdió *la unicidad* con Dios y fueron expulsados del Edén. Esta es la diferencia entre el antes y el después de "la caída", y no la pérdida de un supuesto paraíso. Sobre esto volveremos. No olvidemos, recalco, que es un relato mitológico, no un reportaje histórico.

Lo que tenemos es un cuadro de un sueño de una situación ideal, como los finales de los cuentos: todos los animales son dóciles (vea Isa 11,6-9), no hay sufrimientos, las labores son sin penurias –lo demás queda abierto a la imaginación. Es el cuadro pintado al final del Apocalipsis: "ya no habrá muerte ni habrá llanto, ni gritos ni fatigas" (21,4). Es el ideal de un mundo en perfecta armonía y paz, el mundo de Dios (vea Apoc 21,22-24; 22,2-5). Apoc 22,2 hace eco a Gén 2-3: "en medio de la plaza… hay un *árbol de vida* que da fruto doce veces, una vez cada mes, y sus *hojas* sirven de medicina para los gentiles. Y no habrá ya *maldición* alguna…".

Después del "pecado" lo único *novedoso* que el texto destaca es que para la mujer, ahora el parto será con dolor y el hombre la dominará, y para el hombre que tendrá que luchar contra el suelo, que ya no es su aliado sino su adversario, para obtener sus alimentos. El trabajo y la muerte eran realidades de la vida humana desde su inicio. Nada se dice de otras penurias o dolores naturales en la vida. No

---

37 Cf. C. Mesters, *Paraíso terrestre. ¿Nostalgia o esperanza?* Bogotá 1989. Si ese "paraíso" siguió existiendo después de la expulsión de Adán y Eva, ¿dónde está? ¿qué pasó con él? Y, ¿por qué tendría Dios que poner cual guardianes del Edén a querubines (como aquellos en los palacios babilonios)?

se puede asumir gratuitamente que antes no los habría, que vivían "un paraíso".

En cuanto a la muerte, esta es desde el inicio una realidad de la naturaleza humana: el hombre ha sido hecho del polvo de la tierra (2,7), lo que se le recordará más adelante. En efecto, en 3,19 se asume su mortalidad desde su creación: "de la tierra fuiste tomado... polvo eres...", y poco después leemos el soliloquio en que Dios advierte "¡cuidado, no alargue (el hombre) su mano y tome también del árbol de la vida y comiendo de él viva para siempre!" (v.22). Comer del fruto del árbol de la vida le aseguraba la vida; eso no significa que el hombre fuera en sí mismo un ser inmortal, sino que viviría mientras estuviera en el jardín, es decir alimentado del árbol de la vida allí plantado. Expulsado del paraíso ya no tendrá acceso a ese árbol; desnudo descubre su fragilidad, como la de las vajillas hechas del limo de la tierra. Nunca se dice que no moriría[38]. No olvidemos que estamos ante una conjugación de elementos míticos. La figura del árbol de la vida se encuentra en mitos del Oriente Medio, como el popular mito de *Gilgamesh*. Este árbol, que no ocupa un lugar preeminente, mitológicamente es el que alimenta para seguir vivos. Es la fuente de vida. Como la vida misma, es un don de Dios. En el cuadro del Edén todo es vida, desde su mera creación. De hecho, en este relato de creación desde el inicio ya es tema la vida.

La idea de un paraíso se asocia a aquella de que el trabajo es un castigo, y que –bien al estilo griego– la contemplación, los queha-

---

38 El castigo por comer del fruto prohibido sería la muerte "ese día" (2,17; 3,4), lo que presume su mortalidad. Por otro lado, la muerte allí mencionada no es más literal que el resto de los elementos simbólicos en el relato, por eso no murieron biológicamente "ese día" al comer el fruto. La tradición posterior, basada en la idea de un paraíso, asumió lo que leemos en Sab 2,23s: "Dios creó al hombre para la inmortalidad y lo hizo a imagen de su mismo ser. Pero la muerte entró en el mundo por envidia del diablo y la experimentan sus seguidores". Es una evidente combinación de pasajes de Génesis con una interpretación entretejida por la tradición (cf. Rom 5,12), que se ha preservado hasta hoy.

ceres "espirituales", es lo único por lo que vale la pena esforzarse. Por eso en el mundo griego se forjó la idea de un paraíso donde nada distraiga de la contemplación, y se concentre en el mundo "espiritual". Este pensamiento justificaba la estructuración social en el mundo grecorromano: ideal de la vida era no tener que trabajar para poder dedicarse a las artes y la contemplación, por tanto, el objetivo era ser económicamente rico para dedicarse al *dolce far niente*. Esta idea por cierto no nos es extraña, pues la hemos heredado de ellos. Ese era también el ideal de los monjes: trabajar lo justo para poder dedicarse a la contemplación en sus múltiples formas.

NOTA SOBRE EL TRABAJO

Claus Westermann llamó la atención sobre la erróneamente negativa visión del trabajo que en la teología se ha deducido de Génesis[39]. Se suele entender el trabajo como un castigo, fruto del "pecado de nuestros primeros padres". Sin embargo, en Génesis nunca se presenta el trabajo como una suerte de castigo[40]. De hecho, la creación le es encomendada por Dios, con el encargo "llenen la tierra y sométanla" (1,28). No en vano el séptimo día fue establecido como día de "descanso de toda la labor que hiciera" (2,2; Ex 20,9s). Y Dios los bendijo en sus actividades.

Es notorio que el segundo relato de la creación empieza con la siguiente observación: "No había aún en la tierra arbusto alguno del campo, y ninguna hierba del campo había germinado todavía, pues Yahvéh Dios no había hecho llover sobre la tierra, *ni había hombre que labrara el suelo*" (2,5). Más adelante expresamente se dice que Dios puso al hombre en el Edén "para que lo labrase y cuidase" (v.15). Lo que Dios maldice tras la caída en la tentación es el suelo

---

39 *Creation,* Londres 1971, 20s.
40 De ser así, las personas que no necesitan trabajar para vivir estarían liberadas del "castigo".

del campo, no al hombre, lo cual experimenta en sus fatigas laborales (3,17ss.23). Gén 4,20-22 resalta positivamente los orígenes de diferentes tipos de trabajos: crianza de ganado, instrumentos musicales, forja de metales. Esto ilustra el progreso gracias al trabajo. Poco antes se había indicado que Caín y Abel se dedicaban a la labranza y al pastoreo respectivamente (4,2). Es decir, el trabajo es valorado en el texto bíblico positivamente, como expresión de la valía del hombre, que lo enaltece. El trabajo es parte integral del desarrollo de la humanidad, fruto de la bendición divina. Viendo el texto bíblico, está claro que el trabajo dignifica al hombre, y no al revés.

¡El Edén no era un jardín para el *dolce far niente*! No solo debe el hombre labrar el jardín o huerto, sino también debe cuidarlo de cualquier amenaza de destrucción, lo que nos acerca al preocupante tema ecológico[41]. El hombre es responsable de asegurarse que la tierra dada por Dios sea fructífera y no sea dañada –y con ello, que la razón de ser de este mundo no sea pervertida, pues ha sido creado para el hombre, para *toda* la humanidad (*ha'adam*), para asegurarle lo necesario para su vida. Por eso Israel entendió que Dios, no los israelitas, es el dueño y señor de la tierra. Y por lo mismo se estableció el Jubileo, para que cada cincuenta años toda la tierra sea "redimida", es decir, se cancelen las deudas, la tierra sea puesta a disposición de todos, y nadie se quede sin tierra para trabajar y comer de ella (Lev 25,10-13).

Más aún, como acuciosamente observó Rainer Albertz, el relato bíblico sugiere que todo ser humano tiene un natural derecho al trabajo o, visto con ojos hebreos, "una persona sin trabajo, para el escritor bíblico, no sería la persona creada y deseada por Dios".[42]

---

41 Las referencias a la tierra, *ha'aretz*, evocan en la mente de los lectores hebreos la tierra prometida, que, leyendo desde el exilio, suscita la esperanza de un retorno a ella. Hasta hoy, para referirse a Israel los judíos emplean el término "la tierra" (*ha'aretz*).

42 "Der Mensch als Hüter seiner Welt", en *Die Mitarbeit* 25/1976), 311.

Por otro lado, como advirtió Albertz, las leyes tanto del diezmo como de las ofrendas de los primeros frutos a Dios, tenían el fin de recordar que los frutos son dados por Dios, son dones, y que no se debe depredar la naturaleza (Ex 22,29; 23,10s; Lev 25,3s; Dt 14,22; 26,2ss)[43].

Es así como el trabajo es parte integral del proceso de realización como persona humana[44]. Es aquello a través de lo cual el hombre se dignifica. Una vida sin trabajo no es una existencia auténtica. Dios mismo aparece en Gén 1 como alguien que "trabaja" como ingeniero seis días y al séptimo descansa, y en Gén 2 hace de agricultor, de alfarero y de cirujano. El trabajo no es un castigo; es dignificante.

ÉSTA SÍ ES CARNE DE MI CARNE...

En el hombre se conjugan la materia (polvo de la tierra) con la fuerza vital que marca la diferencia (*neshamah hayim*), haciendo de él un ser viviente. Pero aun así, –siguiendo el relato,– al hombre le falta algo esencial, sobre lo cual el autor se detiene ampliamente: un ser que le dé compañía[45]. Dios para eso le crea animales. Pero no puede dialogar con ellos; no eran "ayuda *adecuada*" para él (v.20). Finalmente, con una de sus costillas forma un ser semejante a él: "¡ésta sí que es hueso de mis huesos, y carne de mi carne!" (v.23).

---

43 *Art. cit.* 312. En los campos debía dejarse parte de la cosecha, como gratitud a Dios. Al desistir de usufructuar una parte de lo obtenido, se asegura que la naturaleza siga dando frutos en el futuro.

44 Visión contraria a la de los filósofos griegos, para quienes el ocio es una bendición porque permite dedicarse a la lectura, la filosofía y el arte, ocupaciones nobles. El trabajo es considerado una suerte de esclavitud.

45 Probablemente 2,18-25 era un mito independiente que narraba el origen de la mujer. De hecho, hay un brinco abrupto al pasar de 2,17 a 2,18 y de 2,25 a 3,1, además que en el diálogo entre la serpiente y la mujer se habla en plural, no singular, asumiendo que el hombre, el 'adam, en 2,16 es el ser humano en general, tanto varón como mujer, no el Adán singular que se unirá a Eva.

Recién cuando tiene otro ser humano como compañía, se ha completado la creación del hombre como algo más que un "ser viviente": es alguien para alguien "connatural" con el cual vivir en diálogo y desplegarse como persona humana. Esta sí es ayuda *adecuada* (*kenegdo*), es decir, puede vivir con ella cara a cara, de igual a igual, que le co-responde, y puede mantener una relación *dialogal*.

Ella no es una creación nueva: es sacada del primer ser humano, Adán; es hueso de sus huesos. Como comentó François Castel, "por eso el hombre no es ni creador de su mujer, ni posesor de su mujer, pero reconocerá que ella procede de él, que es su semejante dada por Dios"[46].

Cuatro advertencias son necesarias con respecto a este pasaje. La primera es que, contrario a lo que algunos le imputan al texto, la mujer fue hecha para *acompañar* al hombre, no para ser su sierva o estarle sujeto, ni para que trabaje con él en el huerto (eso lo podían hacer los animales). Tampoco fue hecha con la finalidad de engendrar hijos. La mujer fue hecha para ser su compañera en la vida, con quien comunicarse[47]: "no es bueno que el hombre esté solo".

No hay aquí siquiera una insinuación de que la mujer fue hecha para vivir sujeta al varón. La parte "débil" es la necesitada, que es precisamente Adán; la parte "fuerte", por tanto, es la que proporciona la ayuda –del mismo modo que el hombre es débil frente a Dios, el fuerte, y a quien recurre pidiendo ayuda[48]. La misma relación se

---

46 *Comienzos*, 62.
47 B. Janowski, "Konstellative Anthropologie", en C. Frevel (ed.), *Biblische Anthropologie*, Friburgo/Br 2010, 70.
48 Es ilegítimo concluir que, por haber sido creada después, no antes, del varón, la mujer debe estarle sujeta, como hizo la tradición judeo-cristiana, y se lee p. ej. en 1Tim 2,12s: "No permito a la mujer enseñar, ni ejercer dominio sobre el hombre, sino estar en silencio, pues Adán fue formado primero, después Eva" (cf. 1Cor 11,8). Esta idea es propia de aquella cultura oriental, y no repara en el hecho de que el texto de Génesis no dice que Dios creó primero a Adán (nombre

repite en el relato de la tentación: el más débil y dócil es Adán! Recién en 3,16, como consecuencia de la caída –lo que no es la situación ideal ni originaria– se afirma la dependencia: "él te dominará", lo que expresa una realidad que el narrador constata en su tiempo –pero no es una ley divina a perpetuidad.

Dios no le impone una compañía al hombre. Será compañía adecuada cuando el hombre *libremente* la acepte como tal: "esta sí es hueso de mis huesos". Es compañía para la vida. Nada se dice en términos de amor ni se determina aspecto alguno como sería el emparejamiento para formar familia. Lo que el hombre necesitaba era compañía, no asistencia: "no es bueno que el hombre esté solo".

Es necesario recordar que, en la mente semítica, no es la complementariedad varón-mujer la que está en primer plano sino el hecho que el hombre fue creado para vivir *en sociedad*, o dicho en otros términos, que el hombre es un ser *social*[49]. Esta es una categoría antropológica fundamental en el Oriente Medio. No es humano vivir solo. Uno de los peores castigos era ser expulsado de la comunidad. Adán y Eva son expulsados de "la comunidad" con Dios en Edén.

La segunda advertencia es que el hecho de que, en el relato, los animales no sean "ayuda adecuada", pero sí lo es la mujer, significa que el tema no es la *sexualidad*, sino la correspondencia entre humanos: "ésta sí es hueso de mis huesos", es decir, es un ser como yo, con el cual se puede estar cara a cara en relación *dialogal*. Por eso es denominada 'isshah (varona), por alguien que es 'ish (varón). No se habla de macho (*zakar*) y hembra (*neqebah*), como se hizo en 1,27. Si el otro ser humano es una mujer es por la sencilla razón

---

propio), sino a 'adam (genérico), es decir al ser humano como tal, sin especificación de género (como serían 'ish, varón, o zakar, macho).

49 C. Westermann, *Genesis*, 221. En sociología se conoce como diadismo, cf. J. Neyrey, "Dyadism", en J. Pilch – B. Malina, eds., *Handbook of Biblical Social Values*, Peabody 1998, 53-56.

que –en la trama del relato–, con ellos se origina la humanidad (por eso la genealogía en el cap. 5). ¡No cabría pensar que al inicio de la creación Dios creara dos varones, o dos mujeres! El acento no está en el ser pareja en el sentido sexual o matrimonial, sino en el hecho que se trata de un ser igual a él que le co-responde (es adecuada). Sólo con otro ser como él se siente realizado en su humanidad. El hombre no es un ser igual a los animales, por eso no se reconoce como uno de ellos.

Pero, ¿por qué de la costilla[50]? La mujer no fue creada independientemente, de la tierra por ejemplo, como narran la mayoría de otros mitos similares. Según sus limitados conocimientos de anatomía, el costillar es el único componente íntimo del hombre, del que, por ser numerosas las costillas, se puede prescindir de una sin producirle la muerte.[51] Por otro lado, era habitual labrar estatuillas ya sea de madera o de hueso. Como sea, lo que el narrador destaca mediante esta imagen es que son de la misma naturaleza y se pertenecen el uno al otro: "ésta sí es hueso de *mis* huesos; carne de *mi* carne", un ser humano como yo (cf. Gén 29,14; Ju 9,2s; 2Sam 5,1; 19,13s), que contrasta con los animales: "*ésta (zoʾt) sí es…*". Como observó Schwienhorst-Schönberger, "Fue gracias a la creación de la mujer (*ʾisshah*) de la costilla del hombre (*ʾadam*) que el primer hombre (*ʾadam*) pasó a ser varón (*ʾish*)". Por eso se lee a continuación la

---

50 Notemos que solamente del hombre se dice que fue hecho del polvo de la tierra –nada se dice del origen de los animales. Y sólo del hombre se dice que "no conviene que esté solo". Eso sugiere que el narrador no pensaba en un varón sino, como en el otro relato, en ʾadam como el ser humano en general, al margen de su sexo. Mencionar hombre (no varón!) y mujer era natural, pues el relato nos sitúa al inicio de la humanidad.

51 No fue creada de la cabeza (superior), ni de los pies (sujeta), sino del mero interior del hombre, cercano al corazón. El tárgum Ps-Jonatán añade: "era la decimotercera costilla del lado derecho". El hecho de "formar" (*wayiben*) una mujer de una costilla evoca el trabajo artístico –muchos adornos se hicieron de hueso. En contraste con el hombre, que fue hecho del limo de la tierra, ella es una obra de arte hecha por la mano de Dios..

explicación del origen del sustantivo que la designa: "será llamada 'varona' (*'isshah*), porque ha sido tomada del varón (*'ish*)"[52].

Cierto, en la mentalidad oriental, la mujer es considerada secundaria con respecto al varón. Esto se refleja en la prioridad dada en el relato a Adán, y en el origen del sustantivo mujer, *'isshah*. Primogenitura exige respeto. El hecho de ser hecha de una costilla del varón sugiere subsidiaridad. Pero, no era este el tema en el relato, sino la necesidad de compañía humana. No se justifica, por tanto, deducir de aquí que la mujer fue *creada para* ser subsidiaria o estar sujeta al varón.

Una tercera advertencia, que complementa la anterior, tiene que ver con el frecuentemente citado v.24: "Por eso deja el varón a su padre y a su madre y se une a su mujer, y se hacen una sola carne". Se trata de una glosa que hace las veces de epílogo, introducida posteriormente en el relato que terminaba en el v.23, con el fin de *explicar* ("por eso....") el sentido de la creación de la mujer. El discurso directo en el v.24 contrasta con el narrativo del v.23.

Con la creación de la mujer, el relato yavista ha llegado a su culminación. El v.24 es una explicación constreñida que ha visto en el relato el origen del atractivo hombre-mujer (recordemos que Gén 1-3 es sobre "los orígenes"). Es una cláusula forzada porque (1) en contraste con los versos anteriores, que emplean el vocablo *'adam*, que designa al ser humano, aquí se emplea *'ish* (varón), vocablo con el que se diferencia de la mujer. De éste se explicó en el v.23b el origen del vocablo mujer, *'isshah* (varona). (2) El v.24 introduce el tema de la atracción sexual, que no era la razón de ser para la creación de la mujer, como hemos visto, y (3) en el emparejamiento es

---

52 Notar que no se dice que fuera Adán quien le pusiera el nombre, como si fuera su posesión (como hizo con los animales), sino que, en sintonía con los textos etiológicos (explican el origen de algo), el autor escribió "será llamada (*yikara'*)...". Es el femenino del mismo sustantivo (*'ish-ah*).

la mujer, no el varón, quien deja a sus padres[53], sin mencionar que ¡Adán y Eva no tenían padres!

El autor del v.24 *interpreta* el relato como fundamento del origen del atractivo entre ambos sexos, que es más fuerte que el lazo con los padres (retomado en 3,16b). Le da así un cariz etiológico al relato, es decir que explica los orígenes de una realidad: el atractivo entre sexos. La mujer proviene del hombre (su costilla), y ambos, '*ish* e '*isshah*, se atraen para formar nuevamente uno. Como nos recuerda G. von Rad, este atractivo se sitúa dentro del marco de la vida en Edén; "no es algo 'paradisíaco' y por tanto perdido"[54].

Esta tan citada cláusula no se introdujo, por cierto, para fundamentar la monogamia ni la institución del matrimonio, como se supuso posteriormente[55]. Hay que recordar que el matrimonio consistía en que *el varón* llevaba a la mujer a su casa (no al revés), que a menudo era la casa de sus padres, por lo que de facto no "deja a su padre y a su madre" para unirse a su mujer. Esta cláusula, además, no excluye la posibilidad de la poligamia. Dentro del relato, no había hasta aquí más que un solo varón y una sola mujer, no varias, por tanto no se puede excluir en base a Gén 2 la poligamia, que de hecho existió en Israel largo tiempo. Es lógico y natural que se hable en el singular, pues el relato nos ubica en el inicio de la raza humana, o sea una primera pareja, de la cual procederá el resto de la humani-

---

53 Tal como está formulada esta cláusula, en el orden de importancia prima la mujer sobre el hombre: *él* deja a sus padres para unirse a ella. Hablo de emparejamiento, porque hablar a esas alturas de matrimonio es un anacronismo.

54 G. von Rad, *Genesis,* Londres 1972, 85.

55 P. ej. Mc 10,6ss par.; Ef 5,31, targum Neofiti y Ps-Jonatán ad loc., siguiendo la larga interpretación rabínica. Vea exegéticamente C. Westermann, *Genesis,* 317s; G. von Rad, *ob. cit.,* 85. El matrimonio se formalizaba cuando el hombre llevaba a su comprometida a su casa (de él), que solía ser la de sus propios padres; no al revés, a la casa de ella. Es decir, el hombre *no* necesariamente abandonaba a sus padres. Ese era el rito que consagraba el matrimonio, que se sellaba con la relación sexual esa noche.

dad –siempre en la óptica del relato mitológico. Esa cláusula apunta simplemente al atractivo entre dos personas que lleva a la formación de una pareja: "se hacen una sola carne"[56]. Punto.

La mención en 2,24 de que ambos "se hacen una sola carne" no se refiere, por cierto, a la *procreación*, sino simple y llanamente que es en "la unión corporal de varón y mujer, en la que se expresa su total y mutua pertenencia"[57]. En el supuesto de que se tratase de emparejamiento ("matrimonio"), habría que admitir que, según el relato, es el varón quien se somete a la mujer, no al revés, y que ella merece el máximo respeto, aquel que todo hijo debe a "su padre y a su madre" (Ex 20,12). Pero, esto es inverosímil en la sociedad patriarcal machista hebrea. Por eso, una de dos: o el autor fue un revolucionario que subvertía los esquemas de la sociedad (en cuyo caso se habría expurgado el v.24), o no se trata del emparejamiento.

El texto da expresamente la razón causal para la creación de la mujer: "no es bueno que el ser humano (*'adam*) esté solo" (2,18). Ambos relatos de la creación concuerdan en que la conjunción varón-mujer representa a la humanidad en su totalidad. El énfasis no está en la diferencia sexual sino en su ser *humanos*: ella es hueso de sus huesos.

Recién después de mencionar el castigo a la humanidad la mujer es llamada por el hombre "Eva, por ser ella la madre de todos los vivientes" (3,20), en clara alusión ahora sí a la procreación, a la que se refirió poco antes al mencionar los dolores de parto (3,16). Eva (*javah*), viene del sustantivo hebreo vida (*jai*). Como en el caso del nombre Adán, Eva no designa a una persona histórica pretérita. Toda

---

56 La frase "una sola carne" es semítica, que significa ni más ni menos que una sola *persona* (vocablo este desconocido en hebreo). No se trata en primer plano de la unión sexual, aunque es una expresión física de ello.

57 H.-W. Wolff, *Antropología,* 129; C. Westermann, *Genesis,* 318. En el tárgum Neofiti se lee como "macho y su *pareja* los creó".

madre es "Eva"; a través de ella continúa la vida. En el Oriente la maternidad es la grandeza de la mujer. En ella se afirma su honor.

En el relato yavista de creación se trata del inicio de la humanidad, que, como en tantos mitos similares, se da con una pareja, a partir de la cual se multiplican. El texto no expresa otra cosa. No se trata de institución alguna, como el matrimonio o la monogamia. Una vez más, el texto es netamente etiológico[58], trata sobre los orígenes de la humanidad en sus diversas *experiencias* –no instituciones. No más.

El relato yavista de creación había concluido con el v.23. La conclusión actual en el v.25 es una cláusula introducida por el redactor que unió el relato yavista de creación con el del "pecado", que viene a continuación: "Estaban ambos desnudos, el hombre y su mujer, pero no se avergonzaban uno del otro". Se habla de "el hombre y su mujer", no como pareja conyugal, sino en cuanto "el ser humano (*'adam*)" y la que es su "ayuda adecuada", ambos en el mismo nivel: la humanidad en franca relación dialogal. Su desnudez, que es simbólica en el relato, es retomada como tema en 3,7: tras la caída en la tentación recién toman conciencia de su desnudez y se avergüenzan.

---

58 Las etiologías son relatos que tienen como finalidad exponer las causas de una experiencia humana.

IV.

EL DIÁLOGO PENDIENTE
RELATO DEL "PECADO"

Desde la perspectiva de la narrativa, Gén 2 es una suerte de preámbulo a Gén 3; todo apunta a la tentación. Por eso la descripción del jardín es incompleta, no se especifica la función de los árboles en el centro, y los animales juegan un papel secundario. Central son los personajes, el hombre y la mujer. Todo cambia con la súbita aparición de la serpiente en 3,1, que se comporta como un humano, y el relato coge ritmo.

Desde la perspectiva de la historia del texto, los exegetas concuerdan en reconocer que la narración yahvista en Gén 2-3 está conformada por dos relatos originalmente independientes que han sido entretejidos: el de la creación del hombre (Gén 2), y el del "pecado original" (Gén 3). Originalmente se hablaba sólo del "árbol de la vida" que está en el medio del jardín, mencionado sólo al inicio (2,9) y al final (3,22). Sobre éste conocemos de los mitos de antaño[1]. Posteriormente fue introducido en el escenario el otro árbol, que corresponde a un segundo relato, dedicado al tema de la sabiduría.

---

1   Cf. C. Westermann, *Genesis,* vol. I, Neukirchen 1974, 289-291.

Por eso sorprende que en la mención conjunta de ambos árboles, en 2,9, no se mencione prohibición alguna de comer de sus frutos. La prohibición de comer del árbol del "conocimiento de lo bueno y lo malo" se introdujo posteriormente, en 2,17, y la atención se concentró en éste, como si fuera el único árbol existente "en medio del jardín" (vea 3,3). En otras palabras, desde el punto de vista de composición narrativa, el tema del pecado se añadió posteriormente al de la creación. Con él, y particularmente el relato en Gén 3, se responde a la pregunta por la causa de las desgracias del pueblo de Dios, especialmente de la pérdida de su tierra, primero bajo los asirios el reino del norte (Israel) hacia el año 721 a.C., y siglo y medio más tarde bajo los babilonios el reino del sur (Judá).

(3, 1) La serpiente era el más astuto de todos los animales del campo que Yahvéh Dios había hecho. Y dijo a la mujer: "¿Cómo es que Dios les ha dicho: No coman de ninguno de los árboles del jardín?" (2) Respondió la mujer a la serpiente: "Podemos comer del fruto de los árboles del jardín, (3) pero del fruto del árbol que está en medio del jardín, ha dicho Dios: No coman de él, ni lo toquen, so pena de muerte". (4) Replicó la serpiente a la mujer: "De ninguna manera morirán. (5) Lo que pasa es que Dios sabe que el día en que coman de él, se les abrirán los ojos y serán como dioses, conocedores de lo bueno y lo malo". (6) Y vio la mujer que el árbol era bueno para comer, apetecible a la vista y deseable para lograr sabiduría, tomó de su fruto y comió, y dio también a su marido, que igualmente comió. (7) Entonces se les abrieron los ojos, y se dieron cuenta de que estaban desnudos; y cosiendo hojas de higuera se hicieron unos ceñidores.

(8) Oyeron luego el ruido de los pasos de Yahvéh Dios que se paseaba por el jardín a la hora de la brisa, y el hombre y su mujer se ocultaron de la vista de Yahvéh Dios entre los árboles del jardín.

(9) Yahvéh Dios llamó al hombre y le dijo: "¿Dónde estás?" (10) Éste contestó: "Te oí andar por el jardín y tuve miedo,

porque estoy desnudo; por eso me escondí". (11) Yahvéh Dios replicó: "¿Quién te ha hecho ver que estabas desnudo? ¿Has comido acaso del árbol del que te prohibí comer?". (12) Dijo el hombre: "La mujer que me diste por compañera me dio del árbol y comí". (13) Dijo, pues, Yahvéh Dios a la mujer: "¿Qué has hecho?". Y contestó la mujer: "La serpiente me sedujo, y comí".

(14) Entonces Yahvéh Dios dijo a la serpiente: "Por haber hecho esto, maldita seas entre todas las bestias y entre todos los animales del campo. Sobre tu vientre caminarás, y polvo comerás todos los días de tu vida. (15) Pondré enemistad entre ti y la mujer, y entre tu linaje y su linaje: él te pisará la cabeza mientras tú le herirás en el talón".

(16) A la mujer le dijo: "Tantas haré tus fatigas cuantos sean tus embarazos: con dolor parirás tus hijos. Hacia tu marido irá tu apetencia, y él te dominará".

(17) Al hombre le dijo: "Por haber escuchado la voz de tu mujer y comido del árbol del que yo te había prohibido comer, maldito sea el suelo por tu causa: con fatiga sacarás de él el alimento todos los días de tu vida. (18) Espinas y abrojos te producirá, y comerás la hierba de los campos. (19) Con el sudor de tu rostro comerás el pan, hasta que vuelvas al suelo, *porque* de él fuiste formado, porque eres polvo y al polvo retornarás". (20) El hombre llamó a su mujer Eva, por ser ella la madre de todos los vivientes. (21) Yahvéh Dios hizo para el hombre y su mujer túnicas de piel y los vistió.

(22) Y dijo Yahvéh Dios: "¡He aquí que el hombre ha venido a ser como uno de nosotros, en cuanto a conocer lo bueno y lo malo! Ahora, pues, cuidado, no alargue su mano y tome también del árbol de la vida, y comiendo de él viva para siempre". (23) Y lo echó Yahvéh Dios del jardín de Edén, para que labrase el suelo del que había sido formado. (24) Y habiendo expulsado al hombre, puso delante del jardín de Edén querubines, y la llama de espada vibrante, para custodiar el camino que conduce al árbol de la vida.

Esta perícopa consta de tres escenas:

3,1-7: tentación
3,8-13: confrontación con Dios
3,14-19: las consecuencias.

EL ÁRBOL DEL CONOCIMIENTO

Para el narrador, la vida del hombre, entiéndase, su felicidad, depende de su voluntad de aceptar las decisiones del Creador, que se resumen en la palabra armonía, la que se esbozó en los relatos de creación. Por eso la atención se centra en el árbol en medio del jardín, definido como "del conocimiento de lo bueno y lo malo". Obviamente, nos movemos en un mundo de imágenes y símbolos. El árbol, como otros elementos, es simbólico: representa la Ley de Dios, la cual no debe ser traspasada si se quiere vivir, como se recapitula en Deut 30,15-20. No es una realidad botánica. En Sal 1,3 se dice que "quien se recrea en la Ley de Yahvéh,... será como un árbol plantado entre acequias..." (cf. Jer 17,8). La figura del árbol del conocimiento de lo bueno y lo malo ocupa el lugar central en el relato en Gén 2-3, como también la Ley ocupa el lugar central en el Pentateuco. Por lo mismo se dice que estaba "en el medio del jardín". En este se fijan las *limitaciones* de y para el hombre, *creado libre*: "no comerás...; el día que comas..." (2,17). Su *shalom* está en relación a su reconocimiento de la supremacía de Dios, y por tanto dejar a Dios ser dios, viviendo en unicidad con él. Cuando quiere jugar a Dios, tomando su lugar, traspasa los límites de su libertad, con las consabidas consecuencias.

No nos detendremos más que lo necesario en el significado de los dos árboles en medio del jardín en Edén (v.9). Para empezar, no olvidemos que estamos ante un relato de carácter mitológico. Estos árboles *representan* la voluntad de Dios: que impere la vida y que se respete sus leyes. Son símbolos. Ahora bien, de los dos árboles, el narrador se centrará en uno: el del "conocimiento de lo bueno y lo malo".

La prohibición divina es sólo en relación al árbol del conocimiento de lo bueno y lo malo (2,16s). Pero, ¿qué hay de especial en esa prohibición? Está relacionada al "conocimiento (*da'at*)"[2]. Eso no significa, obviamente, que sin comer de su fruto el hombre no pudiese *distinguir* entre lo bueno y lo malo[3]: ¿por qué prohibiría Dios tal virtud? ¿No habrá que pensar más bien que ese "conocimiento" se refiere a la posibilidad de escoger antojadizamente, descubriendo su libertad, y llamando bueno a lo que es malo, y viceversa, es decir desligándose de la obligatoriedad de los preceptos divinos que han fijado qué es bueno y qué es malo?

En la mentalidad semítica, conocimiento no es tanto información como dominación. Conocer algo o a alguien es tener dominio sobre ello. Por eso Dios les advierte que no coman del árbol del "conocimiento...", es decir no pretendan ser quienes determinen lo que es bueno y lo que es malo. Sólo Dios tiene la autoridad para determinarlo, y lo expresó en su Ley, simbolizada por el árbol. Por eso la serpiente dirá que, al comerlo "se les abrirán los ojos y serán como dioses" (v.5). *Adquirirán un conocimiento propio de dioses*, que es supremo, no de humanos! Los rabinos proponían entenderlo como el árbol de la *confusión*.

---

2   Puesto que el hebreo no pensaba en categorías abstractas, más correcto que "el bien y el mal" sería traducirlo como "lo bueno y lo malo". El hebreo pensaba concretamente: lo que es bueno y lo que es malo, por las consecuencias que produce.

3   G. von Rad, *Genesis,* Londres 1972, 81, nos recuerda que en el A.T. el binomio bien y mal no se entiende en primer lugar en sentido moral, sino muy amplio, como lo provechoso y lo perjudicial.

Además, ¿por qué la amenaza con la muerte? Si hay una prohibición es porque traspasarla perjudica al hombre[4]. La amenaza de muerte si comen del árbol no era una sentencia, sino una seria advertencia, que como tal tiene la finalidad de mantenerlos alejados del árbol. Por eso la muerte no ocurre cuando de hecho comen. Notemos que Dios no ha dado la *razón* para tal advertencia. Será la serpiente la que la dé: "se abrirán sus ojos... serán como dioses, conocedores de lo bueno y lo malo".

El árbol representa un límite: o se está con Dios y se acepta su determinación de lo que es bueno para el hombre, o se pretende usurpar su lugar. En relación a ese árbol se evidencia la fidelidad a Dios mismo, el reconocimiento de su soberanía, acatando su voluntad vivificadora (representada por el otro árbol). Puesto en otras palabras, se confía en la sabiduría divina o se cree más en sí mismo; haciendo eco a Gén 1, se construye un mundo más humano o se vuelve al caos inicial. Es la solemne advertencia que, a modo de síntesis, leemos en Deut 30,15-20:

"Mira, yo he puesto delante de ti hoy la vida y el bien, la muerte y el mal, porque yo te mando hoy que ames a Yahvéh, tu Dios, que andes en sus caminos y guardes sus mandamientos, sus estatutos y sus decretos, para que vivas y seas multiplicado, y Yahvéh, tu Dios, te bendiga en la tierra a la cual vas a entrar para tomarla en posesión. Pero si tu corazón se aparta y no obedeces, te dejas extraviar, te inclinas a dioses ajenos y los sirves, yo les declaro hoy que de cierto perecerán; no prolongarán sus días sobre la tierra adonde van a entrar para tomarla en posesión tras pasar el Jordán..." (cf. Dt 11,26-29).

La misma advertencia en Isa 5,20-21:

---

4   F. Castel, *Comienzos. Génesis 1-11,* Estella 1987, 56; A. Schüle, *Der Prolog der hebräischen Bibel,* Zurich 2003, 167s.

"Ay los que llaman lo malo bueno, y lo bueno malo; que dan oscuridad por luz, y luz por oscuridad… ¡Ay los sabios a sus propios ojos, para sí mismos discretos!".

François Castel observa que "el centro del relato no es la prohibición, sino la gracia, la promesa de la felicidad. … Mientras el hombre acepte la ley de Dios, podrá indefinidamente comer del árbol de la vida. Al contrario, si escoge comer del árbol de la confusión del bien y del mal,… su vida quedará limitada"[5].

Como ilustra el árbol de "la vida" en Gén 2, Dios desea la vida, no la muerte; para eso creó e insufló su espíritu, para un "ser viviente". La vida viene de la obediencia de su ley, representada ésta por el otro árbol, del "conocimiento de lo bueno y lo malo".

De lo expuesto, no es impensable que una de las razones por la cual el narrador ha dado un lugar especial a los árboles de la vida y del conocimiento, y luego la tentación con sus secuelas, era poner de relieve que el ser humano fue creado por Dios como un ser *libre* y con libertad, que puede discernir y optar, y por lo tanto tendrá que asumir la responsabilidad de las consecuencias de sus decisiones. Es un rasgo que lo distingue de los animales. Ese es el fundamento tácito para la propuesta de la serpiente: ustedes son libres.... Nada de eso leemos en el relato de Gén 1: no hay árboles ni frutos prohibidos.

… Y QUISO SER COMO DIOS

Llegamos a un pasaje que ha tenido notable influencia en la teología y la espiritualidad judeo-cristianas, el del "pecado de nuestros primeros padres". A partir de él, en la religión se ha forjado una determinada concepción de la naturaleza del hombre y de su historia,

---

5 *Ibidem.*

de la misión de Jesús y la redención. Releamos el texto, recordando las aclaraciones ya hechas:

> (3,1) La serpiente era el más astuto de todos los animales del campo que Yahvéh Dios había hecho. Y dijo a la mujer: "¿Cómo es que Dios les ha dicho: No coman de ninguno de los árboles del jardín?"

> (2) Respondió la mujer a la serpiente: "Podemos comer del fruto de los árboles del jardín. (3) Pero del fruto del árbol que está en medio del jardín, ha dicho Dios: No coman de él, ni lo toquen, so pena de muerte."

> (4) Replicó la serpiente a la mujer: "De ninguna manera morirán. (5) Es que Dios sabe muy bien que el día en que coman de él, se les abrirán los ojos y serán como dioses, conocedores de lo bueno y lo malo."

> (6) Y vio la mujer que el árbol era bueno para comer, apetecible a la vista y deseable para lograr sabiduría, tomó de su fruto y comió, y dio también a su marido, que igualmente comió.

Aunque no lo dice expresamente, es evidente que, para el narrador, el hombre era desde el mero inicio creatura, limitada pero *libre*, por tanto tenía la capacidad de decidir sobre su relación con Dios. De hecho, a todo lo largo del relato el hombre actúa como una persona libre. Y como a tal, Dios le encomienda el cultivo del jardín, le entrega sus frutos, es advertido sobre el árbol en el medio del jardín, pone nombre a los animales, y luego decidirá comer del fruto prohibido. Por eso es responsable de sus decisiones y sus consecuencias.

La prohibición divina está formulada de la manera típica de las leyes en el Pentateuco: enunciado de la prohibición (o mandamiento) en imperativo ("¡no comerás!") + advertencia del castigo subsecuente ("el día que comas..."), que implica responsabilidad. Dios prohíbe, pero no impone, tan así que el hombre es libre de responder negativamente, como de hecho hará. Es más una advertencia que una sentencia. El narrador da por sobrentendido en el relato que desde sus orígenes el hombre, a diferencia de los animales, es un ser libre. Fue creado libre. Es importante tener esto muy presente para comprender la tentación.

La serpiente en el relato es, claramente, una figura literaria en una narración mitológica: razona y habla. Se destaca que "Yahvéh Dios la había hecho" (3,1), es decir es una creatura de Dios, no una divinidad. Puesto que el relato nos ubica en los meros orígenes de la humanidad, no tendría sentido pensar que la serpiente representase una religión distinta, como la cananea. No hay polémica en Génesis contra el culto cananeo de fertilidad, como algunos suponen, pues el tema no es la sexualidad o la fecundidad, sino la autoridad de Dios y la función vivificadora de la Ley. Se deduce que la serpiente no representaba una divinidad pagana[6], ni al demonio ni a Satanás (como en Apoc 12,9), como es tradicional afirmar, figuras estas que no aparecen siquiera sugeridas en el Pentateuco: es uno de los "animales del campo que Yahvéh Dios había hecho" (cf. 2,19). Más que indagar sobre la posible identidad de la serpiente, que por eso nos deja en el aire, debemos centrar la atención en lo que ella dice. Es ella la que toma la iniciativa, con una propuesta novedosa.

---

6   Al mencionar su creación el autor dice que su creador fue "*Yahvéh* Dios", nombre compuesto, el primero de los cuales es el nombre propio del dios de Israel, no como en los versos siguientes donde simplemente menciona "Dios (*elohim*)". ¡Yahvéh no crearía un ídolo! Contra una opinión repetida que sostiene que representa el culto cananeo, en el cual un elemento importante era "la prostitución sagrada", mediante la cual se debía estimular a las divinidades a hacer fructificar la vida. De ser así, la propuesta sería abandonar el culto a Yahvéh y sus exigencias legales, para volcarse al culto cananeo y sus placeres, lo cual, sin embargo, no es tema visible en el texto. En el momento de redacción (s. VI a.C.), la religión cananea ya no tenía influencia en Israel, aunque no se puede descartar que el relato originalmente aludiera a ella. Como sea, la serpiente representa una opción contraria a Yahvéh: "no morirán... serán como dioses...".

El relato caracteriza a la serpiente como "el más astuto de los animales del campo" (3,1; cf. Job 5,12; 15,5; Mt 10,16). Note que empieza tendiendo una trampa a la mujer, pues Dios no había prohibido comer "de ninguno de los árboles". Eso permite a la mujer entrar en el diálogo y retrucar. Sólo un ser astuto podría convencer a la mujer. De hecho, aparece como más sabia: "le abre los ojos" a la mujer a la libertad y a la posibilidad de hacer uso de ella. Es la serpiente la que le mostró el camino a su independencia, a actuar como "adulta", abandonando el estado *"naif"* de dependencia de Dios, y asumiendo también con ello su responsabilidad[7].

La serpiente se dirige a la mujer, no al hombre, no por ser más débil, sino porque –contrario a la opinión machista– ella es más importante, como ya vimos. Claus Westermann observa que "la mujer es llevada a transgredir; el hombre no necesita ser conducido, él simplemente asiente. El narrador apunta a otra manera de estar involucrado en el delito: simple complicidad. Aquí se muestra otro lado del hombre; él está dispuesto a evitar una decisión, cuando sea posible, y permitir que otros decidan por él"[8].

En el diálogo se emplea la primera persona plural, pues se trata de una prohibición válida para ambos, la mujer y el hombre, que representan los inicios de la humanidad: "Dios *les* ha dicho: no coman (plurales)...", a lo que ella responde en el plural: "Podemos... ", y la serpiente retruca: "De ninguna manera morirán...". Observe que el redactor del relato no emplea los nombres Eva y Adán, sino el genérico "la mujer" y "el hombre" (de ella). En ellos está representada la humanidad –el lector judío podía introducirse en el relato, poner su nombre. Recién en 3,20 "el hombre llamó a su mujer Eva".

---

7   Cf. P. Ricoeur, *Finitud y culpabilidad,* Madrid 1969.
8   *Creation,* 94.

El exegeta Rainer Albertz llevó a cabo un detallado estudio analítico del texto en sí y en sus contextos literario y situacional, centrándose en las consecuencias de comer el fruto mencionadas por la serpiente[9]: (1) se abrirán sus ojos, (2) conocerán lo que es bueno y lo que es malo, (3) adquirirán sabiduría, y (4) serán como dioses. Veamos detenidamente lo que significaba cada una de esas cuatro importantes expresiones en el contexto del AT y de Gén 3[10].

(1) Todos los empleos bíblicos de la expresión "abrir (*pacaj*) los ojos" tienen un sentido positivo, sea entendido literal o figuradamente como un tomar conciencia de algo, despertar a algo (Jb 27,19), intuir o entender (Isa 42,7; 35,5s). En ningún caso se usa para el conocimiento de una realidad sobrenatural. En Gén 3 se refiere a la apreciación de una situación, como un despertar. Esto nada tiene, por cierto, de repudiable.

(2) El *conocimiento* de "lo bueno y lo malo (*tob wara'*)" es una capacidad indispensable para la armonía y el bienestar social. Se trata de conocimiento (*da'at*), no simplemente de entendimiento (*haskel*), asociado en el texto a la sabiduría. El término hebreo designa el (re)conocimiento, el saber. No se trata de un conocimiento extraordinario o superior. Por cierto, el verbo conocer no tiene aquí la connotación sexual con la que a veces se lo emplea en el Oriente. Nunca tienen esta u otra expresión parecida, una resonancia negativa o reprochable. Conocer algo, o a alguien, es tener *dominio* sobre él; *conocer* lo bueno y lo malo equivale a determinar por libre y *soberana* decisión qué es bueno y qué es malo.

En hebreo, bueno (*tob*) y malo (*ra'*) designan lo provechoso, lo saludable, y lo pernicioso, lo perjudicial, respectivamente. Lo bueno no era una abstracción, como tampoco lo malo. Siempre es funcio-

---

9   R. Albertz, "Ihr werdet sein wie Gott (Gen 3,5)", en F. Crüsemann et al, *Was ist der Mensch...?* Munich 1992, 11-27.

10 Ibid, 13-17.

nal: *algo* es bueno o malo, es provechoso o perjudicial *para alguien*. El adulto se distingue del infante, entre otras cosas por su capacidad de conocer lo bueno y lo malo, y saber discernir y actuar de acuerdo.

Por tanto, la expresión "conocedores de lo bueno y lo malo", significa asumir el papel de árbitro supremo de la moral, y el derecho de imponer su decisión, al margen o por encima de Dios.

(3) La mujer vio el fruto apetecible "para lograr sabiduría (*hiskal*)", entendida como cognición, capacidad intuitiva (*sakal*). Este término designa una sabiduría práctica, la perspicacia, la habilidad, relacionada al discernimiento para la conducta en la vida. Es propia de Dios, y un don que, como Salomón, deben pedir a Dios los gobernantes (2Sam 14,17; 1Re 3,9s). Es contraria a la necedad, frecuentemente destacada en la literatura sapiencial. El principio de esa sabiduría es "el temor de Dios" (Prov 1,7; 9.10; Job 28,28; Sir 1,14), es decir el respeto y la obediencia de sus ordenanzas y mandatos.

Por lo tanto, conocer lo que es bueno y lo que es malo es inseparable de un conocimiento de opciones, que exigen un discernimiento y una decisión con consecuencias prácticas. En pocas palabras, es la sabiduría *práctica*, producto de la experiencia, que permite discernir lo provechoso de lo dañino[11]. No se trata por cierto de la posteriormente cotizada *jokma*, la sabiduría de los conocimientos intelectuales, que es un don de Dios, y se distingue de la ignorancia[12]. Ahora

---

11 El tárgum Neofiti (traducción comentada en arameo) lo presenta como "el árbol del conocimiento, que todo el que comiera de él *sabría distinguir* el bien del mal"; similar es el tárgum Ps-Jonatán. Nuevamente en Gén 3,5 ponen ambos targumim en boca de la serpiente: "serán como *ángeles... que saben distinguir* entre el bien y el mal".

12 El libro de Proverbios se expresa en términos similares sobre la sabiduría y el entendimiento: "La instrucción del *sabio* es manantial de vida para librar de las trampas de la muerte" (13,14); "Manantial de vida es el *entendimiento* para el que lo posee" (16,22). En Israel no hay sabiduría meramente intelectual sin un filón práctico. La ausencia del vocablo sabiduría probablemente se debe al

bien, ¿qué puede haber de pernicioso en desear conocimiento, en adquirir sabiduría?

El problema no radica ni en el conocimiento como tal, ni en el objeto en sí, la sabiduría, sino en que, al descubrir su capacidad de *autonomía* se les abre la posibilidad de escoger lo que es "malo" desde la perspectiva del Creador, que estableció esta prohibición, asumiéndolo como si fuera "bueno". Dios estableció esta prohibición porque desea lo bueno en y para el hombre; respetando su libertad, desea evitarle que tome lo malo como si fuera bueno. Es lo que hoy conocemos como el relativismo ético. Es propio de Dios conocer lo auténticamente bueno y lo malo sin tergiversarlo. Eso está expresado en la Ley (recuerde Deut 30,15-20, arriba citado).

(4) Si hasta aquí nada hay que objetar a las explicaciones de la serpiente, quizás el problema radique en la última afirmación: "serán como dioses". Para empezar, notemos que no se dice que serán dioses, sino comparativamente, "como dioses", o "divinos" (*k'elohim*)). El plural '*elohim* es ambiguo: puede entenderse como el plural gramatical, como en 1,26 ("hagamos…") y 3,22 ("como uno de nosotros…"), pero también como un nombre de Dios, como en el resto del relato. Lo cierto es que no se trata de ser idéntico a Dios, lo que sería un absurdo. Por eso traduzco como (querer ser) "divinos" [13]. ¿Tenía esa frase para los hebreos la connotación negativa que tiene para nosotros? Aunque no se encuentra en el AT, hallamos otras frases parecidas. La viuda de Tecoa le dice a David: "el rey, es como un ángel (*k'mal'ak*) de Dios para discernir entre lo bueno y lo malo" (2Sam 14,17) –y añade "mi señor es sabio, con la sabiduría de un

---

origen mismo de la narración, que es anterior al desarrollo de las corrientes sapienciales en Israel en el s. IV.

13 En el relato yahvista nunca se usa '*elohim* a secas para Dios, sino siempre acompañado de Yahvéh (Yahvéh Elohim), excepto justamente en el relato de la tentación (3,1-6). Por eso es probable que el narrador piense en el genérico "dioses", que concuerda con la gramática (plural).

ángel de Dios" (v.20). La misma expresión recurre en 2Sam 19,27 en boca de Siba. En ambos el rey es bendecido por su capacidad de discernimiento y su justo juicio, como el de un "ángel de Dios". Se objetará que la comparación es con un ángel, no con Dios. Pero, hay que tener presente que para los hebreos la diferencia es mínima (vea Gén 22,15ss: el ángel habla igual que Dios). Algunos textos nos iluminan al respecto. En Ex 4,16: "Él (Aarón) hablará por ti (Moisés) al pueblo; será como tu boca, y tú ocuparás para él el lugar de Dios". En Ex 7,1: "Yahvéh dijo a Moisés: 'Mira, yo te he constituido dios para el faraón, y tu hermano Aarón será tu profeta'". En Zac 12,8 se afirma que "la casa de David será como Dios (como un ángel de Yahvéh: glosa añadida luego[14]) que va delante de ellos". Conocida es la apreciación en Sal 8,6: "hizo al hombre apenas inferior a Dios...." (vea más abajo). En todos hay una suerte de "endiosamiento" de personas. En Gén 3,22 se encuentra como afirmación en boca de Dios: "he aquí que el hombre ha llegado a ser *como* uno de nosotros". En resumen, "ser como un dios" designaba básicamente la capacidad de actuar de la manera que se espera de los dioses, con absoluta libertad y soberanía.

Ser "como un dios" evoca el ser "imagen y semejanza de Dios" de Gén 1. Hemos visto que ser "como un dios" no es un concepto *en sí* negativo en el AT. Pero el ser divino supone autonomía y dominio. Su mal uso, por problemático, se da cuando el hombre pretende disponer de la vida o manipular la creación como dueño y señor de ella, no como creatura de Dios. Actúa "como un dios" quien dictamina qué es lo bueno y qué es lo malo *como autoridad suprema*. Qué es lo bueno, lo determino yo.

---

14 Esta glosa, o añadidura posterior, ilustra la dificultad que se veía en la cercanía directa de Dios al hombre, por la que se interpuso la figura del ángel. Esta visión postexílica se extendió y fue asumida como realidad en lo que respecta a la figura de los ángeles.

Ahora bien, si con esas observaciones releemos Gén 3, notaremos que la propuesta de la serpiente invita a una percepción de la que la mujer no estaba consciente: la posibilidad de "ser como dioses", es decir de superarse asumiendo su autonomía y "madurez", aun ignorando a Yahvéh. Es por la "sabiduría" que se asemejará a Dios. Ese "ser como dioses" supone ejercer la *libertad*, decidirse a comer del árbol del conocimiento de lo que es bueno y lo que es malo. Hasta aquí bien. El problema surge cuando el hombre pretende arrogarse el papel de juez supremo sobre lo que es bueno y lo que es malo. Es esto, en pocas palabras, lo que la serpiente le propone a la mujer: la sabiduría que permite conocer y determinar (*hiskil*) lo que es bueno y lo que es malo *autónomamente*, es decir sin Dios de por medio[15]. Vista así, la sabiduría torna en necedad, como es necedad desconocer su condición de creatura.

Observemos que en el relato no se dice ni se insinúa que hubiese una suerte de competencia, o que Dios fuese celoso de su superioridad. Esto lo insinúa luego la serpiente ("Dios *sabe* que el día que..."). Y el hombre –incluido el lector– se inclina a pensar como la serpiente: le cree, y decide querer "ser como un dios" y no considerarse simplemente como creatura. Lo único que emana de Dios a modo de regla de juego, es la interdicción de comer del fruto, que representa el límite de lo permitido (2,16s). Mi libertad termina donde la del otro comienza; traspasarla desemboca en muerte, como ilustra dramáticamente el relato de Caín y Abel. En otras palabras, Dios propone al hombre la vida ("de todos los árboles comerás..." 2,16; no le prohíbe tocar "el árbol de la vida"), y le prohíbe enrumbarse por el camino de la muerte (comiendo del árbol del conocimiento). Dios le ha dejado al hombre todo el espacio necesario para su desarrollo, y le advierte de los límites que, traspasándolos conducen a la frustración de la creación, es decir a la destrucción y "muerte"

---

15 R. Albertz, "Ihr werdet sein wie Gott", 20. Desde el ángulo psicoanalítico, vea la sugerente exposición de E. Fromm, *Y seréis como dioses,* Buenos Aires 1974.

(morirán). Pero... el hombre desea superar sus límites, proyectarse al infinito.

.... Y COMIÓ DEL FRUTO

Al igual que el árbol, el fruto no es especificado; no es una especie botánica sino un símbolo[16]. Representa lo que el texto expresamente dice de él: "es excelente para lograr *sabiduría*" –nada tiene que ver con sexualidad, como es tradicional en el imaginario popular. El autor de Gén 3 se concentra en el hombre y su responsabilidad.

Del análisis de las diferentes explicaciones propuestas sobre este episodio se impone una importante indicación metodológica. Para una correcta interpretación es necesario tomar en cuenta *todos* los elementos en el texto; no debe limitarse tampoco al versículo en cuestión, sino debe tener presente su contexto más amplio, la perícopa completa. Por eso son fallidas las explicaciones en términos de sexualidad, de idolatría, de sabiduría especulativa, o de poder mágico, entre otras.

Tras analizar las diversas interpretaciones que se han ofrecido de la trasgresión del hombre y la mujer, con su conocida agudeza, Westermann anotó que, con "la mordida del fruto prohibido" no todo es negativo. Lo positivo es que el ser humano descubrió que es libre, y que ahora sabe más que lo que sabía antes: se le abrieron los ojos[17]. Por eso en 3,22 leemos que Dios afirma, sin condenación de por medio, que "el ser humano (*ha'adam*) ha venido a ser como uno de

---

16 Su identificación con la manzana se debe al hecho que en latín, lengua común en la teología hasta hace algunas décadas, se pronuncian igual los vocablos manzana (*mallum*) y "malo" (*malum*). El *malum* (mal) entró en el mundo por comer el *mallum* (manzana). Eso se reafirmó en los dibujos y vitrales que pintan a Eva con un fruto en la mano, y cuál más natural que la manzana (*mallum*).

17 *Genesis*, 342.

nosotros, en cuanto a conocer lo bueno y lo malo" (como había anticipado la serpiente!).Ha descubierto que puede tomar decisiones éticas *libre y soberanamente*. Ha levantado la bandera de independencia con respecto a Dios. Es esto precisamente que destaca el relato.

En efecto, la serpiente le descubre a la mujer que puede "ser como un dios", y le asegura que "de ninguna manera morirán" si comen del fruto[18]. Más bien con ello afirmará su independencia y su personalidad. Ante esta tentación, tuvo que optar, con lo que se le abrieron las puertas al *uso* "libre" de su libertad. Y tal es el grado de su libertad que puede optar en contra de Dios! Notemos la magnífica colorida descripción de la tentación a traspasar la prohibición, que contagia al lector del conocido placer de probar lo prohibido: vio que era "*bueno* para comer, *apetecible* a la vista, *deseable* para lograr sabiduría" (v.6).

Recapitulando, estamos ante un relato pintado con colores simbólicos con una finalidad instructiva, propia de relatos mitológicos. El pueblo judío es invitado a mirarse en el relato como en un espejo. Por tanto no son legítimas preguntas tales como ¿por qué plantó Dios el árbol del conocimiento para luego prohibirle comer de su fruto? Como símbolo que es, el árbol representa la estrecha relación entre el Creador y la criatura, relación que se afirma en la observancia de la Ley de Dios. Es una relación basada en la *libertad*, algo que lo distingue de los animales, libertad incluso para desobedecer a quien le dio la vida, por tanto de decirle "no" a la vida ("morirán"). Como toda prohibición, ésta también fija límites que no se deben traspasar, cuyas consecuencias se advierten a continuación. Estando advertido y siendo libre, el hombre es responsable por sus decisiones y consecuencias. Nos trae a la mente la aclaración en Deut 8,2:

---

18 La prohibición de comer el fruto va acompañada de la advertencia que hacerlo acarrearía la muerte *temprana*, pues el hombre es frágil y vulnerable. Esa es la consecuencia, no la muerte en sí, de la que desde el inicio el hombre no estaba exento.

"Te acordarás de todo el camino por donde te ha traído Yahvéh, tu Dios, estos cuarenta años en el desierto, para afligirte, *para probarte*, para saber lo que había en tu corazón, si habías de guardar o no sus mandamientos".

Un detalle más: el texto no dice que la mujer *sedujo* a su marido[19]. Es por tanto ilegítimo referirse a este pasaje para justificar la idea de que la mujer es seductora del varón, responsable de que él peque. Al ofrecerle a su compañero el fruto de sabiduría, él respondió tan *libremente* como ella: "(él) igualmente comió", "(mi) compañera me dio del árbol y comí" (2,6; 3,12). Nada sugiere una seducción del hombre. Notemos que Adán y Eva nunca hablan entre sí; siempre que hay un diálogo es con Dios o con la serpiente.

¿PECADO ORIGINAL U ORIGEN DEL PECADO?

Es tradicional asociar Gén 3,4ss con la idea de pecado, calificado como "original". Algunos, con una suerte de fijación con la sexualidad, hablan de pecado de concupiscencia. Pero, ¿de qué se trata realmente *en el texto*?

La respuesta de la mujer no es calificada de modo alguno en el relato mismo. No se habla en el relato de una "caída" o pecado. Lo que se describe es una trasgresión, una desobediencia a una prohibición. No hay un dios ofendido. La idea de pecado, con su sentido moralista, proviene de interpretaciones judías posteriores, y masivamente de las interpretaciones de los padres de la Iglesia y luego la teología escolástica. Entre los pocos textos judíos se cuenta el apócrifo libro 4to. de Esdras, escrito a fines del s. I d.C.: "¡Oh Adán! ¿Qué es lo que hiciste? Pues al pecar no has causado solamente tu ruina, sino

---

19 Mientras que la actuación de la serpiente es calificada en el v.13 como seductora ("la serpiente me sedujo"), nunca se emplea ese vocablo para la relación de la mujer hacia el hombre: ella le dio el fruto, y él comió, punto (v.6d.12).

también la nuestra, de los que procedemos de ti" (7,118; cf. 2Baruc 48,42). Esta idea la encontramos desarrollada por san Pablo: "por medio de un solo hombre entró el pecado en el mundo…" (Rom 5,12-19). En cambio, un poco más tarde se encuentra matizado en el libro 2do. de Baruc: "Adán no es el causante (de la destrucción), excepto para él mismo, sino que cada uno de nosotros nos hemos convertido en nuestro propio Adán" (54,19). Más acertado no podía ser –al margen de la infundada suposición de que Génesis es historia.

La idea de un pecado, que, además, se habría contagiado a partir de ellos a toda la raza humana, como hemos visto en los textos citados, surgió en el judaísmo tardío, pero se desarrolló en el cristianismo, donde se afirmó que Adán y Eva, cual primera pareja histórica, habían sido dotados por Dios de algunos dones preternaturales (no sobrenaturales como la gracia, ni naturales como la inteligencia o la voluntad), tales como la justicia, la inmortalidad, la ciencia infusa y la integridad. Fue san Agustín quien impulsó la doctrina de lo que llamó "pecado original", basado en la suposición que Génesis relata historia y que antes de la trasgresión esa pareja primera vivía una situación preternatural que se habría perdido por su pecado, y habría rebajado a la humanidad a una condición pecadora[20]. Debe quedar claro a estas alturas que la comprensión de Génesis en la que esa idea se basa, pasando por la interpretación paulina en Rom 5, no corresponde al texto de Génesis. Se basa en presuposiciones infundadas[21]. La Biblia no relata la crónica de los orígenes ni la his-

---

20 La expresión "pecado original" no es bíblica, y está, además, plagada de problemas teológicos, no pocos en relación a las ideas al respecto expresadas por san Agustín, por influencia del maniqueísmo y el dualismo neoplatónico. Cf. C. Westermann, Genesis, 338-343; P. Grelot, *El problema del pecado original,* Barcelona 1970, y H. Haag, *El pecado original en la Biblia y en la doctrina de la Iglesia,* Madrid 1969. Una vez más, no olvidemos que se trata de un relato mitológico; no es una crónica histórica.

21 Sobre todo esto vea especialmente H. Haag, *ob. cit.;* H. Renckens, *Así pensaba Israel. Creación, paraíso y pecado original,* Madrid 1960; y más general, J. L. Ruiz de la Peña, *Qué hay del pecado original,* Madrid 1992.

toria de una primera pareja. La Biblia no menciona ni presupone un estado inicial de inocencia e inmortalidad, ni un paraíso idílico. La Biblia no preserva decretos divinos perjudiciales a la humanidad para siempre. La Biblia no conoce un "pecado original" como luego se introdujo en la teología. Génesis no es un tratado de historia ni de ciencias.

Por cierto, la conducta de la primera pareja esboza lo que se llamaba "pecado", es decir la decisión de tomar un camino desviado de aquel trazado por Dios, esquivando la meta, un fracaso o desviación en el trayecto al blanco (este es el sentido básico de *hata'*, pecado)[22]. Para el judío eso se traduce en la desobediencia de la ley de Dios. Ésta, como vimos, está representada por el árbol del "conocimiento de lo bueno y lo malo" en medio del jardín. Por eso, en lugar de hablar de "cometer" pecado se debe hablar de "vivir en pecado", pues se trata de actitudes fundamentales, no de actos aislados o de faltas morales, como lo es la actitud de endiosamiento, manifiesta en la *soberbia* de querer actuar al margen de Dios, o incluso de pretender jugar a Dios. *Los* pecados revelan *el* pecado en nuestro espíritu (vea lo dicho por Jesús en Mc 7,21ss). En el mundo secular lo calificamos como conjunto de valores.

En resumen, ¿cuál es, concretamente, la falta por la que luego son castigados Adán y Eva? El texto lo dice claramente: *desoír* la advertencia de no comer del árbol del conocimiento, es decir traspasar el límite establecido por Dios. La falta no consiste en la adquisición de sabiduría como tal –de lo contrario se estaría afirmando que desear la sabiduría es pecado, y que el hombre está condenado a la inmadurez o la ignorancia, algo que la serpiente le imputa a

---

22 Debemos tener presente que en el relato se trata de una libre y consciente *decisión*, y de adultos. No cabe, pues, hablar en sentido estricto de pecado (ciertamente no como el de Adán y Eva) en referencia a bebes. De aquí que no corresponde al sentido del texto extenderlo a todos desde el nacimiento. Nada de esto se dice o siquiera insinúa en Génesis.

Dios ("Dios *sabe* que cuando coman serán como dioses", por eso lo prohibió; 3,5). Que no es así lo confirman el hecho de que Dios no sólo no reacciona con ira ante la trasgresión (y no se mueren!)[23], sino que en 3,22 reconoce sin condenación que el hombre ha adquirido sabiduría: "¡He aquí que el hombre ha venido a ser como uno de nosotros, en cuanto a conocer lo bueno y lo malo!". Notemos que en ningún momento el relato indica una *razón* para la prohibición de comer del árbol. El despertar del entendimiento, la búsqueda de la sabiduría, y el deseo de madurez son todos proyectos positivos. Es lo que a primera vista le advierte la serpiente a la mujer. La trasgresión no es designada con ninguno de los términos hebreos para pecado[24]. De pecado se habla recién en 4,7. ¿Cuál es, entonces, la falta? Ezeq 28,11-17 ("En Edén estabas, en el jardín de Dios.... *has corrompido tu sabiduría* por causa de tu esplendor [soberbia]; yo te he precipitado en tierra...") y Job 15,7s ("¿Has nacido tú el primero de los hombres? ¿Se te dio a luz antes que a las colinas? ¿Escuchas acaso los secretos de Dios? ¿acaparas la sabiduría?"), aluden al castigo del hombre porque se apropió de una sabiduría que le es exclusiva a Dios. Si en el relato se pone precisamente la *sabiduría* como límite, no es la sabiduría en sí y de por sí, obviamente, sino su mal uso, *para hacerse "como dioses"*, por lo que es responsable, al querer ser, al estilo de Nietzsche, "el superhombre", independiente de la soberanía de Dios y su Ley. Dios, y sólo él, sabe y determina qué es realmente bueno y qué es realmente malo. El narrador de Gén 2-3 destaca la ambivalencia de la sabiduría humana. Sólo si el hombre camina a la sombra de Dios, no traspasando sus límites de creatura, reconociendo la supremacía de la sabiduría divina que determina (en la Ley) lo bueno y lo malo, vivirá una sabiduría positiva. Esto es tema frecuente en la literatura sapiencial. Para eso se podía

---

23 Dios sí reacciona iracundo en otras ocasiones ante la trasgresión de su ley, p. ej. en Ex 22,23; 32,10ss; Dt 6,15; 7,4; 11,17; etc.

24 F. Crüsemann, "Autonomie und Sünde. Gén 4,7 und die 'jahwistische Urgeschichte", en W. Schottroff - W. Stegemann, eds., *Traditionen der Befreiung,* vol. 2, Munich-Berlin 1980, 64, 67.

remitir al lector a la historia de Israel (cf. Ezeq 28)[25]. El pecado de Adán y Eva es, en una palabra, lo que calificamos como soberbia. Sea claramente dicho, de paso, que la sexualidad no es tema aquí[26].

También es doctrina tradicional la afirmación que, desde el pecado de Adán y Eva, todos los humanos nacemos con "pecado original" y sufrimos sus consecuencias. Es decir, una suerte de código genético se introdujo en la naturaleza humana que nos hace nacer indispuestos contra Dios, etc. Pero, ¿podemos ser culpables por la falta de otros? ¿Es concebible que Dios hiciera cargar con la culpa de una pareja a toda la humanidad, y perpetuamente? El problema gira en torno a la idea que se tenga del relato bíblico, al cual se remite la doctrina[27], y a la imagen de Dios que se tenga. Pues bien, independientemente de la cuestión de *la realidad histórica* de Adán y Eva, que incumbe a las ciencias dilucidar, si entendemos que los primeros padres nos representan en el *relato*, como una suerte de arquetipos, como hemos visto, y que todos nos inclinamos en mayor o menor grado a endiosarnos (¿quién no ha querido imponerse sobre otros, hacer prevalecer su opinión, envidia a otros, etc.?), podremos comprender que "el pecado" en cuestión lo es de cada uno de nosotros, como lo advertía el citado texto del libro 2do. de Baruc. No por herencia, sino por naturaleza humana. Yo soy 'adam. Es eso lo que el mito pinta. Como vemos, el problema sobre el famoso "pecado original" gira en torno a la realidad histórica de los personajes del relato, tema que, asumo, está más que meridianamente aclarado.

---

25 R. Albertz, *art. cit.,* 25, afirma que probablemente el autor estaba polemizando contra quienes pensaban que la sabiduría se obtiene independizándose de Dios, por una suerte de autonomía moral, por tanto en endiosarse.

26 Recién en 4,1 se habla de relaciones sexuales: "Conoció (= tuvo relaciones) el hombre a Eva, su mujer, que concibió y dio a luz a Caín".

27 La doctrina del pecado original está enmarcada en la filosofía griega, totalmente ajena al pensamiento semítico. Se basa en la idea de "*naturaleza* humana", que es una abstracción desconocida en Génesis.

... ESTABAN DESNUDOS

Hay un detalle clave mencionado en dos momentos culminantes: la desnudez de la pareja. Ésta es tan figurada como el resto de componentes del relato. Es una metáfora. Después de creada la mujer, el autor resalta que "andaban desnudos y no se avergonzaban el uno del otro" (2,25). Vivían en perfecta armonía, relación que luego se rompe: "él te dominará" (3,16c). Desnudez connota aquí inocencia, transparencia y autenticidad, contrario al encubrimiento, y sugiere plena confianza en el otro.

Después de comido el fruto prohibido se produjo en el hombre un cambio, pero no el esperado. Por un lado, efectivamente "se les abrieron a ambos los ojos", hubo una toma de conciencia, pero... "de que estaban desnudos"; lo hecho (comer) produce *vergüenza* –contrario a uno de los valores fundamentales: el honor. Se tapan de vergüenza, reconocen su culpabilidad. Se ha quebrado la confianza –factor fundamental en toda relación humana. Perdieron "la inocencia primera"; se sienten extraños el uno frente al otro. Por eso, "cosiendo hojas de higuera se hicieron unos ceñidores"; se cubren por la vergüenza del fiasco vivido. Por otro lado, descubren que no son dioses, ¡son frágiles! Se esconden: reconocen que le han fallado a Dios. Ya no pueden andar "desnudos". Es precisamente lo que Dios les hecha en cara a continuación: "¿Quién te ha hecho ver que estabas desnudo?" (v.9-13), es decir la toma de conciencia de que ha desobedecido –esta es la imagen más cercana al concepto de conciencia. El hombre es juzgado por Dios. Se ha producido, pues, un quiebre de confianza, un distanciamiento en las relaciones entre el hombre y Dios, y entre los humanos. Más adelante, en 3,21, se dirá que Dios mismo "les hizo túnicas de piel y los vistió", es decir, el hombre no tiene que mantenerse distante de Dios, y sí es posible una relación confiada entre los hombres, aunque persista la suspicacia.

La Biblia hebrea no conoce lo que llamamos conciencia. Se empezó a hablar de ella en el mundo griego, cuando se puso de relieve la individualidad y la interioridad, de modo que las responsabilidades son vistas en primer lugar frente a uno mismo, su conciencia. Hablamos incluso de un *"sentido* de responsabilidad", que apunta a un foro interior. En cambio, en el mundo hebreo la responsabilidad se determina en los efectos que la acción (u omisión) tiene en el prójimo, en la comunidad humana, es decir por su conducta[28]. Es frente a ella como se juzga y determina la responsabilidad, y por ende la culpabilidad o inocencia. En el mundo bíblico el sentido de la vida se juega en las *relaciones* con otros; en éstas se determina lo que llamamos "responsabilidad", por eso en el relato cada uno descarga la culpa sobre otro: Adán sobre Eva, y ella sobre la serpiente[29]. La mejor imagen de "conciencia", inseparable de la idea de vergüenza (juicio de repudio frente a otros), es aquella tres veces evocada en Génesis 2-3: el estar desnudos (2,25; 3,7.11).

Recapitulando lo expuesto, lo que Adán y Eva descubren no es la sabiduría sino su desnudez; no se ven como dioses sino frágiles; no les sobreviene la muerte sino la vergüenza. Notemos que en primer plano no es vergüenza frente al otro, sino de ambos frente a Dios. De él se esconden. ¿Qué es lo que los ha alejado de Dios? No la búsqueda de sabiduría en sí misma, sino el buscarla trasgrediendo las limitaciones determinadas por Yahvéh, independizándose de los criterios que están en la Ley –representada por el árbol– para asumir otra sabiduría que determine lo que es bueno y lo que es malo. Esa sabiduría independiente de Yahvéh la ha buscado Israel en otras

---

28 Vea a este propósito los criterios del juicio final en el cuadro en Mt 25,31-46.

29 El mundo semita, en muchos aspectos semejante al mundo andino, desconoce lo que pertenece a la psicología y la epistemología, por eso no conoce ni tiene vocablos para lo que llamamos conciencia, introspección, reflexión, idea, concepto, etc. Lo determinante es lo que se expresa, lo medible, por tanto la conducta. Recordemos que sus criterios de valores están en función de las *relaciones* con otros, con el mundo, y con Dios; son relacionales.

religiones, y ahora es tentado por la sabiduría de Babilonia, donde están exilados. Recordemos que el Edén está ubicado "al oriente" (2,8), y que el Oriente era tradicionalmente admirado como la cuna de la sabiduría.

Es el arte del narrador haber logrado pintar magistralmente con pocas pinceladas unas grandiosas verdades, que todos conocemos: el querer endiosarnos, el temor a ser descubiertos tras el mal hecho, y el hecho de hacer visible nuestra fragilidad. Vale la pena leer y releer esa magnífica escena en el Edén, que a tantos artistas ha inspirado.

Como podemos ver, el tema del relato en Gén 2-3 es la realidad de la vida fuera del jardín de Edén en contraste con la vida deseada por Dios para la humanidad, no la diferencia entre un supuesto tiempo de inocencia y panacea, y otro posterior, de pecado y penurias. Contrario a una larga tradición teológica, la intención del narrador no es decir que la historia empezó en un paraíso y se frustró por un "pecado" cuyas consecuencias gratuitamente sufrimos todos, sino explicar por qué el hombre se ha alienado de Dios –ayer y hoy– y su vida está marcada por frustraciones y penurias. Nada hay en Génesis que avale la tesis de un estado *"integralis"* inicial, colmado de dones preternaturales o sobrenaturales, de los que supuestamente gozaban los primeros padres hasta el día de su pecado[30]. No olvidemos que es un relato de carácter mitológico, y como tal hay que leerlo, ¡no como un reportaje histórico!

---

30 Este contraste con un fuerte sabor dualista, que contrapone dos momentos, como luz y tinieblas, es clásico en la teología a partir de la patrística, por influencia del pensamiento filosófico neoplatónico que, entre otros rasgos, contrasta la realidad con el ideal. Ya está incipiente en la mente de san Pablo, cuando contrasta a Jesús con Adán (Rom 5,12-15), y cuando habla de ser una "nueva creatura" (2Cor 5,17; Gál 6,15).

De lo dicho se desprende que preguntar si, de no haber comido del fruto prohibido, viviríamos en condiciones paradisíacas, es desconocer la naturaleza del relato bíblico; es una pregunta mal planteada. Adán y Eva no existieron como personas históricas concretas, como primeros ancestros de la humanidad. Nunca existió un jardín en Edén, una situación paradisíaca, un árbol de la vida y otro del conocimiento, no menos que hubo realmente una serpiente que conversó o un fruto prohibido que se comió. El "pecado" no es el de dos personas históricas pretéritas sino el que comete la humanidad representada en los arquetipos Adán y Eva, razón por la que el texto sistemáticamente habla de "el hombre" y "la mujer". El narrador proyectó en sus personajes el pecado que observaba en la humanidad. Por eso *debemos hablar del origen del pecado, no de un pecado "original"*.

En pocas palabras, el centro de atención del narrador es la situación del hombre *actualmente*. Su intención es explicar por qué *hoy* el hombre sufre las miserias, dolores y frustraciones que conoce en la actualidad, y que conoce de la historia de Israel. Su respuesta es clara: movido por ese prurito de "querer ser como dioses", de jugar a Dios. Es consecuencia de su propio orgullo. Repito: no es culpa de una pareja[31], ni se trata de un supuesto contraste de dos estados o condiciones de vida, uno antes y otro después de "la caída".

Una necesaria apostilla: a partir del relato de Gén 2-3 se ha justificado la minusvaloración de la mujer aduciendo, ya sea que Adán fue creado primero; que ella fue creada de una costilla de Adán, es decir que sin él ella no existiría; que es llamada *'isshah* a partir del hombre (*'ish*); o que es seductora de Adán, y además, que es

---

31 Notemos que Gén 3 no emplea el vocablo pecado. Hay que distinguir, además, *el* pecado, que es un estado de vida contrario a aquel propuesto por Dios, de *los* pecados o faltas morales.

maldecida expresamente: "él te dominará" (3,16)[32]. De aquí que en círculos tradicionalistas se siga echando la culpa por muchos de los males morales a la mujer. Argumento favorito es la escena con la serpiente: es seducida por ser débil de carácter, falto de inteligencia, curiosa, moralmente insegura. Eso no hubiera sucedido si la serpiente se hubiese dirigido al varón –se piensa. Él es seducido por ella por sus artes y mañas sensuales –se afirma. Conocida es la asociación de la mujer con los pecados relacionados a la sexualidad (el pecado de Adán y Eva es popularmente interpretado en términos de sexualidad). Como hemos visto, nada de esto tiene sustento en una lectura atenta e informada de Génesis.

"El texto de los caps. 2-3 presenta una *narración* –nos recuerda von Rad–. No es doctrina (al menos no en sentido directo), sino más bien narra un relato, una parte de un camino viajado"[33]. No es, por tanto, un reportaje histórico de hechos. Concretamente, ese "camino viajado" es aquel vivido por el pueblo de Israel que desembocó, primero en la pérdida del reino de norte, Israel, a manos de los asirios (721 a.C.), y luego en la caída del reino del sur, Judá, y el resultante exilio babilónico, pasando a través de una serie de fracasos anteriores. El que sea una narración, advirtió von Rad, "no significa que no pretendía a todo lo largo reportar *la actualidad*"[34].

---

32 En esta línea Tomás de Aquino fundamentó teológicamente la inferioridad de la mujer en su *Summa Theologica* I, q.92, a.3. Ya antes esa opinión la expresó reiteradas veces san Agustín, que tuvo gran influencia en el pensamiento cristiano occidental. Esa visión machista se ha seguido manteniendo hasta hoy en los sectores tradicionalistas. Una visión negativa se encuentra también en la Biblia en la literatura sapiencial, por influencia griega (platónica), p. ej. en Qoh 7,27-29, y en los escritos cristianos bajo fuerte influjo igualmente griego, como las cartas deuteropaulinas y las Pastorales, p. ej. en 1Tim 2,11-15. La influencia filosófica y cultural es evidente –que nada tiene que ver con la Revelación, además de ser contradicha por muchos otros textos de alta valoración de la mujer (Judit, Ruth, Ester; Jesús mismo).

33 G. von Rad, *Genesis,* 75.

34 *Ob. cit,* 75 (énfasis mío).

No sólo eso. El relato está diciendo que es integral a la vida humana misma ser libres y falibles, capaces de ignorar o incluso de desobedecer a Dios, marcados además por las experiencias del dolor, el trabajo, y la muerte misma. Es un relato que nos confronta con la fragilidad y la falibilidad humana, es decir con sus límites[35]. El hombre lleva a su vez dentro de sí un profundo deseo de traspasar sus limitaciones, hasta controlar la vida misma como su dueño y señor absoluto. Dicho con otras palabras, el relato nos recuerda que el hombre es hecho por Dios y vive gracias a su ánimo vital, pero no es Dios ni lo será, y su felicidad es inseparable del reconocimiento de estas limitaciones viviendo según la Ley del Creador, respetando el árbol del "conocimiento de lo bueno y lo malo". No es, por tanto, como ya advertimos antes, un relato del pasado, sino una reflexión y un cuestionamiento del presente del autor *para el futuro*. No sólo explica con su relato mitológico el origen de las desgracias y miserias humanas, sino que invita a recuperar la *armonía* con Dios, con la naturaleza, con la sociedad y consigo mismo.

A modo de resumen, escuchemos al profeta Miqueas: "Se te ha declarado, hombre, lo que es bueno, lo que Yahvéh reclama de ti: tan sólo practicar la equidad, amar la piedad y caminar humildemente con tu Dios" (6,8).

.... Y LOS EXPULSÓ DEL PARAÍSO

El "castigo" por haber comido del árbol, en 3,16-19, es el desenlace del relato. Es de carácter etiológico, es decir, ofrece una explicación de las penurias y dificultades que tanto la mujer como el hombre encuentran en la vida: dolores de embarazo y de parto, dominación por parte del varón, penurias en el trabajo para asegurarse el sustento.

---

35 M. P. Hogan, *The Biblical vision of the human person*, Frankfurt/M. 1994, 109s.

No se trata de castigos en sentido estricto –no se habla tampoco de pecado– sino de juicios divinos, formulados como maldiciones. Una maldición es diferente de un castigo. Son sentencias de las consecuencias de la trasgresión del mandato divino de no pretender jugar a Dios. Así las entiende el narrador.

La muerte no es castigo; desde el inicio el hombre está destinado a volver al polvo. La advertencia que *"el día* que coman del fruto morirán"*, no debe entenderse literalmente en el sentido de ese día calendario. De hecho, no sucedió. Difícilmente el narrador yavista osaría darle la razón a la serpiente en contra de Dios: "de ninguna manera morirán" (3,4). Valga advertir que no se trata de una suerte de muerte "espiritual", como es frecuente afirmar, una idea (griega) completamente ajena al pensamiento hebreo. Es la muerte biológica (*mot*) de la que se habla en el texto; ni más ni menos. Como en otros pasajes, la expresión "el día que (*beyom*)..." (2,4; 5,1s; Ex 6,28; 10,28; etc.) equivale a decir "a partir de este momento" –te asechará la muerte[36], resaltando así su fragilidad y vulnerabilidad. No significa que recién entonces será mortal, como ya hemos visto.

Ya hemos visto anteriormente que, contrario a lo que tradicionalmente se afirma[37], la sentencia en 3,19, "polvo eres, y al polvo retornarás", no es un castigo divino. Se pronuncia en relación a la duración de las penurias en el trabajo, no al hecho de la muerte: *"hasta que* vuelvas al suelo (del que fuiste creado)". En sí misma, esa frase no hace más que recordar la realidad de la creación misma del hombre: fue creado mortal, *"porque* de él (el limo de la tierra) fuiste tomado..., polvo eres..." (v.19b). En ningún momento siquiera se insinúa que el hombre habría sido inmortal. Al contrario, en 3,22 oímos a Dios decir en su soliloquio: "¡cuidado, no alargue (el

---

36 C. Westermann, *Genesis,* 305s.
37 El postulado de la inmortalidad no era nuevo; se encuentra ya en el AT, p. ej. en Sir 33,13; y también en la pluma de san Pablo, p. ej. en Rom 5,12; 6,23. Se trata de uno de los anhelos más profundos del hombre en todas las culturas.

hombre) su mano y tome también del árbol de la vida y comiendo de él viva para siempre!"[38].

Unas palabras sobre la sentencia divina en 3,15, que es uno de los versículos más conocidos y citados: "Pondré enemistad entre ti y la mujer, entre tu descendencia (*zera'*) y su descendencia. Él (*hu'*) te pisará la cabeza mientras tú acechas su talón". La serpiente representa la amenaza a la vida, como la mujer representa a la dadora de la vida (3,20). El refrán se refería al hecho de que la vida humana, representada por la mujer, está sujeta a amenazas fatales, representadas por "el más astuto de los animales" (3,1)[39]. La parte vulnerable de la serpiente es su cabeza, y frente a la serpiente la parte vulnerable del hombre es el talón. Eso se sabía de la vida real. Este pasaje apunta a un estado latente de adversidad ("pondré enemistad..."). La tentación de endiosarse acecha al hombre a lo largo del tiempo, de las descendencias –no a una sola persona o una única descendencia. Posteriormente este versículo fue interpretado en el cristianismo como una profecía mesiánica: la mujer sería María, y "su descendencia" que pisará la cabeza de la serpiente sería el mesías[40].

El castigo para la mujer es uno solo, en los dos aspectos característicos de su ser mujer: su maternidad y su ser esposa. "Tantas haré tus fatigas cuantos sean tus embarazos: con dolor parirás los hijos. Hacia tu marido irá tu apetencia, y él te dominará" (v.16). Es notorio que el autor considere la subyugación de la mujer como

---

38 Es sorprendente la súbita sugerencia de que estaba prohibido comer del árbol de la vida, que haría que "comiendo de él viva para siempre", pues nada de eso hemos oído anteriormente. Lo más probable es que se trate de una de tantas glosas que se introdujeron con el tiempo en el texto.

39 K. Gutbrod, *Ein Gang durch die biblische Urgeschichte,* Stuttgart 1968, 55.

40 El texto hebreo deja abierta una notoria ambigüedad, pues el pronombre del personaje que pisa la cabeza de la serpiente (*hu'*), puede ser masculino o neutro. Como sea, no es femenino. Igual se lee en la traducción griega (LXX). Queda pues por adivinar a quién se refería ese pronombre, razón por la que se ha prestado a especulaciones.

algo anormal, como una suerte de castigo divino. Como dice Claus Westermann, aquello en lo que afirma su dignidad y honor la mujer (su maternidad, y su ser esposa), es precisamente aquello en lo que padece dolor y humillación; lo que debería ser una bendición, tiene un sabor a maldición[41].

Lo que la mujer buscará del hombre es ser protegida y defendida, lo que tiene su precio en términos de sumisión; no es referencia a la sexualidad. No se trata de una "apetencia" sexual, traducción con la que se justifica la visión negativa de la sexualidad y también de la mujer[42]. Por cierto, el texto bíblico, como vimos antes, no establece una suerte de ley divina por la cual la mujer estará sujeta al varón, sino que es una constatación que hace el autor en su cultura. Dicho más claramente, el escritor explica lo que él conoce de su tiempo sobre la condición de la mujer frente al varón. Distinta sería la constatación en una sociedad matriarcal. Por tanto, es ilícito apelar a este versículo para seguir imponiendo la sujeción de la mujer al varón, oponiéndose a la igualdad de derechos de género.

El castigo para el hombre se centra en lo más distintivo suyo: el trabajo. "Maldito sea el suelo por tu causa: con fatiga sacarás de él el alimento todos los días de tu vida. Espinas y abrojos te producirá, y comerás la hierba del campo. Con el sudor de tu rostro comerás el pan, hasta que vuelvas al suelo" (v.17-19). Hemos visto que el trabajo como tal es parte integral de la realización y dignificación del hombre como persona humana. Dios mismo trabaja. Dios puso al hombre en el jardín en Edén "para que lo labrase y cuidase" (2,15)[43].

---

41 *Genesis,* 358.

42 Por un lado, en contraste con la del varón, la sexualidad de la mujer estaba muy controlada en el mundo hebreo. Baste ver las leyes en Levítico. Por otro lado, si de apetencia o atractivo sexual se tratara, lo más natural es que se refiriese más bien al varón, atraído por la mujer. Lea el Cantar de cantares.

43 Es notorio el vocablo usado para designar el trabajo del hombre: 'abad, que denota una actitud de servicio. 'abodah es el término común para referirse al trabajo. De la misma raíz verbal se deriva el vocablo servidor, 'ebed. El trabajo

El trabajo en sí no es, pues, un castigo. La maldición consiste más bien en el cambio de "actitud" del suelo, que pasa a serle hostil, produce "espinas y abrojos" (3,18); para obtener sus alimentos tendrá que luchar contra el suelo que ya no es su aliado sino su adversario. En lugar de la armonía inicial entre el polvo de la tierra y el hombre, hecho de ella, ahora se ha establecido una hostilidad.

Lo maldecido no es la tierra como tal (*'eretz*) ni los frutos, ni el trabajo, ni tampoco el hombre, sino la tierra cultivable ('adamah) fuera del Edén que para el hombre se muestra agreste, no se deja fácilmente domesticar por él, por lo que da sus frutos sólo con la laboriosidad del hombre. Es la relación entre el hombre y el suelo, relación en la cual el hombre depende del suelo, pues de allí proviene su sustento. Por eso la maldición afecta el aspecto laboral: "maldito será el suelo (*'adamah*) ... espinos y abrojos te producirá ...". Entre los castigos a Caín por matar a su hermano Dios le anuncia: "Cuando labres el suelo, no te volverá a dar sus frutos" (Gén 4,12). Similar maldición anticipa Yahvéh a los israelitas en Lev 26,18-20 si se rebelan contra él: "Quebrantaré su orgullosa fuerza y haré su cielo como hierro y su tierra como bronce. Sus fuerzas se consumirán en vano, pues su suelo no dará sus productos ni el árbol del campo sus frutos".

No se trata de decretos divinos a perpetuidad, que determinen que el parto debe darse con dolores y está prohibido aliviarlos, y que el trabajo del suelo tiene que ser con fatigas y está prohibido recurrir a maquinarias como las que conocemos. Además, el dolor es un mal y, como todo mal –a menos que estemos ante un dios sádico–, debe ser erradicado.

---

del hombre se entiende en actitud de servicio, contrapuesto a la explotación impositiva. Sugiere una relación armoniosa y pacífica entre el hombre y la creación.

No se mencionan otras penurias o dolores naturales en la vida. No por eso se puede asumir gratuitamente que antes no las habría. Aquellas mencionadas no pretenden ser un listado completo, sino que son representativas.

Se trata de lo más característico en la vida de la mujer y del varón, como son la maternidad y el trabajo para el sustento. El autor los describe tal como él los conoce y comprende: el parto es con dolores y la obtención de alimentos es con penurias. El autor propone con esas líneas una *explicación* de los dolores que en esas faenas tiene que soportar el hombre. De ser un castigo, quedarían exentas las mujeres que no dan a luz y los varones que no trabajan en el campo (también las mujeres que trabajan en el campo).

El hombre será castigado siendo expulsado del Edén, pero el suelo es maldecido –¡no castigado! Castigo se relaciona con un acto de trasgresión, por tanto, si es *justo*, se imputa solamente al trasgresor. Maldición (mencionada en v.14.17), una idea que se origina en la mentalidad mágica, contrario de bendición, se refiere a amenazas a la vida.

El relato concluye con la expulsión del Edén. Expulsados porque se puede estar en el jardín y disfrutar de él solamente bajo la condición de respetar, en total armonía con la voluntad de Dios[44], la prohibición de comer del árbol del "conocimiento de lo bueno y lo malo". No teniendo cabida en ese jardín por la autonomía asumida al querer "ser como dioses", con lo que se rompió la armonía en la creación, Adán y Eva son expulsados y por tanto desprotegidos y expuestos a las amenazas del mundo (tienen ahora que arroparse). El deseo de endiosarse incluye el deseo de la inmortalidad. Por eso, expulsados del jardín, son privados del "árbol de la vida" –lo que, como dice von Rad, representa pictóricamente el anhelo del hombre

---

44 Según el tárgum Ps-Jonatán, Dios plantó "un jardín en Edén *para los justos*".

por la inmortalidad: "cuidado –dice Dios–, no alargue (el hombre) su mano y tome también del árbol de la vida y comiendo de él viva para siempre" (3,22)[45].

En resumen, el relato de Gén 3 presenta de forma narrativa, casi parabólica, lo que ha sido buena parte de la historia de Israel. Sus miserias se deben a la ruptura de la Alianza, que reiteradamente se achaca a la idolatría... Entre los dones de la Alianza estaba en primer plano la Ley, representada en Génesis por el árbol del conocimiento de lo bueno y lo malo, que marca los límites de la libertad, para que reine la armonía –prohibición de hacerse ídolos, de romper la armonía con la creación y los conciudadanos (a menudo calificados como "hermanos" en el Pentateuco).

EN POCAS PALABRAS...

Gén 2-3 ha puesto el acento en el respeto a Dios y su voluntad salvífica, representada por el árbol del conocimiento en el centro del jardín. No en vano sitúa el texto el jardín en Edén, "al oriente", en la Mesopotamia (2,8.10-14), tradicionalmente asociada a la sabiduría, pero también región que dominó sobre Israel con los asirios, y luego sobre Judá con los babilonios. El respeto a la ley de Dios se manifiesta respetando el árbol del "conocimiento de lo bueno y lo malo"; comer de él es trasgredirla, y por tanto hacerse merecedor de la muerte, como advierte Deut 30,15-19. La tragedia más dramática es presentada en el relato a continuación, en el fratricidio, el asesinato de Abel a manos de su hermano. La moraleja para el lector de

---

45 *Genesis,* 97. Exegetas sostenemos que los v.22 y 24 (igual que en 2,9), que refieren al árbol de vida, han sido introducidos en el texto posteriormente; no eran originales. Prueba de ello es que interrumpen la secuencia, además que introducen un elemento novedoso, solo anticipado en 2,9. Éstos tienen, además, un fuerte saber mitológico. Se trata de un conocido mito de plantas o frutos de "la vida", que preservan de la muerte.

antaño era clara: no ha sido Dios quien causó sus tragedias, como era común pensar en las religiones del entorno[46], sino que ellos mismos son responsables. Ha sido el comer del fruto prohibido, el haber jugado a Dios, lo que ha sido la causa de sus desgracias. Expulsados del jardín en Edén se encuentran con la cruda realidad de la vida que conocemos: penurias en la maternidad, penurias en el trabajo, sudor para hacer que la tierra fructifique, y el hecho de ser frágil y limitada en años la vida humana, entre otras realidades. El propósito de esta descripción en Génesis no es simplemente informativo, sino pedagógico, o más exactamente, es un reto. En efecto, un lado de la moneda es el de la crítica, el otro es el reto de retomar la fidelidad a Dios para aproximarse a la vida en el "jardín en Edén". El castigo no es definitivo ni invariable. Por eso en el Nuevo Testamento se plantea la redención y la opción por una vida nueva, un pasar a ser "creatura nueva" (2Cor 5,17; Gál 6,15).

LA EXISTENCIA ARMONIOSA

La existencia auténtica, de la que hablé en la introducción, se da en un clima de armonía, no de discordancia. He optado por la categoría de la armonía[47] porque es un concepto y una experiencia que, por un lado, expresa en términos nuestros la idea fundamental semítica del *shalom*, la paz, y respeta los dos relatos de la creación, y, por otro lado, porque en este mundo globalizado debemos ampliar nuestros horizontes e incluir a las personas de otras culturas y religiones donde el concepto de armonía es fundamental, particularmente en las más antiguas, del lejano Oriente, como el mundo hindú,

---

46 Así piensan aún hoy muchas personas. La tragedia, la desgracia, el mal, no son voluntad de Dios. De ser así, sería un personaje tremendamente injusto, inclusive sádico. No hay lugar para fatalismos, por tanto tampoco para la resignación.

47 A. Nolan, *Jesús, hoy,* Santander 2007, 181s, expresamente menciona la armonía como una categoría para hablar de Dios, pero prefiere hablar de unicidad –vea su cap. 13.

pero también el mundo de los ateos y agnósticos que consideran que el culmen de la bonanza se da en la armonía universal[48].

Sabemos que la paz, *shalom*, es una vivencia fundamental para el hebreo. Es lo que anhela Isaías: "convertir las espadas en arados y las lanzas en hoces" (2,4); que el lobo paste con el cordero, el leopardo se recueste con el cabrito, y el león y el buey coman juntos paja (11,6s). El *shalom* no es pasivo, ausencia de conflictos, sino dinámico y constructivamente relacional. Es la esperanza asociada con el mesianismo, y proyectada a tiempos escatológicos.

Los autores de los relatos en Génesis proyectaron hacia los orígenes mismos su idea del hombre, tanto de su origen como de su naturaleza y su razón de ser (que someta todo y se multipliquen; que viva en armonía con la naturaleza pero no coma del árbol del conocimiento). La proyección de su idea del hombre a tiempos primordiales, significa que la considera universal. Allí se expresa sintéticamente su idea del mundo, del ser humano y de Dios. La historia será una grandiosa aventura llena de vicisitudes, que el hombre debe recorrer, pero su realización plena sólo la obtendrá si se atiene a la Alianza con Dios, respetando la relación creatura-Creador; solamente así es posible la armonía y su existencia será auténtica. En efecto, la felicidad del hombre se preserva cuando hay armonía y esa supone dejar a Dios ser dios. Se pierde cuando entra el deseo de jugar a Dios…. Es decir, el hombre se realiza plenamente como humano, como creatura de Dios, cuando vive como tal, lo que significa que deja a Dios ser dios.

Ahora bien, los dos relatos de creación, cada uno con sus particulares acentuaciones y formas literarias, proponen vivir una existencia auténtica, que se da vivida constructivamente, por tanto con

---

48 La armonía universal es un concepto fundamental en las religiones y filosofías orientales. El Budismo rehúsa hablar de "Dios", porque no es persona; habla más bien de un orden eterno.

responsabilidad. Esto supone asegurar la armonía, que destacan ambos relatos de creación de maneras diferentes. Gén 1 lo presenta como el dominio sobre la tierra y la creación, dominio que, contrario a la tiranía, es cuidado y protección. Gén 2-3 lo presenta mediante el símbolo del árbol del conocimiento de lo bueno y lo malo, que representa la Ley de Dios. Mientras se observe el cuidado de la creación y la Ley de Dios, será posible la armonía que a su vez promueva el desarrollo del hombre como ser *humano*, por tanto su existencia auténtica.

La preservación de la dignidad de la humanidad está en directa correlación a su capacidad y decisión de cuidar, preservar y defender la creación en la total *armonía* entre la naturaleza, el hombre, y Dios. Esa armonía, garante del *shalom*[49], tiene que ser para ello holística, es decir integral, no excluyente ni devastadora. Por eso es unificadora[50].

Hay una correlación e interdependencia entre el hombre y la naturaleza. Él ha sido hecho de la tierra, por lo que vivir corporalmente significa vivir en relación con la naturaleza. De ella se alimenta. El desequilibrio causado a la naturaleza repercute en el hombre, como sabemos hoy más que nunca. De aquí que haya una responsabilidad ecológica para la vida del hombre. Esto cuestiona la ideología del "crecimiento", asociada a la ideología del "desarrollo", ambas esencialmente mercantilistas, que anteponen el beneficio económico al bienestar humano. Son ideologías afines que entienden "progreso" en términos de abundancia de bienes materiales producidos a cualquier costo, relegando al orden de los discursos "políticamente correctos" el bienestar de la humanidad en términos de salud, educación, *habitat*. Confunden realización humana con bonanza material. Su único interés es el poder que da el poseer, esa codicia que

---

49 Para una visión desde esta perspectiva remito al libro de B. Häring, *Shalom*, Barcelona 1970, cap. 1.
50 A. Nolan, *ob. cit.*, cap. 15 y 16.

lleva a las guerras, los conflictos sociales y las crisis financieras con las consecuentes desesperanzas y angustias. Es una suerte de suicidio....

APOSTILLA SOBRE LA DIGNIDAD HUMANA

Desde hace muchos siglos, la dignidad humana es una dimensión que, conforme más reconocemos, más reclamamos, como dan fe la cantidad de ONGs dedicadas a ello y está claramente expuesta en la Declaración Universal de los Derechos Humanos.

En el mundo bíblico no se conoce el concepto de "dignidad humana". Es un concepto moderno. Lo más cercano dentro de su campo semántico es el honor, la gloria, que son conceptos asociados a la posición en la sociedad. Cuando se habla de la dignidad humana según la Biblia, se recurre a la expresión "imagen y semejanza" de Dios[51].

Si todo ser humano es "imagen de Dios", entonces lo es también un bebe, un cojo, un mongoloide, un leproso, un homosexual... Todos tienen igual "dignidad humana", aquella que proviene de su ser humano, y como tal, "imagen de" el Creador[52]. El comportamiento que desdice la condición de "imagen de Dios" es calificado como "pecado". Esa dignidad es más visible en la persona de Jesucristo, imagen visible del Dios invisible (Col 1,15; Jn), paradigma de la

---

51 El anuario *Jahrbuch für biblische Theologie* del año 2000 se dedicó a la dignidad humana (n.15: *Menschenwürde*). K. Koch le prestó especial atención al tema en su estudio titulado *Imago Dei. Die Würde des Menschen im Biblischen Text* (Gotinga 2000; lamentablemente no estuvo a mi alcance). Cf. también C. Frevel, "Gottesbildlichkeit und Menschenwürde", en A. Wagner, ed., *Anthropologische Aufbrüche*, Gotinga 2009, 255-274.

52 T. Krüger, "Wie der Wind verflieght meine Würde... [Hiob 30,15]. Elend und Würde des Menschen in alttestamentliche Sicht", en E. Herms, ed., *Menschenbild und Menschenwürde,* Gütersloh 2001 (271-287), 280.

existencia auténtica. En lenguaje y convicción neotestamentarios, era privilegio de los cristianos ser tenidos como partícipes de esa imagen de Dios. Hoy, sin embargo, más conscientes de la universalidad y multiplicidad de manifestaciones religiosas, no podemos ser exclusivistas, es decir sostener que la visión cristológica es la única válida.

Como sea, los creyentes fundamentamos la dignidad humana a partir de la afirmación de Gén 1, el ser "imagen y semejanza" del Creador. Sin embargo, recordemos que Gén 1 la entiende no en sentido ontológico (se *es* imagen en sí mismo, p. ej. apuntando al alma o al intelecto), sino en sentido dinámico (se es en la medida que se *actúa* como Dios en relación a la creación, es decir relacional y funcionalmente). Por eso, el argumento ontológico no puede basarse en Gén 1 sin introducirle significados al texto que están ausentes –sería eiségesis (introduce significados extraños), no exégesis. Lo que sí avala el texto es su universalidad: nadie queda *ipso facto* excluido por alguna razón endógena, externa (clase social, condición física y de salud, estado mental, género). A éste, Dios lo bendijo y, como una suerte de representante suyo, le encomendó la creación. He ahí su dignidad única y suprema. Pero.... esa dignidad es *inseparable de la responsabilidad* que la reviste. Sólo el hombre puede ser responsable por la Creación, por el hecho de ser libre y poder decidir como tal en relación a su actuar. Afirma o niega su dignidad en su libre actuar frente a la Creación. Como dijo Walter Gross tras su pormenorizado estudio de Gén 1, imagen de Dios "describe al hombre menos en su relación con Dios que, más bien, en su relación con todos los seres vivientes que están bajo él, resultante de su relación con Dios por ser su creador"[53].

---

53 W. Gross, "Statue oder Ebenbild Gottes?", *Jahrbuch für Biblische Theologie* n.15(2000), 32.

Posteriormente, por la influencia griega, la identidad del hombre se interpretó en términos del alma y su inmortalidad, una interpretación ontológica que se impuso en la teología occidental. No es funcional, como en el hebreo, sino cualitativa. Y, por supuesto, trayendo a colación el relato de Gén 3 se la relaciona con el pecado. A causa del pecado el hombre habría perdido su calidad de imagen de Dios, y con ello su vida bienaventurada por la cual ahora tiene que luchar para asegurarla en la vida *post mortem*. Se introdujo así un dualismo que menosprecia el cuerpo y ensalza el alma, alimentado por el concepto platónico de imagen (*eikôn*). Con ello, la gloria o dignidad de la persona se redujo a un asunto del espíritu, del alma, y se afirmó que se perdió por el pecado de Adán, algo que también Pablo sostenía en Rom 3,23 y 5,12; 8,29 (ver gr.Bar 4,16; Gen.R 11s; Vida de Adán y Eva 20). El cristianismo por su parte afirmará, ya en Col 3,10 y Ef 4,24, que el hombre recupera su calidad de imagen de Dios al revestirse de la nueva condición humana por la fe en Jesucristo.... pero es entendida como una calidad de orden escatológico. Es obvia la diferencia antropológica en las lecturas judía y cristiana de Gén 1,26s. La universalidad original de la dignidad humana, se convierte ahora en privilegio de unos cuantos y esto en función netamente cristológica y escatológica.

Como sea, la dignidad del hombre es inseparable de su condición de creatura de Dios, y como tal tiene una dignidad única, como bien resalta Gén 1. Esta relación personal no depende de acciones o decisiones del hombre, sino de la gratuidad vivificadora de Dios. No en vano pesa el calificativo de Dios como padre de todos, y de los hombres como hijos de Dios[54]. Y se es hijo de Dios independientemente de condición social, sexual, sanitaria, mental, de estatus, o de sexo. Es lo que proclama el Salmo 8 a viva voz: "Lo has hecho poco menor que los ángeles y lo coronaste de gloria y de honra. Lo hiciste

---

54 Cf. esp. P. Müller, "Gottes Kinder. Zur Metaphorik der Gotteskindschaft im Neuen Testament", en *Jahrbuch für Biblische Theologie* n.17(2002), 141-161, esp. 150-156.

señorear sobre las obras de tus manos; todo lo pusiste debajo de sus pies" (v.5s). El hombre podrá darle la espalda a Dios, pero eso no significa que se libere de su condición de creatura y de hijo de Dios –¡como el hijo pródigo! "La relación entre Creador y creatura es irrevocable, indestructible, e irremplazable"[55]. Todo cuestionamiento de esta relación pone en tela de juicio la dignidad de la persona.

En resumen, antaño no se preguntaba de dónde o cómo se originó el mundo, porque era tenido como una certeza: de Dios. Con esta convicción narraron Gén 1-3, no para explicar el cómo –por eso podían poner dos relatos distintos uno junto al otro– sino para responder al porqué: por qué la correlación entre las creaturas del mundo y el sábado (Gén 1), y por qué la fragilidad del hombre, su necesidad de sociedad, sus sufrimientos (Gén 2-3). Sus explicaciones, como era natural en esos tiempos, eran en clave netamente religiosa, de fe.

Recién cuando el hombre, con mente inquisitiva, se planteó la pregunta por el origen, se empezó a distinguir entre conocimiento y creencia, entre filosofía y religión, entre ciencia y fe. Anteriormente no se hacían estas distinciones.

En los dos relatos de creación, el centro de atención es la relación entre Dios y el hombre, no la creación como tal. En ambos, Dios lo es de la vida y del orden, que se sostienen en sus leyes (sábado; árbol del conocimiento). En Gén 1 se trata de la dignidad del hombre, hecho "a imagen" del Creador. Todo lo creado "estaba muy bien". ¿Por qué no lo está ahora? El reto es recuperar y asegurar la dignidad humana. En Gén 2-3 el narrador reflexiona sobre la causa de las desgracias: la desobediencia de la Ley, asumiendo el papel de juez supremo sobre lo bueno y lo malo. Es la soberbia, el endiosamiento. Este es el pecado "original", más correctamente, es el origen del

---

55 C. Frevel, "Gottesbildlichkeit", 273.

pecado, de donde se originan las tragedias que recuerdan el caos y las tinieblas en Gén 1,1.

Gén 1 es paradigma para el futuro, en que el hombre es icono de Dios. Gén 2-3 mira al pasado; explica el porqué del presente en el exilio y otras desgracias.

Valga una necesaria reiteración: la lectura *descontextualizada* de los relatos de Génesis es responsable de aplicaciones anti-históricas de ciertos textos clave. Por ejemplo la orden "crezcan y multiplíquense" en 1,28, entendida por muchos como mandato eterno e invariable, con las aplicaciones hoy al tema de la procreación; la idea que la mujer fue creada fue para ser esposa del varón y que el comentario del narrador en 2,24 ("deja a su padre... se une a su mujer...") establece el matrimonio y la monogamia. Otro tanto hay que decir del concepto de "pecado original", su causa y sus consecuencias, con la subyacente suposición de un estado paradisíaco anterior. Es necesario nunca olvidar que estamos ante narraciones de carácter mitológico, no crónicas o reportajes (género literario), y que corresponden a las experiencias de vida y a la particular idea pre-científica del mundo de sus autores. No es lícito, además, aislar determinados pasajes bíblicos y absolutizarlos, ignorando los contextos, empezando por el literario, lo que incluye otros tantos pasajes que deben ser tenidos igualmente en cuenta.

V.

LA HISTORIA CONTINÚA

Empecemos por una necesaria aclaración. Tradicionalmente, al hablar de la creación, en su apartado bíblico la teología dogmática se centra en los tres primeros capítulos de Génesis. Sin embargo, como advertimos al inicio, Gén 1-11 es un todo; la creación es parte de los orígenes y no se entiende correctamente ignorando Gén 4-11. Al ignorarlo, se forjó una enseñanza que reemplazó lo que la Biblia dice sobre los orígenes, que abarca los once primeros capítulos de Génesis[1]. Cuando se separaron los dos relatos, se separaron las responsabilidades –ante Dios y ante la comunidad. Sólo tomando en cuenta todos los capítulos se comprenderá el relato bíblico sobre los orígenes.

No se trata solamente de la relación del hombre con Dios, sino de éste con el mundo y la sociedad. Desde el inicio se destaca que el ser humano es esencialmente social. Por lo mismo, pecado no es algo

---

1 C. Westermann, *Creation*, Londres 1971, 17. Más detalladamente, A. Schüle, *Der Prolog der hebräischen Bibel*, Zürich 2006. Con esa visión se brincaba de Adán a Cristo; de Eva a María; del pecado a la redención, de la caída a la salvación.

meramente individual ni solamente cara a Dios, sino que es actitudi-
nal e involucra su vida en el mundo. Pecado es traspasar los límites
dentro de los cuales el hombre vivirá en armonía en el mundo y
con sus semejantes. La perspectiva no es sólo religiosa, pues incluye las dimensiones sociales, políticas, económicas. No se habla por
eso de pecado sino de bendición y maldición. Entre estos dos ejes,
bendición y maldición, se desenvuelven los relatos en Génesis. Esta
visión del hombre difiere de la tradicional en la teología cristiana[2].

En el recorrido de los capítulos siguientes de Génesis, seré mucho más breve, centrando la atención en el tema que nos ocupa: la
imagen del hombre que la tradición invita a contemplar y sobre la
cual reflexionar, pues las diversas conductas reflejan las de la humanidad a lo largo de la historia.

EL COLMO DE LOS DIOSES

En el relato bíblico de los orígenes, la respuesta a la pregunta por
el hombre incluye la soberbia humana que lo lleva a querer arrogarse el papel de Dios. Este es el tema de Gén 3, que *continúa* a modo
de ilustración en el relato de los hijos, Caín y Abel[3]. La estructura de
los dos relatos es semejante: transgresión –enjuiciamiento (pregunta "¿dónde...?")– consecuencias (expulsión y vulnerabilidad). La
pregunta "¿Dónde está tu hermano?" recuerda aquella en el relato

---

2 Esto es evidente desde el momento en que la teología prestó especial atención
   al hombre como tal, hasta desarrollar una antropología teológica. Más puntual-
   mente se reveló la enorme diferencia con la concepción tradicional (metafísica
   y religiosa) del hombre en las reacciones ante la "teología de la liberación".

3 En Gén 4 encontramos yuxtapuestas dos tradiciones sobre Caín –centro de
   atención en ambas– de estilos muy diferentes: v.1-16 sobre el homicidio, y
   v.17-26 sobre la descendencia. La pregunta por el origen de la madre de Henoc,
   el hijo de Caín (v.17), es ilegítima porque estamos ante un relato *independiente*
   de origen mitológico, en el que personajes aparecen y desaparecen según la
   necesidad del relato.

anterior, también en boca de Dios: "¿Dónde estás?" dirigida a Adán (3,9). Él es responsable ante Dios y ante su hermano. Dicho de otro modo, no se puede separar la responsabilidad ante Dios de la responsabilidad ante la comunidad humana (el hermano).

Gén 3 y 4 se complementan, presentan la misma actitud del hombre, una frente a Dios y la otra frente a su hermano, actitud de soberbia, causa fundamental de sus desgracias. En ambos relatos el hombre hace uso de su libertad para pretender imponerse sobre el universo, inclusive sobre sus hermanos. "¿Acaso soy guardián de mi hermano?" es la pregunta clave y reveladora en el siguiente relato sobre la humanidad. Si se le encomendó al hombre cuidar la creación, ese encargo divino incluía con mayor razón cuidar de su semejante, que es su hermano (Abel es calificado como el "hermano" de Caín: v.2.8.9.10.11). Por eso, responder a la pregunta "¿quién es el hombre?" incluye Gén 4[4]. Este es el hombre real, el que se ha ido revelando como lo que es a lo largo de la historia. Son relatos que captan en esencia las experiencias personales y las históricas como pueblo. ¿Cuántas veces, de maneras muy variadas, actuamos como Caín?

En Gén 4 el problema no es el de simples desigualdades entre los hermanos, sino las desigualdades *injustas*. Desde el inicio Caín y Abel son distintos: nacieron en momentos distintos, por tanto uno de ellos, Caín, es el primogénito, con todos los derechos inherentes a ello; sus oficios son distintos: Abel es pastor, Caín agricultor[5]; más llevadera es la vida del primero que la del segundo. Las ofrendas, que provienen de sus oficios, son aceptadas de modo diferenciado

---

4   J. von Lüpke, "Ebenbild im Widerspruch", en J. van Oorschot (ed.), *Der Mensch als Thema theologischer Anthropologie*, Neukirchen 2010, esp. 119-141.

5   Estas diferencias probablemente representan a las regiones de Israel: el norte fundamentalmente agrícola, el sur ganadero.

por Dios: vio favorablemente las de Abel, no las de Caín (v.4)[6]. El texto no menciona razón alguna para esa diferenciación. Tan sólo sugiere que es porque Caín no actuaba bien, pero no da más explicación: "Si hicieras lo bueno, ¿no serías enaltecido?" (v.7). Y le advierte: "si no obras bien, a la puerta está el pecado acechando, pero lo tienes que dominar". El texto no sugiere siquiera que hubiera un conflicto entre los hermanos; nada indica que Abel de alguna manera hubiera ofendido a su hermano. La única razón plausible es la libertad de Dios, por un lado, y la envidia de Caín, por el otro. Dios no tiene obligación alguna con el hombre, ni puede ser comprado con la religión. Nos recuerda el drama de Job.

A diferencia de Job, Caín no cuestiona la justicia divina. No se dirige a Dios, sino a su hermano: "salgamos al campo". En lugar de reaccionar contra Dios, que hacía las diferencias entre los hermanos, se abalanza contra su hermano y le quita la vida, que es el don de Dios. Es decir, se ataca contra Dios quitando la vida a su hermano. Le arrebata a Dios el derecho sobre la vida de su semejante, por eso Dios le advierte: "la sangre de tu hermano clama *a mí* desde la tierra (*'adamah*)" (v.10). Dios es el abogado del asesinado, que empieza preguntando "¿Dónde está tu hermano?", a lo que Caín replica con otra pregunta "¿Acaso soy guardián de mi hermano?". Tras la prueba del delito ("la sangra clama") viene la sentencia divina. Caín había traspasado el límite de su libertad: había privado de ella a su semejante.

Caín, en quien está centrada la atención desde el inicio (Dios dialoga sólo con él), ha reaccionado como antes Eva y Adán: en pleno uso de su libertad ha determinado "ser como un dios", dominar imponiéndose sobre quien le arrebate el derecho de superioridad por

---

6   La pregunta, antaño importante, cómo podría Caín saber que su ofrenda era agradable o no a Dios es irrelevante en el relato. Generalmente lo era por la observación de la dirección del humo, o de los movimientos de las aves, o por la manera de consumirse la ofrenda.

su primogenitura. Pero esta vez sucede con violencia destructiva. Él determina qué es bueno y qué es malo –para él. Contra esto reiteradas veces advertirá el profeta de Galilea siglos más tarde ("el que quiera ser el primero/señor...."). No acepta no ser el primero, no ser superior a su hermano; se siente relegado. En lugar de alegrarse de la bienaventuranza de su hermano, se llena de envidia; en lugar de festejar con él la aceptación del Padre, impone una justicia que se arroga. Así, no deja a Dios ser Dios; no acepta que Dios sea bueno gratuitamente: "¿Eres envidioso porque yo soy bueno?" (Mt 20,15). A Caín le recriminó: "¿Por qué andas irritado, y por qué se ha abatido tu rostro?" (v.6). No ve a su hermano como tal, sino como un rival, por lo tanto sujeto a eliminación. Nos recuerda la parábola del padre misericordioso (conocida como "del hijo pródigo"; Lc 15,11-32).

Igual que los primeros padres, Caín y Abel son arquetipos[7]. Caínes han aparecido con demasiada frecuencia en la historia, basta que pensemos en las guerras, en las que se mata a "hermanos", hijos de 'adam. Recordemos que el *deseo* de independencia de Dios por parte de Eva y Adán, no fue calificado como pecado. Este vocablo, sin embargo, se emplea para calificar el crimen de Caín (4,7). Notemos que fue su *actitud* pecadora la que impulsó a Caín a cometer el crimen, no al revés. No fue el fratricidio el que lo convirtió en pecador. Es la dimensión social. La traducción del deseo en acción constituye el pecado: "si no *haces* lo que es bueno, a la puerta está el pecado (*hata'ah*) acechando como fiera...", le advirtió Dios. Es pecado porque afecta al hermano, rompe la armonía establecida por el Creador, y por ende lo separa *de facto* de Dios. Caín confiesa que es una "iniquidad ('*avon*), demasiado grande para soportarla" (v.13).

---

7   El nombre Caín (*kayin*) significa herrero; denota fuerza, brillo. Caín es el padre de los quenitas, una tribu nómada, conocida por vivir en tiendas de campaña, adversaria de los israelitas. Abel, del hebreo *hebel*, significa aliento; designa lo insignificante.

Así lo presenta Sab 10,3: "El criminal iracundo se apartó de ella (la sabiduría) y pereció con su furor fratricida".

Podemos hablar de un "complejo Caín" por cuanto éste se creía por derecho superior a su hermano, y no toleraba que de modo alguno Abel fuera mejor visto y aceptado por Dios, es decir por aquel cuya opinión y apreciación vale más que todas. Es el complejo del que fundamenta el sentido y el valor de su vida en el "qué dirán (o pensarán)". No tolera el éxito, la bonanza, la gloria del otro por encima del propio: es la envidia fatal. Cualquier medio vale con tal de ser "number one". Se ha endiosado frente a los hombres. Ha roto su relación dialogal con Dios y con su hermano. Caín pasa a ser el *homo homini lupus*....

La rivalidad entre Caín y Abel no es otra que la rivalidad entre mal y el bien, a quienes éstos representan[8]. El mensaje de este relato es claro: en el hombre se alberga algo de Caín; se despierta cuando desea jugar a Dios, y se incorpora cuando *de facto* peca contra su semejante imponiéndose como incontestable soberano[9]. Como consecuencia pierde la cercanía de Dios y la participación en la tierra fructífera, además vive temeroso de ser agredido por otras personas.

El destino de Caín es de "vagabundo errante por la tierra", huyendo, escondiéndose, por temor a la venganza (v.14)[10]. Ha perdido la *paz*, al romper la *armonía* en las relaciones en la creación, trata

---

8   Se ha barajado la posibilidad de que Caín y Abel representen la rivalidad entre la vida rural (Abel, pastor) y la vida urbana (Caín, labrador). Israel fue en sus orígenes un pueblo primordialmente campesino, de raíces nómadas, empezando por el padre Abraham.

9   W. Dietrich, "Wo ist dein Bruder?", en H. Donner et al (eds.), *Beiträge zur alttestamentlichen Theologie,* Gotinga 1977, 110.

10   En realidad, en esa etapa inicial de la historia de la humanidad, no existirían otras personas, como tampoco existirían aún otras ciudades. Pero no se trata de un reportaje ni de historia como tal, sino de un relato mítico. El relato está creado en función del mensaje.

de huir de su culpabilidad. Pero Dios no sólo no ejerce una justicia retributiva y no quita la vida a Caín, sino que lo protege de quien quiera matarlo (4,15): Dios no cesa de ser "amigo" del hombre. Es un "no" rotundo a la venganza de sangre, incluso una justicia retributiva, cuando de la vida se trata[11].

En Gén 9,6 se prohíbe expresamente el derramamiento de sangre fundamentado en el hecho de que "a imagen de Dios hizo Él al hombre". La afrenta al uno, es afrenta al otro. Sólo Dios es dueño de la vida: él la dio, a él le pertenece, y sólo él la puede reclamar. Por eso Dios no sólo no le quita la vida a Caín, sino que lo marca para que no sea asesinado por otro: "quienquiera que mate a Caín, lo pagará siete veces" (4,15). Es un pronunciamiento contrario a la ley del talión (ojo por ojo) –cuyo equivalente jurídico hoy es la pena de muerte.

En contraste con Caín, sólo compartiendo en solidaridad, se puede realizar el hombre como humano. Apreciar en el otro la alteridad, en lugar de la rivalidad, es ocasión de enriquecimiento mutuo, y aceptarse uno mismo como *es* (no por lo que pueda o no *tener,* ni pretender ser lo que no se es) hace posible la paz, el *shalom.* Y no solo en las buenas, sino también en las malas, en la salud o la enfermedad, en la riqueza o en la pobreza, como reza el voto matrimonial.

REINICIO DE LA HISTORIA

El capítulo más extenso en el prólogo de Génesis es aquel dedicado al diluvio (cap. 6-8)[12]. En él, el centro de atención es Dios, no el

---

11 Esta actitud de Dios contradice aquella expuesta en mandamientos que estipulan la ejecución, como el caso del adulterio. Vea Ex 21,15ss; 31,14s; 35,2; Dt 21,18ss; etc.

12 El relato actual resulta del tejido de al menos dos tradiciones distintas, la yavista y la sacerdotal. Esto explica las duplicaciones (p. ej. 6,5/6,12; 6,7/6,13;

hombre. El propósito de este relato mitológico[13] es resaltar la magnanimidad de Dios y su voluntad salvífica. Es gracias a la clemencia de Dios por lo que Noé es salvado, no por mérito alguno.

Dios le dice al justo Noé que es "a causa de los hombres (*kol basar*) que la tierra se ha llenado de violencia (*jamas*)" (6,13). Los pensamientos del hombre, dice el texto, "eran pura maldad de continuo" (6,5). Se han apartado del camino trazado por Dios en la creación, y que les encomendó a los hombres, el de ser creadores respetando la armonía en el mundo. Es decir, han frustrado el plan del Creador. Dios dará de su misma medicina a la humanidad: ejercerá violencia para erradicar la violencia.

La declaración inicial "Mira: (la creación) es muy buena" (1,31a) encuentra ahora eco en tono condenatorio: "Mira: (la tierra) está corrompida" (6,12). El mal no es inherente al mundo, sino que lo introduce el hombre libremente. La violencia de "toda la carne" (vivientes) destruyó radicalmente la armonía de la creación. Se ha impuesto la maldad sobre la bondad.

Más adelante –siguiendo el relato–, Dios se arrepiente y jura no volver a ejercer la violencia (8,21s), y luego dará un paso más al establecer una alianza con el hombre (9,8-17). Dios encomienda por segunda vez al hombre cuidar la creación: "Fructifiquen, multiplíquense y llenen la tierra. Infundirán temor y miedo a todo animal

---

6,22/7,5; 9,1/9,7) y las incoherencias (p. ej. 6,9s y 7,2s; 7,11 y 7,12; 7,4.12.17 y 7,24).

13 En casi todas las culturas se han descubierto relatos de una catástrofe, severo castigo divino, a menudo un diluvio y de magnitud universal, de la cual una divinidad salva a un grupo humano para dar un nuevo origen. El más cercano al relato bíblico se encuentra en la *Epopeya sumeria de Gilgamesh*: el dios Ea instruye a Utnapishtim a construir una nave enorme para salvarse junto con su familia y animales del diluvio que Enlil desatará; después del diluvio la nave se posó sobre un monte, y Utnapishtim abrió la escotilla y envió una paloma y ofreció un sacrificio a Ea.

sobre la tierra,..." (9,1-7). Si bien los hombres pueden ejercer violencia sobre animales, ésta es permitida sólo para alimentarse (9,2s)[14]. Pero les queda expresamente advertido que "Quien vertiere sangre *de hombre*, por otro hombre será su sangre vertida, porque a imagen de Dios hizo Él al hombre" (v.6). Esa será la función de la Ley: impedir el dominio de la violencia sobre el prójimo[15]. Lo mismo se ordenará positivamente: "amarás a tu prójimo...." (Lv 19,18.34). De una y otra forma se promueve la justicia y la solidaridad.

Aunque cataclismos no han cesado de darse, y esa realidad puede haber sido la fuente de inspiración del relato, no siendo el *relato* como tal una historia, sino un mito, como tantos otros similares en el Oriente Medio, no cabe preguntar, por ejemplo, si no habría habido otras personas justas sobre la tierra además de Noé, ni qué culpa habrían tenido los animales para también tener que sufrir del castigo divino, ni sobre la plausibilidad de introducir tantos animales en el arca[16]. Es simplemente inconcebible que Noé introdujera elefantes, hipopótamos, jirafas (imagínese siete pares de cada uno!), termitas, zancudos, hormigas,... y los alimentara a todos, con sus respectivas dietas, sin que se mueran. Nada se dice de la vida vegetal, que también sería arrasada.

---

14 ¡No es un cheque en blanco que permita la indiscriminada matanza de animales! Eso contradiría la bendición en 9,8-17. El relato responde a la realidad ya vivida en tiempos del redactor: se alimentan de la leche y la carne de animales. El hombre es carnívoro.

15 Notemos que no se excluye la violencia contra animales, que además también han de gozar del sábado (Ex 20,10; 23,12; Dt 5,14). Igual que para los pobres, también para los animales se dejará parte de la cosecha en los campos (Dt 25,4; Ex 23,11; Lv 25,7)

16 El interés por encontrar restos del arca de Noé, que cada tanto tiempo se publicita, procede de una lectura *historicista* del relato. Por lo mismo está destinado al fracaso. Los reportes aduciendo haber encontrado restos del arca en el Ararat son pura proyección de deseos fundamentalistas (*wishful thinking*): trozos de madera que daten de miles de años hay en muchos sitios; de ninguna manera demuestran que pertenecen al arca de Noé, y no a alguna vivienda.

Las aguas, que habían sido separadas en Gén 1,7.9, ahora rompen sus diques e inundan todo provocando un cataclismo, un retorno al caos inicial (7,11)[17]. Por eso al final, cuando Dios restaura todo y la barcaza se posa sobre tierra "seca" (1,9s; 8,13), se reitera la orden "crezcan y multiplíquense, extiéndanse y dominen sobre la tierra" (1,28; 9,1.7).

Se ha producido una nueva creación, liberada del caos. En efecto, Noé es, en el relato, un personaje representativo de la humanidad a quien se le concede la posibilidad de un reinicio por el camino de la "justicia", como una suerte de nuevo Adán. (Igual que en el cap. 5, se vuelve a presentar una genealogía en el cap. 10 a partir de los hijos de Noé). Noé pasa a ser en la historia de salvación el primer modelo de hombre justo (6,9; cf. Ezeq 14,14; Hebr 11,7; 2Pdr 2,5). Con él se restableció el orden y la armonía queridos por el Creador, que le vuelve a encomendar cuidar ("dominen..." 9,7).

El relato tiene un propósito pedagógico, es, concretamente, una implícita exhortación a ser fieles a la alianza, obedeciendo la voluntad divina, único camino hacia la armonía, que en Gén 2 estaba representado por el árbol del conocimiento de lo bueno y lo malo, y luego se deletreará en la Ley de Moisés. El diluvio, que es una suerte de limpieza o purificación del pecado de los hijos de Adán (por eso imagen del bautismo), ha sido una lección y es una llamada de atención....

El relato no ha perdido actualidad. En sintonía con la reiterada afirmación de Dios, "no volverá a ser aniquilada la vida por las aguas del diluvio ni habrá más diluvio para destruir la tierra" (9,11; 8,21; 9,15), los que no pensamos en clave fundamentalista, no creemos que Dios destruya algún día el mundo[18]. Sin embargo, no

---

17 Según 7,10.12, sólo de los cielos vienen las aguas, o sea lluvias.
18 Vea al respecto más detalladamente, E. Arens, *Biblia y fin del mundo*, Lima 1998.

deja de ser una posibilidad la destrucción de la tierra, una suerte de "diluvio universal" y retorno al caos, al tohu wabohu, llevada a cabo por nosotros mismos. Basta que pensemos en las capacidades destructivas que hemos desarrollado, no sólo con las armas modernas, sino también con el abuso de las fuerzas nucleares, la destrucción de nuestro eco-sistema, el efecto invernadero, la perforación de la capa de ozono, etc., que resultan del desprecio de la armonía impresa en la creación. Es lo que antaño experimentó Judá de manos de los babilonios cuando conquistaron y arrasaron su tierra a inicios del s. VI.

EL RASCACIELOS

Pasemos al último relato del prólogo[19]: la torre de Babel. Empieza con la afirmación "Toda la tierra (*qol-ha'aretz*) era de un mismo idioma e idénticas palabras" (11,1.7a), y todas las personas se ubicaron en una llanura de Shinaar (Babilonia). Es decir, vivían en comunión y armonía. Pero esta situación paradisíaca no duró, pues surgió el deseo de "ser como dioses". Se dijeron: "¡Edifiquémonos una ciudad y una torre con la cúspide en los cielos, y hagámonos famosos!" (v.4). La reacción de Dios no se dejó esperar[20]. El castigo por esta actitud soberbia no fue un diluvio, sino la confusión de lenguas, que generó desunión –divide y vencerás–, es decir la ruptura en la comunicación. Volvieron a una situación con sabor a caos.

---

19 Como otros, este relato tenía existencia propia. Esto se observa fácilmente cuando se pasa del cap. 10 que nombra los pueblos conocidos por ellos *dispersos* por la tierra, cada uno con su lengua (10,31), al 11,1 que asume que todos estaban en Shinaar (Babilonia) (contraste con 10,10).

20 La respuesta de Dios es formulada con tono aprehensivo: "Todos son un solo pueblo con un mismo lenguaje, y éste es el comienzo de su obra. Ahora nada de cuanto se propongan les será imposible" (11,7). Ésta recuerda aquella después que Adán y Eva comieron del árbol del conocimiento: "Resulta que el hombre ha venido a ser como uno de nosotros.... Ahora, cuidado, no sea que alargue su mano y tome también del árbol de la vida, y comiendo de él viva para siempre" (3,22).

Lo históricamente real en este relato es la existencia de "torres", *ziggurats*, como las pirámides mayas y las huacas en Perú, que tenían en la cúspide un templete como residencia para la divinidad, basados en la idea de que los dioses residen en las alturas. Llegados a la cúspide, los hombres podrán entrar en la residencia de los dioses. El episodio narrado es del mismo género literario que los otros relatos del prólogo: mitológico.

Este relato explica el origen de las construcciones con ladrillos para constituir las grandes ciudades. Pero, sobre todo explica el origen de la variedad de idiomas y culturas (v.1.9) –si bien ya habían sido mencionados en el capítulo anterior. La gran ciudad con la torre al medio, llamada además Babel (v.9), es inequívoca alusión a la antigua Babilonia, que era la gran urbe a la hora de redactar este relato[21].

Este relato obedece primordialmente a un propósito pedagógico. Si el pecado de Adán, Eva y Caín era personal, en este episodio el pecado es comunitario, social. El orgullo separa, aísla, opone. Éste es uno de los rasgos de la posmodernidad con su ideología del progreso basado en la competencia, para despuntar, que termina viendo al compañero como un rival, al vecino como un competidor, algo que inconscientemente se inculca en la mayoría de escuelas y se promueve en los hogares. ¡Cuánta incomunicación y soledad se vive hoy! ¡Y cuánta indolencia e insolidaridad!

Pretender tomar el lugar de Dios, entrar en su residencia, resulta en la desunión de la humanidad. La desunión de la humanidad se debe a la pretensión de tomar el lugar de Dios, el único que asegura la armonía y unidad. La soberbia produce la rivalidad, y ésta el caos. Esto lo vemos a pesar de la pretendida "globalización". En cambio, en la medida en que la humanidad permita a Dios ser Dios, y acate

---

21 El nombre Babel significa "la puerta de dios" (*bab-el*).

su voluntad, podrá asegurar la unidad, con ello la concordia, la armonía y el *shalom*, pues hablará una misma lengua: la del amor.

Pentecostés hará posible la unión, en base a la aceptación de una sola lengua unificadora: la del Espíritu, concretamente, la del amor.

ALGUNAS PROYECCIONES CONCLUSIVAS

Los mitos que conforman Gén 1-11 se yuxtapusieron el uno al otro, y se incorporaron en la Biblia, no sólo para proponer una explicación del origen del mundo, sino también para poner en evidencia el gran reto de instaurar y preservar (en sentido del mito, es restauración) la armonía (inicial) en el mundo. Ilustran cómo ciertas opciones erradas conducen al hombre por caminos de caos, de deshumanización, de muerte. Implícitamente denuncian el camino de muerte, y proponen la opción por el camino de la vida. Nos recuerdan las famosas tentaciones de Jesús, a quien el tentador también ofrece la posibilidad de endiosarse. Más tarde Pablo hablará de la pugna entre "la carne" y "el espíritu", y dirá que la creación sufre dolores como de parto esperando su liberación (Rm 8,18-21). De hecho, liberación/salvación es un tema siempre presente. Lo que destruye al hombre, lo que lo deshumaniza, es la violación de la armonía cósmica, del shalom.

Quien acepte la lectura de Génesis como una historia del amor de Dios hecho carne en la creación, que se sella con una alianza siempre receptiva a la respuesta del hombre, en lugar de una lectura diacrónica histórico-salvífica, dominada por el tema del pecado, no se verá obligado a pensar que Dios tuviese de alguna manera que salvar lo que había creado, que restaurar la armonía quebrada. Esa lectura ve la venida de Jesucristo como una en-carnación del amor de Dios, incondicional, gratuita, para darnos la oportunidad de celebrar como hijos con el padre compasivo. Es esto lo que la Escritura atestigua página tras página. Era esa la imagen que se tenía del hombre, antes de entrar en contacto con el pensamiento neoplatónico y luego con la teología agustiniana centrada en el pecado original... La relación que Dios propone a los hombres es la de Oseas con Gomer, la del Cantar de cantares, la de un padre con sus hijos; es libre, incondicional, siempre abierta, por eso es gratuita –es "gracia" (charis).

Esta lectura también ve, desde el lado del hombre, que esos relatos advierten sobre caminos errados que deshumanizan, es decir que atentan contra la voluntad humanizante del Creador. Así, para recapitular, Adán y Eva quieren adueñarse de la vida sin admitir sus limitaciones y dependencias que son la oportunidad de realización humana; se quieren endiosar y quieren descartar cualquier regla ética relativizándola a su antojo. El relato de Caín y Abel desvela la tendencia natural a la envidia, ese espíritu de competencia que ve al otro como un rival, no como un hermano/a, y las diferencias como amenazas, en lugar de verlas como oportunidades de enriquecimiento humano. Finalmente, el relato de Babel muestra la tentación de querer uniformar a la sociedad, en lugar de unirla, imponiendo un "pensamiento único". Estas son actitudes predominantes portadoras de muerte, que reaparecen con otros cuadros en las famosas tres propuestas del diablo a Jesús[22]: eres poderoso y todo te mereces, ¡haz un portento y sírvete!, ¿acaso no eres hijo de Dios? Transforma las piedras para satisfacer tus apetitos. Por qué no hacerte famoso tirándote del pináculo del Templo, pues Dios está de tu lado, y así capturar la adhesión de las muchedumbres en nombre del dios del Templo, librándolas de tener que ejercer su libertad. O, finalmente, por qué no apropiarte del poder absoluto, uniformar al mundo, globalizarlo, logrando así la unidad en la que todos piensan igual que tú. En cambio, Jesús antepone la voluntad de Dios expresada en su Palabra; antepone la libertad de Dios y de las personas en sus opciones; y antepone el servicio, a cualquier tentación totalitaria. Es

---

22 Hago eco a las observaciones de A. Wénin, *L'homme biblique,* Paris 2004, 60s.

fácil advertir que estas tentaciones no han perdido actualidad, que el querer jugar a Dios o utilizarlo, querer someter a otros a nuestras conveniencias, uniformar el mundo, son caminos de muerte, como lo demuestran la creciente espiral de violencia, las sucesiones de dictaduras, las explotaciones de recursos naturales y de fuerzas laborales en el Tercer o el Cuarto mundo por parte del Primer mundo. Los Adanes, los Caínes y las Babeles siguen, lamentablemente, vivos... Las tiranías e imperialismos, la insolidaridad, la negación de libertades e individualidades, las ambiciones de distinto signo, más allá de los discursos diplomáticos, siguen, lamentablemente, vigentes en el siglo XXI. ¿Cómo vencer estas tentaciones? Hace dos mil años, el Maestro de Galilea apuntó a un camino que llamaba "reinado de Dios"... y grupos de seguidores han apostado por ese camino, y no cesan de predicarlo, a pesar de los Judas y los Pedros que no han faltado. El suyo es camino unificador, que tiene por centro "ámense unos a otros" (Jn 15), por tanto es camino de armonía, de *shalom*, camino de vida.

VI.

El hombre en el Salterio

El salterio, con sus 150 salmos, contiene una suerte de anatomía del alma humana, pues en él encontramos expresados los más variados sentimientos humanos (alegrías, tristezas, esperanzas, desesperanzas, temores, dudas, perplejidades, etc.). Como conjunto, el salterio es "la historia de *Everyman* (cada uno)", al margen de los límites de culturas, naciones, géneros, estados, religiones (cf. Sal 148,11ss). Es el alma del hombre al desnudo. De hecho, en los salmos encontramos una variada gama de estados anímicos y situaciones vitales, desde la euforia hasta la desesperanza, desde la alabanza hasta la súplica.

En Israel la persona no vive como individuo sino como miembro de una comunidad. La persona es quien es según sus relaciones, y una de las fundamentales es su relación con Dios. Es lo que expresan los salmos. Por eso, además, en ellos las experiencias vividas personalmente eran recitadas en comunidad, es decir asumidas como legítimas para cualquiera. Y fue la comunidad la que asumió como propia lo que fue una experiencia personal, pues era solidariamente compartida, y se veía reflejada en ella. De aquí que, en no pocos salmos, se oscile entre la primera persona singular (yo) y la primera plural (nosotros).

Es notorio que la cruda realidad del hombre está expresada en los salmos en su calidad de "pobre". De hecho, ser pobre era sinónimo de ser persona religiosa, en contraste con el rico y el arrogante[1]. Y es que sólo "el alma" despojada de sus capas de riqueza material y su soberbia en la que se esconde, se mostrará como lo que realmente es, como "verdad", y puede estar auténticamente frente a Dios. Nada escapa a los ojos de Dios (Sal 139).

La pregunta "¿Qué es el hombre?" la plantean expresamente los salmos 8 y 144. Esta pregunta antropológica se plantea desde un horizonte teológico: entiende al hombre desde su relación con Dios. Comparándolos, las respuestas son muy distintas. La mayor diferencia entre la respuesta en el Sal 8 y aquella en el Sal 144 es que el primero considera al hombre "poco inferior que los seres divinos, y coronado (por Dios) con honor y gloria..." (v.6s), mientras el segundo tiene el sabor sapiencial realista: "Se parece al suspiro (hebel); sus días son como una sombra pasajera" (v.4). Vistos en tandem, el hombre existe entre la gloria y la fugacidad, entre el poder y la impotencia. Nos recuerda las reflexiones de Job.

SALMO 8

Aunque menciona solamente algunos los aspectos, el Salmo 8 ha sido calificado como "un pequeño compendio de antropología bíblica"[2].

---

1 M. P. Hogan, *The biblical vision of the human person,* Frankfurt/M. 1994, 247.

2 H. Irsigler, "Die Frage nach dem Menschen in Psalm 8", en Id., *Vom Adamssohn zum Immanuel,* St. Ottilien 1997, 21. Sobre el Salmo 8, vea la tesis doctoral de H. Schnieringer, *Psalm 8. Text –Gestalt– Bedeutung,* Wiesbaden 2004. Instructivo es el estudio lingüístico de H. Simian-Yofre, "¿Qué es el hombre? El Salmo

(5) ¡Qué es el ser humano (*'enosh*) para que te acuerdes de él; el hijo de hombre (*ben 'adam*) para que le prestes atención!

(6) Lo hiciste poco menos que los seres divinos (*'elohim*), y lo coronaste de honor y majestad.

(7) Lo hiciste señor sobre las obras de tus manos; todo lo pusiste bajo sus pies: ovejas y bueyes, todos ellos, y hasta las bestias del campo, las aves del cielo y los peces del mar, y todo cuanto circula por las sendas del mar.

Estamos ante un salmo de alabanza a Yahvéh (cf. v.2.10). El ser humano, "hijo de *'adam*", es el reflejo más claro de la "gloria" del Creador sobre la tierra, hecho "apenas inferior a los seres divinos (*'elohim*)[3]". Frente al imponente firmamento, el ser humano es una creatura de poca monta. Pero, como "hijo de hombre (*'adam*)", creado por Yahvéh, tiene una especial dignidad, lo que tiene un sabor especial si se piensa que esta afirmación surge del exilio, donde habían sido humillados por los babilonios en calidad de "esclavos". Es Él quien los liberará. Se reafirma aquí una especial relación entre Yahvéh y los judíos, que les restituye la dignidad que habían perdido.

8, una meditación de Génesis 1–2", *Revista Bíblica* (Argentina) 71(2009), 181-191.

3   El salmista piensa en categorías mitológicas, con un cielo donde reside la divinidad con su corte celestial, conformada por los que a menudo se llaman "ángeles" (cf. Sal 29,1; Job 1-2). Así como en Gén 1,26 ("hagamos..."), el salmista está probablemente pensando aquí en los *'elohim*, los mitológicos "seres celestiales" que rodean el trono de Dios (cf. H.-J. Kraus, *Los Salmos*, vol. I, Salamanca 1993, 290). Para amortiguar el impacto del texto hebreo la versión griega Septuaginta y la siríaca Peshita, tradujeron *'elohim* como "ángeles". En cambio, las demás versiones griegas (Áquila, Simaco, Teodocio) al igual que la latina de San Jerónimo, han traducido por el clásico "dios" (*theós, deus*). Pero, para hablar de Dios el salmista emplea el nombre Yahvéh.

No obstante la humillación histórica sufrida a fines del s. VI a manos de Nabucodonosor, es "Yahvéh, señor nuestro" (v.2a), el dios de Israel, no Marduk, el dios de los babilonios, el que reina sobre todo (v.2b), que "acaba con enemigos y rebeldes" (v.3)[4], y que concede al hombre "gloria y esplendor" (v.6), una dignidad que conlleva la responsabilidad de preservar la armonía en la Creación, el *shalom,* contrario al caos que produjo la invasión babilonia.

El ánimo de este salmo está expresado en el estribillo inicial y final, que se repite: "¡Qué glorioso es tu nombre en toda la tierra!" (v.2.10). Es un cántico de alabanza a Dios. El cuerpo del salmo expone cómo se manifiesta la gloria de Dios en la tierra. No es con impactantes portentos en el firmamento o sobre la tierra, sino "por boca de chiquillos, de niños de pecho" (v.3a) y en "el hijo de hombre" (v.5), es decir, es en lo frágil de la creación donde se manifiesta la gloria de Dios. Con la afirmación inicial (y final) de la soberanía de Dios queda relativizada la grandeza del hombre frente a la de "Yahvéh, señor nuestro"[5]. Además, a lo largo del salmo está claro que *todo* lo existente es creación de Dios. Pero, de toda la creación, sólo el hombre es "apenas inferior a los seres divinos"; él es lo más maravilloso de la creación.

"¡Qué es el hombre (*'enosh*) para que te acuerdes (*tizqerenu*) de él; (qué es) el hijo de Adán (*ben 'adam*)[6] para que le prestes atención

---

4   Probablemente sea una alusión a la conquista del imperio babilónico por Ciro el persa, que otorgó la liberación a los judíos exilados en Babilonia.

5   La expresión "Yahvéh, señor nuestro (*'adoneinu*)", al inicio (v.2a) y al final (v.10a), es rara; recurre sólo en Neh 10,30. Común es "Yahvéh, Dios nuestro". El salmista se ubica ante Dios como un siervo plantado frente a su señor. Es lo que reconoce a continuación: "asientas tu majestad sobre los cielos".

6   El vocablo *'enosh,* nunca con artículo ni en plural, generalmente designa al género humano como tal, la colectividad (la humanidad). En cambio, la expresión *ben 'adam* (hijo de hombre) designa al individuo. El uno connota su fragilidad, el otro su naturaleza de creación de la tierra (vea los diccionarios hebreos). Cuando *'enosh* se emplea en paralelo con *ben 'adam,* como aquí (cf. Isa 51,12;

(*tiphqedenu*)!", exclama el salmista en dos frases paralelas (v.5)[7]. Es una expresión de *admiración*, no una interrogante o una pregunta retórica, la cual debe entenderse como "exclamación de asombro"[8]. Por un lado, en comparación con el firmamento, la luna y las estrellas (v.4), el hombre es una pequeñez insignificante y pasajera, sin embargo Dios fija su mirada en él (v.5). Por otro lado, el salmista resalta la grandeza del hombre, objeto de su admiración, afirmando osadamente que "lo has hecho poco menos que los seres divinos" y, haciendo eco a Gén 1,26-28, constatando que "todo lo pusiste debajo de sus pies: ovejas y bueyes,…"[9]. Todo menos sus semejantes, los hombres. Prueba de que el hombre es "poco menos que los seres divinos…", es que "todo lo pusiste bajo sus pies"; es así como Dios lo coronó "de gloria y esplendor" –es casi un dios, sin serlo.

Los dos verbos intensivos en el v.5 son importantes y se deben entender, como en la poesía, como casi sinónimos. "¡Qué es el hombre para que te acuerdes… le prestes atención…!" Acordarse (*zaqar*) no es recordar, traer a la memoria, sino tener presente. Prestar atención (*paqad*), más allá de una actitud mental, lleva a una acción,

---

56,2; Job 25,6), el acento está puesto en el ser humano individual, cada persona. Cada ser humano fue hecho "apenas inferior a un ser divino…" (v.6). La expresión "hijo de *hombre*" (*ben 'adam*), en contraste con "hijo de Dios", además, resalta el carácter frágil y transitorio.

7   Es importante tener presente que, en boca de judíos, "el hombre", aquí y en otros pasajes, designa en primer plano a los creyentes en Yahvéh ("señor *nuestro*"), y desde la perspectiva del exilio babilónico se refiere a los habitantes (y descendientes) de Judea, no a la humanidad en sí misma.

8   H.-J. Kraus, *ob. cit.*, 284; H. Simián-Yofre, *art. cit.*, 186. En el texto hebreo no se emplean signos de puntuación; sólo el contexto permite determinar si determinadas palabras al inicio de una frase tienen un sentido afirmativo, interrogativo, admirativo, u otro. La explicación "Lo hiciste apenas inferior…", no es una respuesta a una (supuesta) pregunta, sino la razón para la admiración.

9   Notemos que los animales están mencionados en orden de relación directa al hombre: ovejas y bueyes son animales cercanos al hombre, más lejanamente son "las bestias del campo", y más lejanos de su control son las aves y los peces del mar.

como la de visitar, estar con alguien. Conjugados los dos verbos, afirman la voluntad de Dios de desear lo mejor para el hombre, estar preocupado por su destino. El salmista no se centra en el hombre en sí mismo, sino en su relación con Dios, como la relación entre la creatura y su Creador. Por eso es comparado con el resto de la creación, y comienza y concluye el salmo alabando a "Yahvéh, señor *nuestro*" (v.2.10).

Así como la majestad de Dios se manifiesta en los cielos, en la tierra se manifiesta en quien es su creatura a su "imagen y semejanza". Por eso es él quien domina sobre la creación. Todo lo puso "bajo sus pies" (v.7), es una expresión tradicional usada para designar la soberanía del rey. De hecho, las descripciones en los v.6-9 recuerdan la tradicional ideología real del Oriente: sólo el rey es coronado y se reviste de gloria y esplendor; sólo el rey es señor y soberano de todo; sólo el rey tiene todo "bajo sus pies". El hombre es soberano en la tierra por el acto de creación: "lo hiciste…". Tras ello hay una implícita crítica a los reyes de Israel y de Judá[10]. Fueron ellos los que condujeron a su pueblo a sus respectivos desastres nacionales, por no ser fieles a Yahvéh como representantes suyos. ¡Nada o poco ha cambiado en la historia!

Que el hombre tenga "todo bajo sus pies", igual que en Gén 1, no es sólo un privilegio, sino que es primordialmente una tarea: asegurar el orden y la armonía en la creación, es decir la justicia y la paz, funciones primordiales que deben cuidar los reyes. Este dominio no es un cheque en blanco dado al hombre para disponer a su antojo de la creación como propiedad suya. Es una responsabilidad. Estamos ante una antropología contraria a la posmoderna que considera al hombre como dueño del mundo, y avala la explotación y destrucción de la naturaleza, empujándola al borde del caos ecológico,

10 U. Neumann-Gorsolke, *Herrschen in den Grenzen der Schöpfung*, Neukirchen 2004, 135.

y por ende encaminada a la destrucción biológica (pensemos, por ejemplo, en los recursos naturales fundamentales como el agua y el suelo, y las pandemias y los virus creados). El Creador ha dado al hombre la capacidad y el encargo de proteger y dar forma a su "hogar", como Dios hizo y como todo buen rey debe hacer.

Cercano al relato de creación en Gén 1, el salmo 8 fue compuesto en tiempos del exilio babilónico o posterior a él, en un tiempo en que ya no había reyes[11]. El salmista no piensa solamente en el hombre tal como se comporta hoy, sino tal como fue creado originalmente, es decir el "hombre primordial (*Urmensch*)", el arquetipo, como es claro por las alusiones a los orígenes y los ecos en Génesis. Igual que los cielos, el hombre también es "obra de sus manos" (de Dios), pero formado personalmente por el alfarero divino. Es una obra querida, que "lleva la 'nota personal' de la majestuosa acción creadora de Dios", por eso Dios se preocupa por él[12].

Observemos que no se alude siquiera a la transgresión de Eva y Adán. La atención se centra solo en los orígenes. Pero, el salmo deja claramente entrever que, a pesar de todo, por el hecho de haber sido creado por Dios, el hombre es alguien que, no sólo pertenece al mundo de Dios, sino que es la creatura más encumbrada: "poco inferior a los seres divinos (*'elohim*), coronado de honor y majestad" (v.6). El lenguaje de realeza evoca la idea común en el Oriente medio que relacionaba estrechamente a los reyes con la divinidad creadora (vea Sal 21,6; 110,1).

Junto con Gén 1, el salmo 8 es el texto que más claramente pone de relieve lo que hoy calificamos como dignidad humana, la cual el

---

11 E.-J. Waschke, "Was ist der Mensch, dass du seiner gedenkst? (Ps. 8,5)", en *Theologische Literaturzeitung* 116(1991), 804. El texto del Salmo es posterior a Gén 1 –la invocación "soberano nuestro" (*adoneinu*) es tardía (Sal 135,5; 147,5; Neh 10,30).

12 H.-J. Kraus, *ob. cit.*, 289.

salmista define destacando su lugar especial y único en la creación: es "poco menos que una divinidad". Esta dignidad proviene de su relación especial con Dios, que es lo distintivo, y de su posición dentro de la creación; no es una suerte de cualidad o característica intrínseca al ser humano; no es la dignidad en sí (por el hecho de ser humanos), sino su relacionalidad (tiene puesta por Dios la creación a sus pies). No es en la naturaleza humana como tal en que se fundamenta éticamente la dignidad humana, sino en el hecho de ser creatura de Dios; de Él viene y a Él se refiere[13]. Notemos que esta dignidad resaltada en el salmo no excluye de por sí a alguna categoría de personas. Pero esa dignidad hay que vivirla; se la pierde cuando es traicionada, es decir cuando no se actúa de manera "digna" de una creatura de Dios, cuando en lugar de asegurar la armonía y la paz, se genera caos y destrucción.

En resumen, el salmo 8 "canta la gloria del Creador y la dignidad del hombre"[14]. Temáticamente, Eclo 17,2ss es paralelo al Sal 8; ambos son reflejos de Gén 1,26ss.

En el Nuevo Testamento, la carta a los Hebreos remitirá al salmo 8 aplicándolo a Jesucristo: todo le fue sometido a Él, que fue "puesto por un momento en nivel inferior a los ángeles (por su Pasión), pero fue coronado de gloria y honor (por su Resurrección)" (2,5-9). Jesucristo es el "hombre perfecto".

---

13 Esto no significa que los otros seres de la creación, en particular los animales, no tengan su propia "dignidad" y por tanto tengan "derechos" (cf. Mt 6,26-29), y menos aún que la creación esté para ser manipulada o utilizada por el hombre según sus caprichos. No es una visión utilitarista la del salmista; él ha fijado la atención en el hombre.

14 H.-J. Kraus, *ob. cit.,* 293.

SALMO 144

El salmo 144 repite la exclamación de Sal 8,5, pero esta vez con sabor interrogativo[15]: "¿Qué es el ser humano (*'adam*) para que te ocupes de él, () para que pienses en él,... ?" (v.3). La respuesta, reiterada en otros salmos, es vista desde otro ángulo que en el salmo 8: el hombre "*es* como un soplo (*hebel*); sus días son como sombra que pasa" (cf. Sal 39,6.12; 62,10; 102,12). El salmista se centra en la fugacidad de la vida. Nos recuerda el segundo relato de creación: fue hecho del polvo de la tierra y a ella volverá (Gén 2,7), y en eso no se distingue de los animales (Gén 3,19). Este salmo es un himno de alabanza a Yahvéh en boca del rey, con la finalidad de ganarse la protección divina. Para ello resalta la grandeza de Yahvéh y subraya su propia insignificancia natural.

En la misma vena, en el libro de Job el protagonista pregunta: "¿Qué es el hombre (*'enosh*) para que lo encumbres... para que lo inspecciones cada mañana... ?" (7,17). Job viene exigiendo de Dios justicia, fin de un maltrato injustificado. Por tanto, la pregunta por el hombre aquí es parte de un lamento, una queja. De hecho, reiteradas veces Job le pide a Dios que no le conceda importancia (7,19). Y si lo considera, que no olvide que es creación suya (10,9). Hay un obvio contrapunto: el hombre (Job) encumbrado (*gadal*) por Dios sin embargo es maltratado, de modo que se podría parafrasear "¿Qué vale el hombre para que hagas tanto teatro y parezcas preocuparte acríticamente hasta de la más mínima falta?"[16]. La apreciación del hombre cara a Dios es, a primera vista, contraria a aquella que hemos visto en el salmo 8; el sentido positivo de este salmo aparentemente ha sido invertido. Según varios exegetas, el autor de Job, que se ha nutrido de los salmos, ha hecho "una parodia" del Sal

---

15 Vea la nota 30.
16 C. Frevel, "Eine kleine Theologie der Menschenwürde", en F.-L. Hossfeld (ed.), *Das Manna fällt auch Heute noch,* Friburgo/Br. 2004, 259.

8,5s[17]. ¿Es así? Hay que entender Job 7,17 dentro de la obra como totalidad: Job acusa a Dios de maltratar su propia obra (ver también 10,3.8-15; 19,9s), y lo hace *con la finalidad* de provocar en Él una reacción favorable. De hecho, el autor empezó reconociendo la grandeza del hombre –en situación normal, que no es la de Job. Más adelante resalta lo fugaz de la vida del hombre: "Como flor, brota y se marchita; se esfuma como sombra pasajera. ¿Y fijas en éste tu mirada?" (14,2s). Hay un claro eco al salmo 144.

EN RESUMIDAS CUENTAS:

1. El hombre es creatura de Dios, lo que significa que su dignidad viene y se mantiene en su relación con su Creador y también con la creación. "¡Quién es el hombre para que te acuerdes de él!" (Sal 8,5ss).

2. La dignidad del hombre es de carácter *real*; él es el culmen de la creación (Gén 1). Él es "imagen y semejanza" del Creador. Él debe "dominar" sobre la creación, que no es propiedad suya sino del Creador. Como su "re-presentante", debe actuar como el Creador, haciendo "todo muy bueno".

3. La libertad de actuación humana tiene límites; no es Dios sino su representante (Gén 2-3). Debe construir, no destruir. Traspasar los límites conduce al caos y la muerte (Gén 6). Viene a la mente la creciente tendencia hoy a "jugar con la naturaleza", forzando cambios en el medio ambiente (deforestaciones, contaminaciones), en las relaciones entre pueblos (imperialismos, dictaduras, guerras), en los experimentos en el ámbito de la biología.

---

17 *Ibidem,* 260s; H. Irsigler, *art. cit.,* 43; D.A.J. Clines, *Job 1-20,* Dallas 1989, 192 ("bitter parody"); G. Fohrer, *Das Buch Hiob,* Gütersloh 1963, 180; W. Vogels, *Job,* Paris 1995, 96, et al.

4. La dignidad real y su función conlleva una ética de responsabilidades frente a la creación que le ha sido encomendada para cuidarla. Esa es la que se espera de los reyes (Sal 72): garantizar para todos el derecho y la justicia, la prosperidad y la protección frente a adversarios, es decir lo esencial para la vida en la sociedad.

5. Una de las responsabilidades fundamentales es mantener la armonía por la paz que viene del respeto al orden en la creación, o sea el derecho y la justicia. Contraria es la violencia en cualquiera de sus formas (política, social, económica, psicológica).

VII.
LA ANTROPOLOGÍA DE JESÚS DE NAZARET

Todos tenemos una imagen o idea del hombre. No hay dos idénticas. No nacemos con una idea del hombre; ésta se va formando. Nuestra idea del hombre se va conformando en base a las observaciones y experiencias con personas. Inversamente, nuestra idea del hombre orienta nuestras relaciones con las personas –si para mí los hombres son amorales o pecadores, los trataré como tales. Y es que la idea del hombre es una visión relacional. No del hombre en sí, sino del hombre en la comunidad humana, en la sociedad, en un mundo y tiempo concretos. Esto lo estudia particularmente la antropología social, que ha venido contribuyendo significativamente a los estudios bíblicos. De todo esto Jesús no fue excepción.

Jesús también se formó una idea del hombre, de aquel que conocía en la Galilea de su tiempo, y que iba descubriendo en sus periplos y encuentros misioneros, y sobre quien iba reflexionando desde sus experiencias y sus conocimientos religiosos[1]. Su predicación y

---

1 Por cierto, como en toda persona, no poco peso debió haber tenido el ambiente familiar, especialmente su madre, María. Como galileo, por ejemplo, su actitud

su relación con las personas estuvieron indudablemente marcadas por sus experiencias y encuentros, y por sus esperanzas para los hombres que encontraba y los que bien podía imaginarse. Este conocimiento del hombre era un factor importante a la hora de dirigirse a su auditorio, conformado predominantemente por galileos. A ello apunta la reiterada anotación que "conociendo sus pensamientos... Jesús dijo..." (QLc 5,22; Mt 12,25; Lc 6,8; 9,47; 11,17). Por otro lado, especial influencia tenía en el profeta de Galilea su apreciación de Dios. Su visión del hombre lo era desde la perspectiva religiosa, de un dios que para él era *abba*, padre.

EL HIJO DE HOMBRE

La expresión "hijo de hombre" (*ben 'adam/bar 'enosh*) en hebreo/arameo equivale a nuestro "ser humano". No era común hablar de sí mismo en estos términos, menos tal como se lee en labios de Jesús. Si en sí esta expresión designa al hombre resaltando su cualidad humana, tiene la implícita connotación de solidaridad con la humanidad: yo humano, tan humano como ustedes. Jesús se presenta como solidario con la humanidad.

Ahora bien, si es verdadera la afirmación dogmática que Jesucristo fue "verdadero hombre", no una apariencia humana, entonces la cuestión antropológica no es indiferente[2]. Por otro lado, si Jesucristo es paradigma e icono (Col 1,15), entonces conocer su antropología –que sustenta su predicación y sus opciones– lejos de carecer de importancia, como es el caso con la teología tradicional metafísica, tiene un peso específico para las opciones y la praxis cristianas, si

---

frente a los samaritanos era más tolerante que aquella típica de los habitantes de Judea.

2 Cf. A. Torres Queiruga, *Repensar la cristología*, Estella 1996.

han de ser fieles al "evangelio de Dios" (Rom 1,1; 15,16; 2Cor 11,7; 1Tes 2,8)[3].

Por eso, qué idea se habría formado Jesús del hombre no es una pregunta ociosa. *Se trata de los destinatarios de su predicación, los receptores de sus tratos, los interlocutores en sus disputas.* Jesús no pronunció el "Sermón del monte" sin tener en mente a un público concreto, ni discutió con fariseos como si fueran desconocidos. Conocía a su gente. En su misión, ciertamente los discípulos constituyeron una de las fuentes de la idea que Jesús se formó del hombre, por su trato más intenso y reflexivo con ellos, como también lo fueron los campesinos, los agobiados, los olvidados y los marginados por la sociedad.

La atención de Jesús estaba fijada, en nombre de Dios, en el hombre y su dignidad, no en la religión. Esto era escandaloso. Los escribas y fariseos priorizaban la religión. Por eso los reiterados conflictos y las discusiones. Recordemos la insistencia de Jesús en el perdón incondicional (QLc 11,4), y que el mandamiento que todo lo resume es el del amor, no alguna observancia religiosa. En la versión tradicional de "amarás al Señor tu Dios... y a tu prójimo como a ti mismo" (QLc 10,27; Mc 12,31), el acento está en la segunda mitad, el amor al prójimo. Por eso leemos claramente en la paráfrasis en la versión de Juan: "ámense unos a otros como yo los he amado" (Jn 13,34; 15,12; sin mención del amor a Dios).

---

3 Esto es más cierto aún si se trata de llevar a cabo una "imitación de Cristo". Para "tener los mismos sentimientos que tuvo Cristo Jesús", es necesario conocer cuáles eran esos sentimientos.... A este propósito vea ahora esp. R. A. Burridge, *Imitating Jesus. An Inclusive Approach to New Testament Ethics,* Grand Rapids 2007.

LOS EVANGELIOS

No es fácil describir la idea del hombre que tendría Jesús porque no tenemos documentos directos suyos ni biografías suyas. Nuestras fuentes primordiales son los evangelios. Estos son productos de largas tradiciones que entretejen recuerdos con convicciones teológicas, escritos al menos cuatro décadas después fuera de Palestina, en lengua griega –no en el idioma de Jesús, el arameo[4]–, y por lo tanto, comparten matices de la antropología griega. Además, éstos no abordan expresamente el tema antropológico y su perspectiva es primordialmente teológica. Por eso, al hablar de la antropología de Jesús trataré de esbozarla tal como se puede percibir en los evangelios, pero teniendo presente la cuestión del Jesús histórico y los estudios histórico-críticos[5]. Está demás decir que no se trata de una suerte de doctrina antropológica. Pero tenemos en los evangelios suficientes tradiciones que remontan a Jesús sobre la relación del hombre con su sociedad y con Dios, por tanto sobre lo esencial del ser *humano*, de modo que sea posible deducir la (probable) idea del hombre que tenía Jesús. Entre los materiales que conforman los evangelios, las parábolas –debida cuenta de las elaboraciones naturales de su transmisión oral– son probablemente la vía más segura de acercarnos al pensamiento de Jesús mismo[6]. Por cierto, también un número de

---

4 P.ej. el pasaje en Mc 8,36, "De que le sirve al hombre ganarse el mundo entero si al final pierde su *psychê*", en griego evoca el concepto del alma, en contraste con el cuerpo, idea desconocida del mundo de Jesús. Si se supone su sentido semítico se trata más bien de "la vida", que es el hebreo *nephesh*, no el *ruaj* (aliento vital). Igual sucede en Mc 3,4; 10,45; Mt 6,25; 10,28; Lc 12,20; etc. La vida y el cuerpo son dones de Dios.
5 Entre la vasta literatura, vea una magnífica síntesis en dos libros castellanos recientes: J. A. Pagola, *Jesús. Aproximación histórica,* Madrid 2007 y, mucho más compacto, R. Aguirre, C. Bernabé y C. Gil, *Qué se sabe de Jesús de Nazaret,* Estella 2009 (bibliografía comentada, p. 257-268).
6 Vea especialmente D. Via, *The Parables,* Filadelfia 1967. El estudio más detallado desde una perspectiva estrictamente histórico-crítica, es el de J. P. Meier, *Un judío marginal,* 4 vols., Estella 1998-2010.

escenas y de sentencias se remontan en sustancia a Jesús. Esto significa que no todo lo que se lee en los evangelios corresponde a lo vivido por Jesús (no son crónicas), y que lo que se remonta a él ha sufrido las transformaciones naturales de toda tradición oral[7].

Ahora bien, los evangelios presentan narraciones sobre Jesús que dejaron huellas significativas, tal como fueron apreciadas e interpretadas hasta llegar al redactor, por supuesto interpretadas cristológicamente (desde su fe) pues fueron escritas por cristianos. En ellos se plasma la apreciación que la tradición atesoró de la persona de Jesús de Nazaret, así como, entretejida, la apreciación del hombre por parte de él, que se revelaba en su histórica praxis y en sus enseñanzas. Es decir, los evangelios hablan de los hombres "narrando desde la perspectiva del camino de Jesús y *desde la perspectiva de Jesús* mismo"[8].

Esas apreciaciones iniciales, que mantuvieron vivas las tradiciones más antiguas, provienen en sustancia de las impresiones que Jesús mismo fue dejando a través de su trato con personas y mediante sus conversaciones, discusiones y exposiciones con sus discípulos y otros. Esto significa que en su trasfondo está la particular manera de Jesús de entender al hombre. Digo "particular manera" porque es precisamente esto, lo diferente, lo que llamaba la atención y retuvo el interés[9]. Y esa "particular manera" cuestionaba la manera diferente que otros tenían de entender al hombre –tanto en sí, como en su relación con la comunidad y desde la perspectiva de la relación con Dios.

---

7 Vea esp. S. Guijarro, *Los cuatro evangelios,* Salamanca 2010, y E. Arens, *Los evangelios ayer y hoy,* Lima 2006.

8 C. Frevel - O. Wischmeyer, *Menschsein* (Die Neue Echter Bibel. Themen n.11), Würzburg 2003, 80 (énfasis mío).

9 Estas afirmaciones son afines al "criterio de diferencia", usado en el estudio histórico-crítico para determinar la probabilidad histórica de supuestos textos sobre Jesús.

Lo que se recordaba como impresionante acerca de Jesús fue transmitido en forma narrativa[10]. Y es que, lo que es el hombre, cualquier hombre en cualquier contexto, se da a conocer a terceros en forma narrativa (en lenguaje oral o en el conductual). Es en las narraciones donde el lector es confrontado con una determinada concepción del hombre (con sus circunstancias)[11]. En los evangelios, de hecho, los distintos relatos cuestionan al lector en cuanto persona, desde la perspectiva de un dios Padre. Por tanto, si queremos conocer la idea que probablemente Jesús tenía del hombre, debemos leer los textos de los evangelios "entre líneas" y teniendo presente lo que conocemos sobre la composición y la lectura de textos literarios, además del mundo galileo de tiempos de Jesús.

En este capítulo me concentraré en la visión del hombre que tuvo Jesús de Nazaret por dos razones: la primera, porque él es el fundamento y referente de nuestra fe y vida cristiana, que se vive humanamente, y la segunda porque su particular visión del hombre, apenas si ha sido estudiada, y nos ayuda a entender mejor el evangelio de Jesús[12].

---

10 J. D. G. Dunn, *Jesus recordado*, Estella 2009.

11 Sobre todo esto vea esp. A. Cavarero, *Relating Narratives. Storytelling and Selfhood*, Nueva York 2000.

12 No conozco ningún estudio de la antropología subyacente a los evangelios que se remonte a Jesús. Lo más cercano es U. Schnelle, *Neutestamentliche Anthropologie*, Neukirchen 1991, que le dedica un breve capítulo, aunque es una visión más teológica que antropológica y parcial. La reciente publicación de E. Reinmuth, sobre el tema, *Anthropologie im Neuen Testament*, Tubinga 2006, no incluye siquiera un intento de acercamiento a la antropología de Jesús; se ciñe a la de los cuatro evangelistas. No es el caso con respecto a san Pablo, cuya antropología ha sido una y otra vez cuidadosamente estudiada y expuesta. P. I. Bratsiotis, "Das Menschenverständnis des Neuen Testaments", en C. H. Dodd et al., *Man in God's Design*, Newcastle 1952, 22-28, y O. Wischmeyer, *Menschsein*, 85-88, están conscientes de que no debemos ignorar la antropología de Jesús, pero no pasan de aludir a ella.

EL PROFETA DE GALILEA

Si la antropología de Jesús fuera dualista, por ejemplo, como la de Platón, pensaría en la salvación del alma, como aprendimos en el catecismo, y se desinteresaría por la dimensión corporal, o incluso la vería con cierto desdén, como sucedió más tarde por la influencia neoplatónica[13]. Entrar en el Reino de Dios equivaldría a "ir al cielo", como no pocos lo entienden aúún hoy. Pero, ¿cómo veía y entendía el galileo Jesús al hombre?

Jesús puso en el centro de su predicación evangélica a la persona en su humanidad. La veía con com-pasión, con amor. Fijó la atención allí donde la religión formalmente no la ponía: en el hombre como persona, con dignidad y derecho al honor (valor supremo en el oriente), con sus fragilidades y esperanzas, con sus penas y alegrías. El Sermón del monte, en particular, expone cómo debe entenderse y debe actuar el hombre para llegar a afirmar su humanidad. Por eso los cristianos afirmamos que Jesús "vino para salvar a la humanidad"[14]. Es un camino de esperanza o, mejor dicho, una invitación a la confianza en Dios y su evangelio. Fue por eso por lo que Jesús sintonizaba con el pueblo sufrido y éste lo buscaba. Más se parece a Job[15] que a los amigos de éste, y a los profetas más que a los

---

13 A este propósito vea el instructivo estudio de W. Beinert, "Die Leib-Seele-Problematik in der Theologie", *Stimmen der Zeit* 218 (2000) 673-687 (hay trad. resumida en *Selecciones de Teología*, 161(2002), 39-50).

14 Esta afirmación es entendida a menudo de una manera sesgada; fundamental es la idea misma de "salvación". Tradicionalmente se entiende como "ir al cielo" o, dicho más teológicamente, a "gozar de la visión beatífica". La atención está fijada en el más allá de la muerte. Sin embargo, no era en eso en que pensaría Jesús, ni la gente lo entendería así de su predicación. La atención de Jesús estaba centrada en este mundo; su predicación estaba orientada a la vida presente, a hacer que "*venga* tu reino" (cf. Mc 1,15), y lo ilustraba con su praxis y curaciones.

15 Jesús ha sido relacionado con Job, al igual que con el siervo sufriente de Deutero-Isaías. Cf. Cf. W. Vischer, *Hiob. Ein Zeuge Jesu Christi*, Zürich 1947.

letrados. Pero, lo singular en su predicación se debía a su particular manera de relacionarse con Dios y de entenderlo, es decir su imagen de Dios. Desde ella veía a las personas. Por eso Dios es para él sobre todo padre. Por eso debemos entrar por esta puerta para nuestro tema, porque, como buen judío, es el supuesto de base y el principio axiomático de Jesús.

Lo primero que podemos decir con certeza sobre la antropología *de* Jesús, el predicador de Galilea, es que ésta no provenía de escuela alguna, y que era netamente semítica[16]. No era helenística. Jesús no era un académico ni un filósofo. Su pensamiento estaba orientado hacia el hacer, no hacia la reflexión abstracta. Su idea del hombre era, por lo mismo, básicamente la misma que la que encontramos en los escritos del Antiguo Testamento netamente semíticos.

Ahora bien, como hemos visto en el Cap. I, la idea semítica del hombre es fundamentalmente *relacional*; el hombre es un agente de acción, valorado en sus relaciones con el mundo externo (sociedad, naturaleza, divinidad). No se pregunta por su esencia o naturaleza ontológica. Es una cultura diádica, que se define por las relaciones con el entorno. No pregunta qué eres, sino quién eres, y responde en términos relacionales: hijo de María, habitante de Nazaret, miembro del pueblo de Dios. Por eso, uno de sus valores supremos era el honor, que no es otra cosa que la apreciación que la comunidad tiene de uno, resultante del estar inmerso en ella.

---

16 Aunque en algunos aspectos exageradamente unilateral, una buena introducción al contraste del pensamiento hebreo con el griego se encuentra en C. Tresmontant, *A Study of Hebrew Thought,* Nueva York 1960 (hay trad. castellana), (el cap. 2 está dedicado a la antropología bíblica), y T. Boman, *Das hebräische Denken im Vergleich mit dem griechischen,* 5a. ed. Gotinga 1968, esp. parte II. Útil también es J. Hessen, *Griechische oder biblische Theologie?,* Munich 1962.

El semita no pregunta por lo que el hombre *es*, sino por lo que hace[17]. Esto es evidente en el comportamiento de Jesús, en sus prioridades y también en sus sentencias, especialmente en las parábolas. Se es, no por lo que se posee –como hoy– sino por el honor (o la vergüenza) adscrito, que es un reconocimiento *social*. En cuanto al "ser", se asume que el hombre es creatura de Dios.

En el pensamiento y las convicciones de Jesús, intervinieron la confluencia de su cultura semítica, su idea y experiencia de Dios, su idea del mundo, y sus experiencias y observaciones de la sociedad en la que vivía. La idea del hombre siempre está marcada por supuestos diversos, unos más dominantes que otros. Además, no es el hombre en sí (visión metafísica), sino el hombre en sus contextos (visión encarnada), por eso la idea que se tenga del mundo y de la historia entra a tallar. En Jesús predominaba la visión religiosa, sobre todo su particular apreciación de Dios, aquel con quien vivía en estrecha comunión, que llamaba "padre".

La idea que tengamos de Dios depende en gran medida de la idea que tengamos de nosotros mismos, del hombre. Siendo Dios la realidad englobante, fundamenta también la existencia del hombre, de modo lo que digamos de Dios refleja lo que pensamos del hombre[18]. Dios no es una parte del mundo y, por ser "el totalmente otro", podemos hablar de Él sólo hablando de nosotros[19]. Cualquier

---

17 Esto se refleja en el idioma: el hebreo prioriza el verbo, expresión de acción; el griego prioriza el sustantivo y abunda en términos que designan abstracciones.

18 F. Nietzsche lo observó, por eso su repulsa del cristianismo en razón de la idea que la doctrina suponía sobre el hombre, negándole su plena dignidad y libertad.

19 Salir de esta limitación para hablar de Dios sin caer en una suerte de antropocentrismo ha sido la propuesta de una teología metafísica, especialmente la aristotélico-tomista de la escolástica. Vea a este respecto las experiencias y reflexiones que vivió Hans Küng como estudiante rememoradas en su último libro, *Was ich glaube,* Munich 2009, 21s, que coinciden con las que yo mismo he vivido.

afirmación de fe (homología) es a su vez una afirmación sobre la existencia (antropología)[20]. Y así fue con Jesús: la teología *de* Jesús de Nazaret, *su* idea de Dios, era inseparable de *su* antropología –si se me permite usar sustantivos modernos al hablar de Jesús.

Algunos aspectos de la antropología de Jesús podemos deducirlos por la vía negativa, es decir por sus advertencias y críticas que formuló precisamente porque se atenta contra la humanidad del hombre. El odio, el egoísmo, la soberbia, la codicia, la hipocresía, y más sutilmente la mentira (vea las antítesis en Mt 5), pero también la enfermedad, la marginación, el dolor, la culpabilización, atentan contra la humanidad. En cambio, el amor, el perdón, la sanación, la acogida, la compasión, la solidaridad, humanizan.

La ausencia de referencias a salvar el alma (no dualista), y la salvación propuesta en clave social, verbalizada en la metáfora del reino de Dios, la salvación realizada como liberación, revelada en los "milagros" (señales), además de las prioridades en la predicación y la praxis de Jesús, y los conflictos con los escribas y fariseos, apuntan a la centralidad del hombre en su misión… en nombre de Dios.

La imagen del hombre para Jesús oscilaba entre dignidad y miseria, entre libertad y esclavitud. Las ideas de la *dignidad* y de la *libertad* humana le venían de su contemplación de Dios como creador y como padre. Por eso ponía al hombre en el mero centro de su atención. Por otro lado, Jesús veía al hombre concreto en su día a día como necesitado de "salvación". De aquí que lo que empezó a proclamar fue lo que luego se llamó "la buena noticia" (evangelio), y tuvo impresionante acogida en las personas que le escuchaban. De

---

20 Vea p. ej. cómo empieza Pablo su carta a los Romanos, que es la exposición más sistemática por el Apóstol de lo medular del cristianismo, dirigida a una comunidad desconocida: no por una presentación de la salvación, sino por un esbozo de la situación del hombre, y concluye con exhortaciones éticas (cap. 6-8) antes de hablar del pueblo de Israel.

Génesis sabía que Dios "hizo todo bueno"; pero el hombre en sus limitaciones, su abandono o su egoísmo, no permite que "lo bueno" aflore y se revista de su dignidad. Por tanto, el hombre está necesitado de una "salvación mesiánica", que le restituya su dignidad como individuo y como miembro de su pueblo. Esta era la idea que Jesús tenía del hombre, y explica su actuación impactante.

Si en la tradición oímos a Jesús llamando a la conversión, era porque el hombre no debe seguir siendo el mismo si quiere ser plenamente humano; debe haber un cambio de óptica y por tanto de ética, para liberarse de un camino no humanizante. De hecho, Jesús no predicaba lo que ya era conocido y sabido, sino algo nuevo, diferente. Eso hacía necesaria una conversión, una apertura al cambio de visión social y antropológica, y en consecuencia teológica. Por eso hablaba en parábolas, que eran relatos interpelantes, cuestionantes, desconcertantes, y daba ejemplo compartiendo con "pecadores", con mujeres, sanando y exorcizando, todo en nombre de Dios.

Como vemos, decisiva en la idea jesuánica del hombre era su idea de Dios. Imagen de Dios e imagen del hombre son dos lados de una misma moneda. Desde aquí veía a las personas. Por eso nos *aproximaremos* a la idea del hombre que tenía Jesús desde la imagen de Dios que tenía, pues como buen judío era el supuesto de base y el principio axiomático.

DIOS CREADOR - EL HOMBRE CREATURA

Uno de los dogmas fundamentales del judaísmo es que todo fue creado por Dios. Dios es considerado primordialmente como Creador –lo hemos contemplado en la primera parte. Pero Dios no sólo ha creado, sino que sigue atento a su creación: cuida de sus creaturas, conoce sus necesidades (Mt 6,25-32). El hombre es por tanto esencialmente *creatura*, respira el "espíritu (*ruaj*)" insuflado por Dios. No es una creatura más, sino el culmen de la creación. El hombre no fue creado para estar sujeto como siervo o esclavo a nadie de fuera, que no sea Dios. De aquí se desprende un segundo dogma fundamental, que nos ocupará luego: el hombre fue creado para vivir libre y con dignidad. Esto corresponde a la imagen de Dios como liberador, expuesta en el relato del Éxodo.

En su predicación, Jesús confesaba a Dios como *señor* de cielos y tierra (QLc 10,21). Por ser creador es soberano. Es Él quien hace salir el sol y caer la lluvia (Mt 5,45). Pero, no es un *kyrios* al estilo grecorromano, impositivo, arbitrario y dictador; es un señor justo y justiciero, pero también compasivo y presto a perdonar, que cuida de sus súbditos. Por eso espera que los hombres lo sean también, especialmente hacia las creaturas más frágiles y relegadas por la sociedad (Mt 25,32ss). El hombre debe ser solidario con la creación.

La creación es toda buena. En los evangelios no encontramos rastros de una valoración negativa del mundo o del cuerpo físico; *no hay dualismos ni un disimulado maniqueísmo*. No hay indicios de alguna invitación al ascetismo; al contrario, Jesús invitaba a festejar la vida (Mc 2,18s.; QLc 7,31-34). En sus parábolas presentaba el reino de Dios con colores festivos. Es así que, por ejemplo, Jesús no se detuvo en el tema de los alimentos prohibidos ni en el de la sexualidad; los asumió como naturalmente buenos. No llamó a la castidad o al celibato, ni habló al respecto como una suerte de ideal o una mejor opción[21]. Su única condenación fue del adulterio, por ser una traición al cónyuge y su honor.

---

21 Jesús no invitó a que se le imite en su celibato. La mención de eunucos en Mt 19,12 es una constatación de una realidad, no una invitación a hacerse eunucos. Tampoco se les considera más virtuosos o mejores personas. Se conocía eunucos desde muy antiguo y en distintas culturas. La figura del eunuco en Mt 19 es netamente metafórica, no literal.

La condición de creatura se manifiesta en su *fragilidad*: es Dios quien sostiene la vida y da la salud (QLc 10,21). Los milagros apuntan a ello: "tu fe (en Dios) te ha salvado" (Mc 5,34; 10,52; etc.).

Para Jesús la creación está herida, necesitada de ser sanada. De aquí su llamada a la conversión, su anuncio de la buena noticia, y sus curaciones. Por eso la teología hablará luego de redención (liberación) gracias a la muerte sacrificial de Jesucristo, y Pablo también hablará de reconciliación.

Jesús remitía a la voluntad del Creador, por ejemplo en cuanto al matrimonio (Mc 10,9). En el cuarto evangelio se afirmará que la voluntad de Dios es "que nadie muera, sino que tengan vida y la tengan en abundancia" (Jn 10,10). En la misma vena hay que situar la suspensión de la diferenciación entre puro e impuro (Mc 7,15; cf. Rom 14,14), diferencia que no existía al origen de la creación. En la misma dirección de la voluntad del Creador, hay que situar la afirmación que "el sábado fue hecho para el hombre, no el hombre para el sábado" (Mc 2,27). De aquí que el sábado es santificado especialmente al sanar la creación (Mc 3,4); es día de salvación, como recuerda su justificación en Ex 20. El sábado se santifica liberando a la creación de cualquier atadura (cf. Lc 13,10-17). Por tanto, cualquier día en que se sane al hombre, es un día santificado, es "sábado". No en vano el primer "milagro" que Marcos relata sobre Jesús es un exorcismo nada menos que en una sinagoga (reunida en sábado): liberación de las fuerzas destructivas (demonios) en el hombre, que le devuelve su *shalom*.

Más notoriamente, es en las sanaciones donde se pone de manifiesto la dimensión creadora de Dios, por agencia de Jesús. Son "señales" (*semeia*, como las llama Juan) de la voluntad salvífica del Creador, de restaurar la armonía en el mundo.

Haciendo eco al famoso pasaje en Gén 1,26.28, "hagamos al hombre a nuestra imagen...", ésta también es tácitamente la manera de ver de Jesús. Si bien ningún pasaje del Nuevo Testamento presenta a Jesús hablando del hombre como imagen de Dios, implícitamente está presente cuando exige que su comportamiento sea como el del Padre, o cuando critica los comportamientos contrarios a un "hijo del Padre": "sean perfectos/santos como el Padre celestial es perfecto...." (Mt 5,48). Debemos perdonar como Dios perdona... (parábola del rey que perdona al siervo, Mt 18,23-30). Mediante las parábolas Jesús confrontaba a su auditorio con la necesidad de decidir, si acoger la invitación de Dios a hacer realidad su reinado o darle la espalda y vivir cerrado en sí mismo y sus egoístas intereses: "¿De qué le sirve al hombre ganar el mundo entero, si al final él mismo se pierde?" (Mc 8,36). Aquí nos vienen a la mente las multiformes advertencias sobre la trampa de las riquezas acumuladas....

Si bien es composición posterior, la parábola del padre amoroso en Lc 15 resalta que el hijo pródigo no encuentra el sentido a su vida fuera de *la casa* paterna, pero tampoco la encuentra el otro hijo, el que se confiesa ser justo, porque rehúsa celebrar la vida con su padre y su hermano pues ve las relaciones humanas en clave comercial: *do ut des*, doy/hago para que me den. El hombre tiende a negociar con Dios, a exigir bendiciones por méritos (tema del libro de Job). Sin embargo, frente a Dios, el hombre no tiene nada que reclamar: todo es *gratuidad*, no derechos adquiridos, como lo ilustra la parábola de los viñadores llamados a distintas horas (Mt 20,1-16). Dios siempre está disponible; lo que cuenta es responder a la invitación, decidir ir a la viña, aceptar la invitación al banquete del reino (Mt 22,2ss). El hombre es, por tanto, alguien invitado a formar parte del reino de Dios, donde encontrará el sentido pleno de la vida.

Es notoria la atención prestada por Jesús a los pobres, sean materialmente necesitados, enfermos, o marginados, en contrapartida a su severidad con los ricos. Esto lo formulan claramente las bienaventuranzas, que empiezan por declarar benditos nada menos que a los pobres y les asegura la participación en el reinado de Dios. ¿Por qué precisamente los pobres? Porque éstos no tienen nada que dar a cambio, son desvalidos y se dejan regalar. No son *autosuficientes*. Lo que dispone al hombre para tener parte en el Reino de Dios es su reconocimiento de que no se trata de derechos adquiridos y que somos limitados y frágiles. Lo contrario está expresamente expuesto en las imprecaciones en Lc 6: "Ay de ustedes los ricos, porque ya tienen su consuelo!" (v.24-26). Para Jesús, contrario a la voluntad del Padre, el hombre se inclina por priorizar el *tener* posesiones, en lugar de *ser* solidario con el necesitado (vea Mc 8,36). Por eso advierte severamente a los ricos (codiciosos y avaros).

DIOS ABBA – EL HOMBRE HIJO

En los evangelios no se nos presenta a Jesús hablando acerca de Dios en sí, sino que refiriendo a Él hablaba de los hombres, de quiénes somos y cómo deberíamos ser *coram Deo* (frente a Dios). Cuando mencionaba a Dios era en su relación con las personas, era el dios "para los hombres", el dios *pro nobis*.

Para Jesús, el dios creador es primordialmente *abba*, "Padre"; se comporta como un buen padre. Es significativo que Jesús viera a Dios esencialmente como padre, no como todopoderoso, omnipotente, soberano, y que en consecuencia tratara a las personas con compasión dignificante. Si se quiere hablar correctamente de Dios, hay que empezar hablando correctamente del hombre y, en nuestra creencia, de ese hombre que fue Jesús de Nazaret, el *logos* (palabra, verbo) encarnado. Ese *logos* hablaba de Dios como padre: "vuestro padre..." (QLc 12,30; Mt 6,45).

Para Jesús los hombres no *son* pecadores, sino hijos del Padre. Son hijos débiles, frágiles, por eso necesitan ser sanados, fortalecidos, orientados. De aquí la importancia de los exorcismos, la insistencia en el perdón y el trato con agobiados por enfermedades. Se trata de sanar a la humanidad, o mejor dicho, que recupere su salud. La meta es recuperar la armonía inicial, un auténtico *shalom*. Eso es "salvación" (*sôteria*), contrario a opresión.

Si Dios es padre, lógicamente los hombres son hijos. Pero, se *es* realmente hijo del Padre, no por naturaleza, sino en la medida que uno se comporte como "imagen y semejanza" de Dios: "Amen a sus enemigos, oren por los que les persiguen, así *serán* hijos de su Padre que está en los cielos... *Sean* perfectos *como* es perfecto su Padre celestial" (Mt 5,44-48). El sentido es ético, no cultual o espiritual; se trata de hacer la voluntad de Dios.

Por ser Dios padre, la humanidad está en el mero centro de su atención. El es padre para todos, sin excepciones: hace salir el sol y caer la lluvia sobre buenos y malos, sin discriminar (Mt 5,45). Por ser padre precisamente se preocupa por todos, y les asegura lo necesario (QLc 12,30). Es así como Jesús se dirigía a Él en su oración, y le pedía que no olvide asegurarnos el pan de cada día (pan es representativo de las necesidades básicas para la vida). A sus discípulos les enseñó a dirigirse a Dios como padre (QLc 11,2; 12,30; Mt 6,45), y esto quedó sólidamente grabado en la tradición, al punto que se preservó como característico el vocablo arameo *abba* (cf. Gál 4,6; Rom 8,15)[22].

En la imagen del *abba* se encierra la convicción de su cercanía. Esa cercanía de Dios a la vez exige una respuesta sin ambages. En la antigüedad, mencionar al padre era evocar la familia, de la que es cabeza y responsable. No es un Dios lejano, el de los sacerdotes,

---

[22] En el judaísmo es inusual la referencia a Dios como padre, aunque no desconocida (Sal 103,13; Isa 64,7; Ecl 23,1.4; 51,10). No se ha encontrado un solo empleo del calificativo padre para Dios en los escritos hallados en Qumrán. El estudio clásico es el de J. Jeremias, *Abba,* Salamanca 1981, cap. 1 y 2.

de los sacrificios, del tributo, de la reverencia, del culto, sino un Dios familiar, próximo, solidario, comprensivo, que escucha, que socorre. El padre no necesita templo; está cercano, con los suyos (Jn 4,20-24). No hay "más o menos hermanos", o "más o menos reconciliados", sino un simple "sí" o "no", es decir la voluntad y decisión sin medias tintas. Es la ética del amor, la propia de toda familia. De ella Jesús es modelo.

El corolario más importante de la afirmación que Dios el creador es padre, es que los hombres deben tratarse entre sí como *hermanos* (Mt 23,8; Lc 22,32; Jn 21,23). Observemos que en el cristianismo pasó a ser distintivo el dirigirse unos a otros como "hermano(s)". Y no se admitía discriminación, sea judío o pagano, señor o siervo, varón o mujer (Gál 3,28; Col 3,11). Esta organización, que no era la "socialmente correcta", se originó en Jesús. De hecho, para él poco importaba el origen de las personas, fueran fariseos o pecadores, leprosos o publicanos. Tenía roce con mujeres y algunas inclusive formaban parte de su entorno (Lc 8,2s; 23,55), contraviniendo las costumbres judías, y no se fijaba en la cuna religiosa, que era tan importante en el Judaísmo: "sabemos que no haces distinciones (no miras el rostro de las personas)" (QLc 20,21; cf. Gál 2,15; Fil 3,4s)[23].

Para Jesús las jerarquías tradicionales: maestro-discípulo, hombre-mujer, sabio-ignorante, poderoso-pequeño, es decir, primero-último, se deben humanizar. La solidaridad humana debe ser el principio rector de las relaciones. Es contrario a la voluntad del Padre que se mantengan categorías de personas excluidas o minusvaloradas de la comunidad humana: los hambrientos, los que lloran, los marginados, los perseguidos (QLc 6,20-23), los pequeños que pueden ser escandalizados (QLc 17,2), los extraviados o perdidos (QLc 15,4-

---

23 Probablemente esta actitud universalista de Jesús influyó en la Iglesia primitiva para afirmar que "no hay ya distinciones entre judío y griego, entre varón y mujer, pues todos son uno en Cristo Jesús" (Gál 3,28; 1Cor 12,13; Col 3,11).

7), el centurión (QLc 7,1-9), los pecadores y publicanos (QLc 5,30; 7,34).

Todo esto significa que para Jesús el hombre es alguien que tiene que aprender a ser realmente hermano solidario con todos por igual. Y tiene que aprenderlo porque *de facto* no lo es, o lo es de forma discriminatoria.

La grandeza del hombre, según Jesús, proviene, por un lado de ser amado por el Padre, y por otro de su capacidad de amar a sus hermanos, por tanto de ser como los niños. El más pequeño en el reino de Dios será mayor que Juan, reconocido por Jesús como el más grande entre los profetas (QLc 7,24-28), porque "todo el que se exalte será humillado, y el que se humille, será exaltado" (Lc 14,11). La grandeza del hombre estriba en su capacidad de hacerse el último, el siervo, es decir de ver y considerar al otro como un hermano, no como un inferior o un servidor. Nos recuerda el relato de la creación de la pareja en Gén 1 y 2, como complementarios y en relación dialogal.

Como todo padre, Dios no quiere a sus hijos agobiados, abatidos, marginados. Por eso Jesús se dirigía en primer plano a los relegados por la sociedad, incluidos niños y mujeres, leprosos y pecadores. Al criticar el legalismo, hacía ver que la religión puede alejar de la voluntad de Dios en la medida que aleja del prójimo. Es la actitud representada por el hermano del "hijo pródigo" que, al hablarle a su padre, se refiere a su hermano como "ese hijo tuyo..." en lugar de "mi hermano" (Lc 15,30).

DIOS SOLIDARIO – EL HOMBRE BIENAVENTURADO

Hans Weder llamó la atención sobre la importancia de la dimensión antropológica que se desvela en el Sermón del Monte[24]. En él se toma en serio a las personas en su humanidad, y de hecho es el centro de su atención. Es así como en lugar de centrarse en el hombre en sí mismo y sus logros individuales, e invitarlo a asumir una actitud de indolencia frente al mundo y al prójimo al estilo estoico o epicúreo, Jesús –y la consecuente tradición– declaró bienaventurados a los pobres y sufrientes, y afirmó que la perfección del hombre estriba en su disposición a relacionarse constructivamente con las personas por vínculos de amor y servicio.

Después de declarar bienaventurados a los pobres y a los hambrientos, Jesús anunció que *"los que lloran* serán consolados" (QLc 6,20s)[25]. Pobreza, hambruna, llanto, son realidades crudas que tocan la condición humana en su fragilidad y en sus miserias. Son bienaventurados porque en esa condición se descubre la importancia del hombre como tal, en su cruda humanidad, desnudado de sus riquezas y falsas seguridades, como claramente exponen las malaventuranzas en la versión de Lucas (6,24s). No es un consuelo barato ni escatológico el que se proclama en las bienaventuranzas –así no lo habría entendido su auditorio[26]. Esas condiciones, que son males

---

24 H. Weder, "Einblick ins Menschliche. Anthropologische Entdeckungen in der Bergpredigt", en H. Frankemölle - K. Kertelge, eds. *Vom Urchristentum zu Jesus,* Friburgo/Br 1989, 172-187.

25 Hay que tener presente que la versión original de las bienaventuranzas era más cercanamente a la que se lee en Lc 6,20-21 que a la más elaborada de Mt 5,3-11. Llanto no se refiere al sollozo o el gemido, sino a lo que hoy llamamos frustración, consecuencia de la impotencia ante la injusticia de la que se es víctima. Por eso está mencionado en conjunción con la pobreza y el hambre.

26 La pobreza y la hambruna eran realidades palpables, y quienes las vivían esperaban encontrar una puerta de salida. No olvidemos que estamos en la Galilea, región predominantemente dependiente de la tierra, donde muchas personas frecuentemente sufrían hambrunas por las condiciones tanto climatológicas

en sí mismos, abren las puertas a la posibilidad del auténtico amor, aquel gratuito, despojado de intereses egoístas, es decir, a ser partícipes del reinado de Dios, reinado que, como reza la oración dominical, empieza en este mundo: "venga tu reino... hágase tu voluntad en la tierra...". En el reino de Dios los ricos son los pobres, porque la verdadera riqueza no es la material sino la humana, y lo es en la medida en que se viva gratuita y desprendidamente para los demás. Eso es el amor[27].

Ese reinado debe empezar a hacerse realidad en esta vida, y se hará en la medida en que los hombres erradiquen la pobreza, el hambre y las rupturas sociales, gracias al amor fraterno exigido por el Padre. Si hay pobres es porque hay ricos, o dicho más precisamente, porque son producto de la codicia y la avaricia, la falta de la solidaridad que vea al pobre como a un hermano. Y esto lo ha visto Jesús, pues era evidente en la Galilea. Si son bienaventurados (por Dios) los pobres, los hambrientos y los que lloran, entonces, no sólo hay en esto una velada crítica a la sociedad por permitir que haya pobres, sino que también es una tácita exhortación a todos a relacionarnos positivamente ¡precisamente con estos bienaventurados! Es por aquí donde empieza a humanizarse la humanidad –por eso son bienaventurados para la humanidad. Empieza y se define por la voluntad de amar –al estilo de Jesús: amar al pobre, hasta al enemigo, es decir ilimitado, irrestricto e incondicional. Mateo ilustra en su evangelio lo que significa en la práctica lo declarado en el Sermón del monte al dedicar a continuación dos capítulos a sanaciones (cap. 8-9)[28].

---

para la agricultura –en consecuencia también para el pastoreo– como las económicas de deudas contraídas para subsistir, que a menudo los empobrecían. Eso explica las revueltas de carácter liberador o mesiánico en Galilea.

27 Es harto conocido que Jesús puso de cabeza muchos de los valores de este mundo: los tenidos por primeros son los últimos; los ricos son los pobres; los calificados como pecadores son los justos.

28 El Sermón del monte no es un código jurídico, una Torá, sino un conjunto variado de indicaciones sobre las actitudes que se debe asumir frente al prójimo y la vida misma, de modo que asegure la erradicación de la pobreza, la sanación

Las bienaventuranzas no se entienden si no se asume la perspectiva antropológica –son pobres y tristes humanos reales, no espirituales– pues revelan una dimensión importante que humaniza al hombre. El consuelo para ellos no resulta, pues, de asumir una postura estoica de indolencia frente al mundo, o de un premio en los cielos, sino al contrario, por la pasión por y con el mundo por una humanidad sana, plenamente humana; resulta de dejarse consolar aquí y ahora, de "entrar en el reino de Dios (la casa del Padre)" aquí y ahora. En esta correlación se muestra ser una gran verdad aquella afirmación tan certera que "los pobres (también los hambrientos y los que lloran) nos evangelizan".

En discusiones con autoridades judías Jesús recordaba de diversas maneras que la *compasión* es mucho más importante que las leyes y los ritos: "Es compasión lo que quiero, no sacrificios" (Mt 9,13, citando Os 6,6). Esto pone al descubierto el hecho de que el hombre tiende a refugiarse en formalismos, en estructuras y en rituales, que le dan una sensación de seguridad y un halo de justicia, pero le dispensan de tener que comprometerse con el prójimo, de "amar al pobre y al enemigo". Nos trae a la mente la advertencia que "el sábado fue hecho para el hombre, no (al revés) el hombre para el sábado" (Mc 2,27 par.). El celo por la justicia cifrada en las observancias de la Ley puede servir de caparazón, que asfixia la capacidad de compasión, el clásico *hesed* que en nombre de Dios reclamaban los profetas, y que ilustra la parábola del buen samaritano. Por eso Jesús advierte y demuestra que las relaciones con el prójimo deben regirse, no por la llamada "justicia", sino por la compasión, es decir por el sentir-con-el-otro (empatía) que acoge, abraza, es consuelo y fuerza.

---

de lo quebrado, la unión donde hay separación. Es un grandioso reto de humanización, no un manual de perfeccionismo moral o de virtudes a practicar. Su principio no es la Ley sino la compasión (5,48).

En la misma vena van las exhortaciones a *pedir, buscar, tocar*, con la esperanza de recibir, encontrar, entrar (Mt 7,7-11). Por cierto, se puede recibir sin pedir, y encontrar sin buscar, pero no es ese el sentido de esta exhortación: sólo a quien toca la puerta se le abre. Quien se busca a sí mismo no encontrará al prójimo, igual que quien todo lo tiene; nada buscará porque cree tenerlo todo. Se pide porque uno no se puede ayudar a sí mismo, porque se necesita del apoyo de otro. Se busca lo perdido o lo que no se tiene. Se toca la puerta porque se necesita acogida. Pedir, buscar, tocar son movimientos iniciados por necesidad de ayuda, por lo que uno se pone en manos de otros confiando en su respuesta positiva. Y el que da –advirtió Jesús–, debe hacerlo sin esperar nada a cambio, ni para ser admirado (Mt 6,1-4), ni para que Dios le recompense. Esto lo resume, entre otros, la llamada regla de oro al final del sermón mateano del monte: "Hagan con los otros como quieren que hagan con ustedes" (no al revés, como nuestra popular formulación negativa [no hagan...]; 7,12). No se trata, pues, de una ética autónoma o individual, sino relacional y comunitaria, por tanto radicalmente humanizante, algo que haríamos bien en repensar para nuestro mundo posmoderno.

Aquí podríamos traer a colación las múltiples exhortaciones a actuar con bondad con nuestros contrarios –recordemos su importancia expresada tras la primera y la última de las antítesis mateanas (Mt 5,23-26.43-48), el énfasis a propósito de la oración dominical (Mt 6,12.14s), y la parábola del rey y el siervo despiadado (Mt 18,25-35). En la primera antítesis lo notorio es que se exhorta a reconciliarse por propia iniciativa "si tu hermano (!) tiene algo contra ti (no al revés!)", y a hacerlo antes de ser juzgado en este mundo, no por amenaza de un juicio escatológico: "mientras estás de camino (viviendo esta vida)".

Amar al enemigo, es quizás el reto más difícil planteado por Jesús. Como sea que lo haya formulado, la idea básica es la misma: no ver en posición contraria, como un enemigo, a aquel con quien no se concuerda, con lo que se justifica y avala el comportamiento adverso o al menos indiferente, sino verlo como un hermano que tiene algo pendiente que saldar conmigo (ver Mt 5,23s: "si te acuerdas que *tu hermano* tiene algo contra ti..."). El reto es restaurar la armonía entre ambos. Esa es expresión de la grandiosidad humana. Por eso las antítesis empiezan y terminan con el tema del perdón, y Jesús insistió reiteradas veces al respecto. La auténtica humanidad no es posible mientras haya "enemigos" –muchas veces calificados como tales por nosotros. Eso es contrario al *shalom*, a la convivencia en armonía.

No necesita mucha explicación el hecho de que la primera de las antítesis en Mt 5 está dedicada al valor de la vida misma ("no matarás"; v.21ss), que Jesús extendió más allá de la existencia biológica, pues la vida encuentra su dignidad y valía en las relaciones con el prójimo, que deben ser cuidadas como la propia vida, trátese del lenguaje (insultos, juramentos), de lo que dignifica su vida (la familia, esposa) o, *in extremis,* del adversario, que debe ser tratado con bondad, no con venganza. Son exigencias in *crescendo* que apuntan al reinado del *shalom* integral, a la armonía social.

Aquí debemos recordar las advertencias sobre la tendencia a afanarse por cosas, incluidos los alimentos y la ropa, en lugar de priorizar el reinado de Dios, es decir las relaciones fraternas entre las personas de modo que no haya pobres, hambrientos, sufridos. Pensar que son las cosas las que dan seguridades es un craso error, propio de quienes tienen a Mamón por dios (Mt 6,24). Lo más valioso es la persona: "¿no valen más la vida que el alimento y el cuerpo que el vestido?" (Mt 6,25-34): "¿De qué le vale al hombre ganarse el mundo entero si él mismo se pierde?" (Mc 8,36). Esto también deberíamos repensarlo, en un mundo centrado más en el *tener* que en el *ser*, en acaparar más que en compartir, en el éxito más que en la solidaridad.

Debemos añadir la actitud universalista de Jesús: su evangelio es para todos, sin exclusiones (Mt 15,24; 28,18). El hombre será más humano cuanto más *universal* sea en sus actitudes, cuanto más se abra a ser enriquecido con la vida de otros, y cuanto más "globalice" el mundo en términos de fraternidad universal. Así lo entendieron Pablo y Mateo en particular. Dios lo es no sólo de los judíos, sino de y para toda la humanidad, y para todos es igualmente Padre.

En resumen, así como la grandeza de Dios es su inconmensurable generosidad, su ser-para-los-hombres, puesto de manifiesto en la persona de Jesús, de igual modo se puede afirmar que la grandeza del hombre, lo que lo lleva a actualizar su humanidad en plenitud, es su capacidad de darse, de ser-para-los-demás, su solidaridad compasiva: "sean perfectos/misericordiosos como su padre celestial es perfecto/misericordioso" (QLc 6,36). Esto, por cierto, corre a contracorriente con la visión del hombre en nuestro mundo posmoderno que pregona el éxito personal como máxima expresión de la vida humana, éxito que se mide por logros, que exige absoluta priorización del individuo, y que ve a los demás como piezas útiles para tal fin o como rivales, o inclusive como "enemigos" (competencia).

¿Quién es el hombre en la óptica de Jesús? Alguien necesitado de com-pasión, de solidaridad afectiva y efectiva.

DIOS LIBERADOR – EL HOMBRE LIBRE

Dios Padre es el Yahvéh del éxodo, escena ésta en la que se presenta y despliega como el "yo soy...". Es el liberador de la esclavitud. Es el que conduce hacia una tierra de libertad, es decir de realización humana (libre) y como pueblo (comunitario). Estas convicciones eran medulares al credo israelita (Dt 26,5-9; Ex 13,14).

Para Jesús, el dios liberador (salvador) se manifiesta como tal en los milagros, particularmente en los exorcismos. El primer relato en Marcos sobre la actividad de Jesús, tras anunciar la inmediatez del reino de Dios, es un exorcismo, y nada menos que en una sinagoga (Mc 1,23-26). Es la liberación de las fuerzas destructivas dentro del hombre, que se pueden dar inclusive en el ámbito de la religión (sinagoga). Poco después sana a un leproso, a quien envía a "la religión" para certificar su sanación a fin de poder reintegrarse en la sociedad recuperando así su honor (Mc 1,40-44). A continuación sana a un paralítico, devolviéndole su dignidad humana al invitarle a ponerse de pie y caminar quitándole el peso de "pecado" que le impuso la religión (Mc 2,3-12). Finalmente, para escándalo de los celosos de la Ley, comparte la mesa con nada menos que un publicano, Leví, a quien además incluye entre sus discípulos (Mc 2,13-17). En esta secuencia el evangelista pone de relieve la misión liberadora, es decir humanizadora, de Jesús en nombre de Dios. El hombre ha sido creado para vivir con la dignidad propia de las personas libres. El ejemplo más claro es el paralítico: sin que alguien se lo pida, Jesús le perdona (en nombre de Dios) los pecados (2,7), lo libera de lo que le impide caminar, por eso la orden que le da es "levántate, toma tu camilla y anda" (v. 11). Notemos allí las expresiones de solidaridad: la de los cuatro personajes que cargan al paralítico (v. 4s), y la autocalificación de Jesús como "hijo del *hombre*" (v. 10). Él es el "hijo del hombre" que admira la solidaridad y la fe de los cuatro acompañantes, y que perdona y sana al paralítico: *en su sanación se hace patente lo que significa el perdón.* El hombre para ser plenamente humano debe levantarse y caminar con dignidad, lo que es posible soólo liberándose de todo aquello que se lo impida, de lo que le tenga paralizado. Para Jesús la sociedad necesita solidaridad, sanación y liberación, las personas necesitan ser dignificadas como hijas de Dios.

La voluntad liberadora de Dios está expuesta en el sermón del monte. Aunque Mt 5-7 y Lc 6 son composiciones literarias, la sustancia de su contenido, que choca con la visión judía tradicional que habría aprendido Jesús, remonta esencialmente al predicador de Galilea. Las bienaventuranzas, y luego la precisión en las llamadas "antítesis" (oyeron que se dijo... pero yo les digo...) sobre el sentido de la Ley mosaica vista desde la perspectiva jesuánica, son explicaciones elocuentes de lo que es ser humano cara a Dios (Mt 5,21-47). De estas antítesis, las dos primeras y la cuarta remontan a Jesús de Nazaret, así como la exigencia de desistir de cualquier forma de violencia[29]. Por cierto, la centralidad del amor al prójimo allí claramente ilustrada, se remonta a Jesús. Quien vive todo eso es persona libre, genuino hijo de Dios[30], y vive una existencia auténtica.

En la primera antítesis, no sólo se reafirma la condenación del homicidio, como se lee en el Decálogo, sino que se prohíbe cualquier forma de agresión –la prohibición de la ira contra el prójimo ya era conocida. No se hace concesión a las actitudes que puedan "matar" al prójimo, que atenten contra la dignidad de las personas, como tampoco hay límite para el perdón (70 veces 7).

En la segunda antítesis se condena el adulterio, a lo que Jesús añade las causas que lo puedan ocasionar: desear el fruto prohibido. Igual que en la anterior, se condenan las actitudes conducentes a un posible atropello. Para Jesús la mujer, representativa aquí de las personas minusvaloradas en la sociedad, no es un objeto disponible

---

29 El estudio histórico-crítico ha puesto en evidencia que estas antítesis tienen un alto grado de probabilidad de haber sido pronunciadas de alguna forma (aramea) por Jesús. Eso significa que las otras se originaron en la comunidad de Mateo inspiradas en las orientaciones y los principios de Jesús. Las antítesis se encuentran sólo en Mateo, que tiene como una de sus características la polémica cristiana con el legalismo judío.

30 El calificativo "hijo de Dios", desde su significado básico, es el equivalente al calificativo en Génesis 1 de "imagen de Dios" para designar desde la perspectiva judía a las personas humanas. En el cristianismo se aplicará ese calificativo más adelante a Jesucristo, tenido por lo mismo como "icono" de Dios (Col 1,15; 2Cor 4,6).

y sujeto al capricho de otro. Por eso Jesús reiteradas veces defendió a los más frágiles de su sociedad (niños, mujeres, enfermos). Debemos resaltar la preocupación de Jesús por la *dignidad* de las personas, sin discriminación. Por eso no temía incluir entre sus discípulos a mujeres, compartir la mesa con personas catalogadas como pecadores, y acercarse a leprosos.

La confianza entre personas es fundamental para construir una convivencia armónica en la sociedad. Por eso, en la cuarta antítesis se advierte contra la desconfianza entre personas al llamar la atención al recurso al juramento. El juramento implica que fuera de él puede darse la falsedad, que atenta contra la armonía. Cuando hablen, que el sí sea sí, y el no sea no (v.37).

Jesús advirtió contra la venganza (QLc 6,29), como queda claro desde el lado positivo en su insistencia en el perdón. La orden de amar a los enemigos no tiene paralelos en su forma radical (se aproximan Prov 25,21 y 1QS 10,18, pero la motivación es diferente). Esta sentencia hay que leerla como ilustración del alcance del amor, tal como lo entendía Jesús: no tiene límites, no excluye a nadie, ni pone condiciones previas. Pero, ¿cómo entender entonces el amor al enemigo? Como se aclara a continuación: hacer el bien sin mirar a quién (v.45-47). No es un amor interesado (egoísta)! Es gratuito, y lo es porque proviene de personas *libres*. Es el amor del Creador, del Padre que también lo es para los hijos pródigos... Si así es el Padre, igual deben serlo los hijos entre sí. De aquí la inseparabilidad del amor a Dios y al prójimo. Para Jesús eso significa que el amor al Padre no es real si excluye el amor a sus hijos, o sea a nuestros hermanos.

Otra advertencia radical de Jesús es aquella de no juzgar (condenar) al prójimo (Mt 7,1)[31]; juez es Dios. Esta exigencia también es tenida por muchos exegetas como originaria de Jesús mismo. Dicho positivamente, es la exigencia de *perdonar*. "Perdónanos como perdonamos..." Por otro lado, esa prohibición advierte sobre otro aspecto reiterado: que somos pecadores, no somos perfectos. Todos somos pecadores, por eso todos necesitamos ser perdonados: "si te acuerdas que tu hermano tiene algo contra ti..." (Mt 5,23).

Todas estas advertencias y exigencias en nombre de Dios implican que Jesús entendía al hombre como una creatura inclinada a satisfacer sus caprichos sin consideración del prójimo, una creatura que tiende a imponerse en lugar de servir. Esto se evidencia en el epítome del mandato del amor, que indubitablemente se originó en Jesús: amar al enemigo. Por otro lado, estas drásticas exigencias tienen por finalidad superar la tendencia a ver a otros como rivales, en lugar de hermanos, y restaurar la equidad y armonía original de la Creación.

Las antítesis, en particular, que ilustran la exégesis de la Ley por Jesús (no pretenden ser un listado completo, no menos que las bienaventuranzas), indican que él sabía que la Ley no debe reducirse a su literalidad, sino que hay que remontarse a la voluntad del Creador, y ésta era que la humanidad viva en armonía, en plenitud del *shalom*. Por eso no puede ni debe reducirse a "aferrarse a la tradición de los hombres", a las formas, sino que debe priorizar el fondo, "el mandamiento de Dios", que es el del amor (vea esp. Mc 7,1-23). Las antítesis ilustran claramente la importancia de tomar en toda seriedad la dignidad de las personas como hijas del Padre. La realización de las personas en su humanidad se da en la medida en que vivan en función del amor, lo que es posible sólo en libertad, por tanto no como

---

31 Se trata de las relaciones individuales, no frente a la sociedad. No es una descalificación de la necesidad de instancias judiciales, que Jesús reconocía como legítimas (QLc 12,58; Mt 5,22; Lc 18,2ss; etc.)

esclavas de leyes limitadoras, castrantes, o inclusive deshumaniza-doras, aunque se presenten como "ley de Dios". Por eso Jesús era motivo de escándalo para algunos. Recordemos que "el sábado (en representación de la Ley) fue hecho para el hombre (el despliegue de su humanidad), no el hombre para el sábado" (Mc 2,23 par.).

Por el hecho de haber sido bautizado por Juan, Jesús admitió que la predicación del Bautista es sustancialmente correcta, que el tiem-po está maduro y urge convertirse reconociéndose pecador, es decir desviado del camino de Dios, o al menos no precisamente dentro de su cauce. No hay lugar para autosuficiencias pensando que, por haber nacido en el pueblo "judío", se tiene asegurada la bendición divina (vea las advertencias en Lc 10,13s y 13,1ss). Se impone com-prender y asumir que el camino hacia Dios pasa por las relaciones intra-humanas, no por la Ley y el culto. Es esto lo que precisamente Jesús enfatizó una y otra vez de distintas maneras, y que hasta hoy cuesta a muchos admitir y aceptar. Jesús puso *en el mero centro de su predicación a las personas*, al ser humano en su valía y su digni-dad, y para ser realmente humano es indispensable aceptarse, soli-darizarse, y abrir sin limitaciones los brazos acogedores. Y para eso, es necesario *liberarse* de lo que impida la acogida integral del otro, sin recortes ni acomodos ni condiciones otras que la buena voluntad.

De una serie de escenas y dichos se desprende que para Jesús la plenitud humana no se logra por la simple observancia de leyes, sino por actitudes de fondo que determinan las decisiones de la vida por el camino del "querer" (desear) en lugar del "tener que" (de-ber), orientadas por el principio de la solidaridad y la compasión (recordemos la escena del fariseo y el publicano, en Lc 18,10-14, y la discusión sobre la pureza, en Mc 7,1-23). Esto lo explicitan las llamadas antítesis, en el Sermón del monte (Mt 5,21-48), y lo ilustran la escena del "joven rico" que desea asegurarse la vida eterna[32] (Mc 10,17ss) y las disputas con los escribas y los fariseos, representantes de la religión de la Ley. La vida de ese joven es religiosa y éticamente correcta, sin embargo no incluye ese plus voluntario que le plantea Jesús: "vende, comparte con los pobres y luego sígueme", es decir despréndete a favor de los pobres. Es "misericordia lo que quiero, no sacrificios (cultuales)", nos recuerda Mateo citando al profeta Oseas (Mt 9,13; 12,7; Os 6,6). La pregunta por el ser *humano* no se responde con una perfección ética, sino con la capacidad de solidaridad movida por compasión: el sentir con y por el otro (com-pasión) y responder solidariamente. El impedimento para el joven es su apego a sus riquezas. No es una persona *libre*; es esclava de sus posesiones. Esta escena la complementa a continuación el intercambio entre Jesús y los discípulos que preguntan: "¿quién puede salvarse (es decir ser libre y realizarse en plenitud)?" (10,26). Para lograrlo hay que estar en sintonía con Dios (v.27), lo que supone solidaridad efectiva con los pobres. En la misma línea se sitúa el episodio de la cena en casa del fariseo, preocupado éste con las observancias tradicionales, como el lavado de manos, no por el interior, cosa que precisamente resaltó Jesús: "Nada hay externo al hombre que al entrar en él pueda contaminarlo. Son las cosas que salen del interior del hombre, las que lo contaminan" (Mc 7,15). Es la actitud del sacerdote y del levita al pasar junto al hombre malherido camino de Jericó, en contraste con la del samaritano. Los primeros cumplen con la Ley; el segundo con el corazón (Lc 10,37). Esta parábola responde a la misma pregunta que hiciera el joven rico: "¿qué debo hacer para obtener la vida eterna?" (Lc 10,25). La vida eterna es inseparable de la conducta como la del samaritano: "anda y haz eso mismo (misericordia, y tendrás la deseada vida eterna)" (v.37).

---

32 Vida eterna no se refiere a aquella *post-mortem*, sino a aquella que, empezando ahora, no termina, continúa más allá de la muerte. El acento está en "vida" (tan así que no siempre se incluye el calificativo "eterna" y sin embargo a ella se refiere, p. ej. Mc 8,35; 9,43.45). Para el judío hay una existencia eterna, pero no toda existencia es vida (*bios* no es *zôe*). Más claro es Jn.

Es Lucas quien más claramente destaca con múltiples escenas y sentencias que, para Jesús, la salvación no sólo no proviene de las seguridades que puedan ofrecer los bienes materiales, sino que éstos son un obstáculo para la realización humana. Esclavizan. La dignidad y la realización humanas no las dan las riquezas materiales, sino aquella "espiritual" que consiste en "dar a los pobres", ser solidario con ellos, hacerse "pobre con los pobres (según los patrones de este mundo)", que son los bienaventurados de Dios. "¿De qué le sirve al hombre ganarse el mundo entero, si él se pierde?" (Mc 8,36; cf. Lc 12,15). Lo ilustran las parábolas del granjero rico (Lc 12,16-21) y del rico epulón (Lc 16,19-31). Los múltiples dichos de Jesús advirtiendo contra la riqueza (QLc 6,20, 11,3; 12,22.30.33.45; 13,30, 14,11, 12,9, 16,13, 17,27) son contrarios a la teología clásica de la retribución, que afirma que al justo Dios le dará riqueza[33].

Oda Wischmeyer ha llamado la atención al hecho de que la actitud fundamental de Jesús era la *compasión*[34]. La de Jesús no era la actitud de la distancia aristocrática frente a la *plebs* o el *populorum*, ni la de los devotos en Israel en relación al *'am ha'aretz*, el pueblo que desconoce la Ley de Moisés, sino una actitud amorosa que se orienta a acoger, alimentar, sanar, liberar, enseñar a las personas por

---

33 En las últimas décadas se ha extendido notablemente una suerte de teología o religión de "la prosperidad". Sostiene que la prosperidad económica es evidencia palpable del favor de Dios. A estos pertenece el grupo TBN-Enlace. Su tesis, obviamente nacida del seno del capitalismo (por eso sus predicadores insisten en el diezmo!), es irreconciliable con la teología de Jesús de Nazaret.

34 O. Wischmeyer, *ob. cit.,* 80-83. No confundir compasión con misericordia. La compasión (*rejem* hebreo) es el sentimiento de empatía con la otra persona; es un sentir(pasión)-con. La misericordia es una actitud condescendiente que mira con lástima al de "abajo". El vocablo se usa en los evangelios hablando de Jesús en Mt 9,36; 14,14; 15,32; 20,34; Mc 1,41; 6,34; 8,2; 9,22; Lc 7,13, y en algunas parábolas (Mt 18,27; Lc 10,33; 15,20). Cf. E. Estévez, "El significado de *splanchnizomai* en el NT", en *Estudios Bíblicos* 48(1990), 511-541. El n. 1118 (diciembre 2007) de la revista *Sal Terrea* está dedicado al tema. Más ampliamente, A. Arteta, *La compasión. Apología de una virtud bajo sospecha,* Barcelona 1996.

ser personas. Esto lo ilustra la imagen del pastor (Mc 6,33s; QLc 15,4ss; Jn 10). Por eso es notorio que por doquier el pueblo se sintiera atraído hacia Jesús. Él era del pueblo, lo conocía, sabía de sus miserias y penurias, sufría con él. Tenía compasión de enfermos, leprosos, hambrientos, marginados, agobiados. Tuvo compasión de Bartimeo, de Zaqueo, de la Magdalena, de la viuda en Naim, de la prostituta, y muchos más[35]. Y pedía a la humanidad compasión, por eso era duro en su juicio a los que carecen de compasión: el rico epulón, el sacerdote y levita frente al malherido, el altanero fariseo frente al contrito publicano en la sinagoga, el granjero avaro, el juez inicuo que desoye a la viuda, el siervo despiadado frente al endeudado –todos personajes representativos en las parábolas. Era duro con aquellos que criticaban su compasión, especialmente los que se consideraban "religiosos" (fariseos, escribas). Es lo que puso de relieve Mateo en el cuadro del juicio final (25,31ss), como ya antes en las bienaventuranzas (5,3ss).

Todo esto significa que, para Jesús, el hombre es alguien necesitado de ser "salvado", es decir liberado de cuanto impida que sea tomado en serio en su condición de hijo de Dios e integrado en la gran familia del Padre. Familia sólo se constituye si hay solidaridad afectiva y efectiva entre sus miembros: "Padre *nuestro…* venga tu reino (implica: hágase tu voluntad)… el pan da*nos* hoy… perdóna*nos* como perdona*mos…*" (QLc 11,2ss)[36]. Jesús lo mostraba proyectando en su vida y praxis el amor de Dios y el amor al prójimo[37]. Por

---

35 Muchos de los personajes son en realidad representantes de tipos de personas, por eso no todos tienen nombre y los rasgos son genéricos. Igualmente, los encuentros están relatados de manera que impacte en el lector la actitud de Jesús, el maestro.

36 O. Wischmeyer, *ob. cit.,* 85s, es de la opinión que, de las tres peticiones de la oración de Jesús, se puede deducir una "antropología implícita" que se remonta al Maestro.

37 Para Jesús, el prójimo era primordialmente –pero no excluyente– el israelita, su conciudadano (Mt 10,5s; 15,24: No vayan a los paganos). Una antropología universal se desarrolló luego, aunque, como hemos visto, ya estaba *in nuce*

eso daba tanta importancia al perdón y priorizaba el amor, medido por la actitud frente al prójimo.

DIOS REY - EL HOMBRE SIERVO

El tema central de la predicación de Jesús era la inmediatez del reinado de Dios. "El reino de Dios está al alcance (*éngiken*). Conviértanse y crean en la (esa) buena noticia", fue el anuncio programático de Jesús según el evangelista Marcos (1,15). Obviamente, si hay un reino o, más precisamente, un *reinado*[38], entonces hay un soberano. Éste es, evidentemente, Dios. De diferentes formas, en exposiciones, parábolas, cenas compartidas, curaciones y milagros en general, invitaba Jesús a su auditorio a "tener parte en el reinado de Dios".

Jesús no definió qué entendía por "el reino de Dios", no solo porque era entendible a su auditorio, sino sobre todo porque es una realidad experiencial. No es una teoría, un concepto o un objeto, sino una vivencia, la del reinado de Dios. De aquí la importancia comunicativa del comportamiento de Jesús y de sus parábolas, así como sus dichos y sus disputas con fariseos, como explicitaciones de lo que entendía por "reino de Dios". La expresión "reino de Dios" es metafórica, con lo que se contrapone al dominio y la subyugación de "Satán" –por eso la pedagogía en los exorcismos (vea esp. Mc 1,23-27; 3,23-27)–, y evoca las esperanzas mesiánicas (reino de David restaurado). En efecto, el reino de Dios es una realidad de dimensión política (algo que el vocablo "reino/reinado" denota) y por

---

presente en la visión de Jesús (las idas a Tiro, Sidón y Gadara; el centurión). Su misión la entendía centrada en su pueblo.

38 El texto griego del Nuevo testamento habla de reino (*basileia*) de Dios. En hebreo y arameo, corresponde a lo que llamamos reinado (*malkuta*). Obviamente no es un territorio, sino una realidad palpable comunitariamente. Su referente es Dios, entendido como rey, soberano.

tanto social, además de religiosa (no olvidemos que esas dimensiones estaban entrelazadas: la ley religiosa es la ley civil). De hecho, la propuesta de Jesús implicaba una revolución en las estructuras, que priorizaba el servicio sobre el poder y la fraternidad sobre la soberanía[39]. Por eso terminó sus días condenado a muerte por los guardianes del orden establecido.

El reino de Dios que Jesús predicaba es una realidad *presente*, actual, intrahistórica (no en "los cielos"), y tiene que ver con las relaciones humanas, con la vida. Este es el sentido de la mayoría de referencias al reino de Dios que leemos en los evangelios. Su dimensión es personal y comunitaria; no es espiritualista ni intimista: se vive en comunidad humana. Es un proyecto de radical humanización. Lo explicitan los milagros de Jesús y su predicación de fraternidad. Es lo expresado en las bienaventuranzas.

El proceso de instauración del reinado de Dios supone la liberación de las fuerzas destructivas para dar paso a las de vida. Jesús mandó a sus discípulos a anunciar el reino de Dios como una realidad inmediata y junto con ello a curar enfermos y expulsar demonios (Lc 9,1s par.; 10,9). El reino de Dios se hace realidad donde la vida (dignidad, salud, integración) tiene su plena valía. Por eso, donde reina Dios impera la armonía, la concordia entre todos, sin exclusiones ni opresiones. Lo primordial del reino de Dios es el predominio de la vida y la dignidad humanas –no de la religión. Por eso la gente acudía a escuchar a Jesús; "la realización del Reino es la realización de la vida"[40].

---

39 La literatura sobre la dimensión socio-política de la predicación de Jesús es abundante. El reino de Dios se contrapone al del César y al de Herodes. Reducir el "reino de Dios" a una dimensión espiritual es desconocer su trasfondo judío, la realidad en la que Jesús predicaba y el alcance de su predicación, ilustrada con su praxis. Es el sentido de la oración dominical.

40 J.M. Castillo, *El reino de Dios,* Bilbao 1999, 75.

"El Reino de Dios no es una teoría o una doctrina –concluye José María Castillo tras su lúcido estudio del tema–. El Reino de Dios es una manera de vivir, que sólo se puede entender y se puede explicar a partir de hechos y situaciones en los que se antepone la vida a todo lo demás, incluida la religión, cuando ésta no está al servicio de la vida"[41], y de la dignidad humana. Y la vida será plenamente humana si es plenamente libre.

El reino de Dios se constituye aquí y ahora por personas libres que, por tanto, tratan de vivir una existencia "auténtica", comprometida con la humanización de las estructuras del mundo, no por esclavos o servidores de éstas. Resulta de la libre opción por Jesucristo y su visión de la vida y de Dios, y el compromiso de vivir por sus pautas, que es la Ley expuesta por Jesús, cuyo mandato supremo es el amor. La *libertad* es una de las características distintivas del ser humano. Libertad es indispensable para poder asumir la responsabilidad por la opción hecha y sus consecuencias. Esto lo ilustra de modo impactante el relato de las tres tentaciones de Jesús. En ellas aparece en plena luz la humanidad de Jesús, su fragilidad y su fuerza. La puesta a prueba, la oferta de una *opción* más atractiva, que es parte de la experiencia humana cotidiana. Es la opción entre la existencia auténtica y la inauténtica. Haciendo eco al relato de Génesis 3, el hombre es tentado por múltiples caminos a endiosarse, a dominar sobre los demás y a hacerse servir en sus caprichos. El problema no es la tentación, que es una oferta, sino la opción producto de una libre decisión, de una opción.

Quien reconoce y proclama a Dios como soberano, "no puede servir a dos señores, pues aborrecerá a uno y amará al otro, o servirá a uno y menospreciará al otro" (QLc 16,13). Dicho en otros términos, el hombre no puede dejarse guiar por dos señores contrapuestos. De éstos, solo el dios de Jesús es salvador; sólo Él hace posible

---

41 Ibid, 471.

para el hombre llegar a su plena humanidad, que se obtiene teniendo parte en su reino. De aquí las reiteradas advertencias sobre el dios Mamón, el angustiarse por el *tener* en lugar del *ser*: "¿De qué le sirve al hombre ganarse el mundo entero, si él mismo se pierde?" (Mc 8,36). Es decir, el valor supremo es la persona, y las advertencias de Jesús no tienen otra finalidad que salvaguardar la valía y la dignidad humanas. Ese es el camino de Jesús, el que él vivió y al que invita.

Si Dios es rey, entonces, como se esperaba de todo rey, quiere la justicia y la libertad. De donde se puede deducir que, en la óptica del profeta Jesús, el reino de Dios es la gran comunidad de los liberados por el Rey. Y si es así, entonces la idea del hombre que tendría Jesús es la de alguien necesitado de liberación del dominio de fuerzas y estructuras inhumanas para recuperar su dignidad. La predicación de Jesús fue, por un lado llamar la atención a la cercanía de ese reinado, tradicionalmente asociado a la figura de David (mesiánico), es decir la posibilidad de hacerlo realidad, y por otro lado indicar con actos y palabras el camino de liberación que facilite el "ingreso" a ese reinado de Dios. De aquí la importancia de los exorcismos, y de las advertencias sobre las riquezas y el afán de dominación.

En la óptica de Jesús, para que el reino de Dios se haga realidad, es necesario enrumbarse hacia el propósito armonizante de la creación, o mejor dicho, hacia la voluntad primigenia del Creador. Ese es su tema. Por eso remite directamente a Dios, no a la Ley, ni a un culto, ni a una moral, ni a una doctrina. De hecho, el reino de Dios no es una religión o un culto o una doctrina. No cuadra con la visión legalista de la religión, por tanto marginadora, encarnada en los fariseos y maestros de la Ley. El reino de Dios es más bien una realidad que se asume y se vive existencialmente (fe) tal como la vivía y encomendó Jesús de Nazaret. Su religión no es una carga pesada (Mt 23,4) sino llevadera y ligera (Mt 11,30).

Porque compromete al hombre, el reino de Dios es una realidad profunda y radicalmente antropológica. Y por serlo, compromete al hombre en su dimensión comunitaria. El hombre no se realiza en su humanidad solo, sino en comunidad (recordemos Gén 1-2). Su norma suprema, que engloba toda otra norma y a la vez es la clave hermenéutica de su significación, es la del amor: "Amarás al Señor tu Dios…, y amarás a tu prójimo como a ti mismo. En éstos se resume toda la Ley y los profetas" (Mt 22,37 par.; Rom 13,9; Gál 5,14; Stgo 2,8).

Se "entra" en el reino de Dios en el momento en que se sigue a Jesús –proyecto de vida cuya culminación es *en* Dios. Ese reino "de Dios" – Dios es el del "reino"– se empieza a hacer realidad allí donde se acoge la predicación de Jesús (Lc 10,5-11). Dios reina allí donde se vive los valores expuestos por Jesús de Nazaret.

El reinado de Dios se materializa en una comunidad, en un pueblo –como "pueblo escogido"– no sólo a título personal, y ciertamente no de manera intimista o cultual. Por eso la importancia de las curaciones, de las llamadas a la compasión, de las advertencias contra la codicia y el rencor, resumido todo en la exhortación al perdón irrestricto y al amor universal[42]. De hecho, lo que impide la armonía para la cual el hombre fue creado, a imagen de Dios, es ni más ni menos que lo pintado en el relato de la tentación en Gén 3: el querer jugar a Dios. A esto hace eco la ya evocada escena de las tentaciones de Jesús.

La realidad del reino de Dios está expresada elocuentemente en las cenas. En el Oriente, las cenas son expresión de comunión entre las personas, de acogida plena del otro, por eso se dan con generosidad. El reino de Dios es como una gran cena, un banquete; es un gran compartir en clave de fiesta. Lo dicho del Reino en parábolas

---

42 Sobre todo esto vea esp. J.M. Castillo, *ob. cit.*, cap. 4.

que presentan cenas, lo practicaba Jesús compartiendo en cenas sin discriminar, con pecadores y publicanos, con fariseos también, con Marta y María, con Zaqueo.

Si el reino de Dios es inseparable de la vida, y si es una humanización radical, los ricos no pueden entrar en ese Reino –algo tan chocante hoy, igual que antaño–, porque obstaculizan que se haga realidad en esta vida; acaparan los medios para una vida más humana y digna de muchos otros, eso si no se aprovechan de las necesidades del pobre o lo empobrecen. "¡Qué difícilmente entrarán en el reino de Dios los que tienen riquezas!.... Más fácil es que un camello pase por el ojo de una aguja que el que un rico entre en el reino de Dios" (Mc 10,23ss par.). Como me comentó Bruce Chilton, "un camello que pasa por el ojo de una aguja ya no es un camello, y un rico que entra en el reino de Dios ya no es rico". Ese lenguaje elíptico, exagerado, resalta la seriedad de su mensaje: requisito para seguir a Jesús es la disposición real a compartir con los pobres (Mc 10,21 par.).

El reino de Dios es universal; no puede ser propiedad de un pueblo, de una religión o una raza. El reino de Dios es como un banquete al que están *todos* invitados, sin otra condición que aceptar "vestirse de fiesta", es decir participar de su convivencia en espíritu festivo, de armonía, concordia y solidaridad (Mt 22,1-14).

La imagen de Dios como rey que Jesús presentaba era la de un soberano misericordioso y a la vez justo y justiciero (Mt 5, 25). No es un déspota sino que, como el rey ideal cantado en los Salmos y alabado en la sabiduría, es defensor del pobre y el desvalido, y su cinturón es la justicia (vea p. ej. Salmo 72). El único tributo que exige es la misericordia (Mt 9,13). Dios no necesita ni exige nada para sí. No necesita ser aplacado, como los ídolos y como se pensaba en la teología cultual (sacrificios expiatorios).

Es a ese dios al que se refiere Jesús cuando habla de "el reina-do *de Dios*" –no del César o de Herodes. Hay un claro contraste. Un principio en ese "reinado" es que nadie debe actuar como "el primero", sino como siervo. La escena en Mc 10,35-45 lo ilustra claramente: "Ustedes saben que los que son tenidos por jefes de las naciones las rigen con despotismo, y que sus grandes abusan de su autoridad sobre ellas. Pero no ha de ser así entre ustedes. Al contrario, el que quiera ser grande entre ustedes, sea su servidor..." (v.42s). Y la imagen de la vida en ese reinado de Dios es la de una gran familia, como hemos visto al hablar de Dios padre, en la que nadie se impone sobre nadie.

Una palabra es necesaria sobre la imagen correlativa del *pastor*. En sintonía con profetas del Antiguo Testamento, Dios es presen-tado también bajo la imagen del buen pastor (Jn 10; Lc 15,3-7). Esta implica una idea de la humanidad como el rebaño del Pastor (cf. Ezeq 34). El buen pastor, como lo deletrea Jn 10, cuida de sus ovejas, hasta dar su vida por ellas. La perdida es buscada (QLc 15). Pero las ovejas, para estar seguras, deben dejarse guiar por el Pastor. Jesús presentía, en efecto, que muchos andan "como ovejas sin pas-tor" (Mc 6,34; Mt 9,36), por eso su denodada preocupación por "las ovejas perdidas", para traerlas al rebaño, a la casa del padre, al reino de Dios, lo que no significa otra cosa que restaurarles su dignidad humana y restablecer la armonía en la comunidad.

EN RESUMEN...

Para Jesús los hombres no somos una desesperada "naturaleza caída", corrupta por la concupiscencia, ni somos inevitablemente pecadores, sino hijos del Padre, sin distingos, aunque hijos débiles, necesitados de sanación. Por lo mismo, todos debemos esforzarnos por vivir como verdaderos hijos. Pero los hijos del Padre muchas veces han sido privados de su libertad y dignidad humana, y otras veces se han enfrentado entre sí o han abusado unos de otros. La misión asumida por Jesús era sanar a la humanidad (salvación). Eso significa hacer realidad el reino de Dios, viviendo como en familia, que tiene un solo padre, el Celestial, y nadie se comporta como tirano si todos son y se tienen por hermanos.

Desde la perspectiva de Jesús, el hombre se realiza plenamente como humano en la medida en que se rija por el mandato del amor, que supone capacidad de compasión y solidaridad, y de perdón e indignación ante la injusticia. Y eso es posible sólo siendo libres, por eso la misión de Jesús era iniciar un movimiento de liberación (salvación) de cuanto impida ser plenamente humano, es decir vivir como hijos del Padre, por tanto ver a los demás como hermanos[43]. En la medida que se viva esto, se recupera la humanidad, y el reino de Dios se hace realidad.

Como cristianos debemos tratar de hacer realidad la conocida exhortación "busquen primero el reino de Dios y su justicia, y todo lo demás se les dará por añadidura" (Mt 6,33). En concreto, eso significa (1) poner a las personas en el centro de nuestras preocupaciones; humanizar nuestras relaciones. Esa es "la causa" de Jesús[44]. (2) Significa tener sensibilidad hacia los más pobres, los excluidos, margi-

---

43 La Pasión y crucifixión de Jesús tiene una indudable dimensión antropológica (cf. Mc 8,34ss; 10,45). No là tratamos aquí pues nos desvía de nuestro tema al centrarnos en la persona de Jesús mismo, que ciertamente es el paradigma del discípulo.

44 No deja de ser sorprendente que, cuando se afirma que la preocupación primera e inmediata de Jesús era la restauración de la dignidad de las personas, se proteste diciendo que eso es "hacer sociología". Esa reacción resulta de una lectura miope de los evangelios o de simplemente ignorarlos, amén de algún prejuicio dogmático. Esa acusación proviene de los mismos que, con una visión dualista, relativizan la vida y la humanidad de Jesús de Nazaret para concentrarse en su divinidad, lo cual tiene sabor a monofisismo. Según ellos Jesús enseñaba cómo ir al cielo, no cómo hacer realidad el que "venga a nosotros tu reino", un reino que para ellos nada tiene que ver con las dimensiones social, política y económica, sino solamente con la espiritual…

nados y sobre todo los oprimidos y explotados. Es abrir los ojos del mundo a los submundos. (3) Significa socializar la economía. Gritar al cielo por los explotados, chantajeados y basureados. Eso exige luchar por una auténtica justicia social. (4) Significa luchar por sanar las dolencias y enfermedades: la ceguera ante la realidad del mundo, la parálisis ante la vida, la lepra de las marginaciones, las fuerzas destructores del espíritu,... Es decir asumir como propia la misión de Jesús: "anunciar el evangelio a los pobres, proclamar libertad a los cautivos, dar vista a los ciegos, liberar a los oprimidos" (Lc 4,18). Y, (5) significa liberar la religión de las trampas del farisaísmo (priorización de la Ley), del saduceísmo (priorización del culto), y del gnosticismo (priorización de las doctrinas), orientándola hacia la instauración del reinado del dios Padre de Jesucristo.

VIII.
EL NUEVO ADÁN

Puesto que Dios se reveló de manera definitiva en el hombre Jesús de Nazaret, es en esta persona en quien se desvela cuál es el sentido y el propósito de la vida humana, y cómo se realiza y se autentifica su ser humano, desde la perspectiva del Creador. Jesucristo es –esa es nuestra convicción– el *Grundbild* (imagen fundamental) de la existencia auténtica, que hace al humano ser humano. Él es el "hijo del hombre".

JESÚS, ICONO DE HUMANIDAD AUTÉNTICA

Jesús es el icono de Dios, imagen del Dios creador (Col 1,15; 2Cor 4,6)[1]. En él Dios se hizo prójimo (Mt 25,32ss), se hizo herma-

---

1 No es una afirmación sobre un algo estático, sino sobre el Jesús Cristo, que en su vida, su despliegue y proyección, es imagen de Dios, un dios de la historia en la cual se va revelando, por tanto en proceso (aquí habría que pensar en la llamada "Process Theology", mencionada anteriormente).

no (Mc 3,34 par; Mt 28,10)[2]. Pero también es icono de la humanidad creada para ser "imagen de Dios". El *logos* (palabra) encarnado, dirá Juan. Él es el paradigma del hombre realizado en su humanidad. Por eso una antropología que sea "neotestamentaria", o sea en perspectiva cristiana, debe tener como punto de partida la revelación de Dios en la persona de Jesús de Nazaret, no la situación del hombre en sí mismo, menos su supuesta condición de pecador, predeterminada por la concupiscencia, como era tradicional afirmar.

Quién es auténtica y cabalmente humano no es determinado por el hombre mismo, sino medido por la humanidad de ese "hombre de Dios" que es Jesucristo. El proceso de humanización no es otro que el camino seguido por Jesús (Mc 8,38).

Jesús, por su parte, estaba convencido de que su manera de entender y de vivir la vida la hace realmente humana, porque es la que sintoniza con Dios, creador y padre. Por eso invitaba a personas a seguir su camino, y luego encomendó a sus discípulos anunciar y vivir la misma buena nueva por doquier. Él es el icono de humanidad realizada.

La idea del hombre como "imagen de Dios", que Gén 1 destaca en referencia al hombre, está expresamente mencionada en diferentes cartas del Nuevo Testamento: 1Cor 11,7; Col 3,10/Ef 4,24; Stgo 3,9. Esta apreciación vale por cierto también para Jesucristo, y con más razón si es el Hijo de Dios. De hecho, en 2Cor 4,4 y en Col 1,15 Jesucristo es expresamente designado "imagen (eikôn, icono) de Dios"[3]. El texto más elocuente es el himno en Col 1,15-20:

---

2   Con un fuerte sabor joánico, Mt 11,27 va en sentido contrario a la idea tradicional que afirma que, puesto que Jesús es Dios, entonces conocemos a Jesús: "nadie conoce al Padre sino el Hijo y aquel a quien el Hijo quiera revelárselo". Al ver a Jesucristo se ve a Dios, como insiste el cuarto evangelio, no al revés.

3   Vea J. Jerwell, "Bild Gottes. I", en *Theologische Realenzyklopädie,* vol. 6, Berlin 1980, 491-498; H. Merklein, "Christus als Bild Gottes im Neuen Testa-

"Él es imagen (*eikôn*) del Dios invisible, primogénito de toda creatura.... El es el primogénito de entre los muertos... en él tuvo a bien residir toda la plenitud,...."

Este himno comienza calificando a Jesucristo como "imagen del Dios invisible". Se refiere a él en su condición actual de glorificado y como cabeza de la Iglesia[4]. Pero es imagen de Dios ya desde su humanidad (visible): un icono es una expresión o semejanza *visible*. Presupone la Encarnación[5]. Por eso a continuación se afirma que él es "primogénito de toda creatura" y "primogénito de entre los muertos", y que en "la sangre de su cruz" se da la reconciliación con Dios. Es decir, fue en Jesús de Nazaret en quien Dios se hizo visible. Nos recuerda Gén 1: el primer Adán fue creado a imagen y semejanza de Dios; es el *álef*. El segundo Adán es la auténtica imagen de Dios, en plenitud desde su resurrección (v.18c); es la *omega*.

Hebr 1,2s afirma que Jesucristo es "reflejo (*apáugasma*) de su gloria (de Dios), impronta de su ser..." –un circunloquio para el ser icono, imagen de Dios[6]. Igual que en el himno en Colosenses, aquí se da a entender que ese "reflejo" se manifestó históricamente "en la etapa final, (cuando Dios) nos habló por el Hijo", el encarnado histórico, que en la cruz "realizó la purificación de los pecados"[7].

---

ment", en *Jahrbuch biblische Theologie* n.13(1998), 58-75; J. Eckert, "Christus als 'Bild Gottes' und die Gottesebenbildlichkeit des Menschen", en H. Frankemölle – K. Kertelge, eds., *Vom Urchristentum zu Jesus,* Freiburg/Br. 1989, 337-357.

4   H. Merklein, art. cit., 64s. Debemos cuidarnos de una lectura neoplatónica, que contraponga cuerpo y alma.

5   No se refiere solo al varón. Al igual que en Gén 1, al cual Col 1,15 hace eco, no es cuestión de género; '*adam* es la humanidad, desdoblada en "varón y hembra". No es lícito entretejerle 1Cor 11,7 ("la mujer es la *gloria* [no icono] del varón") y desde allí interpretar Col 1,15. La una es carta de Pablo, la segunda no es del apóstol, sino de su escuela; Colosenses es deutero-paulina.

6   E. Grässer, *An die Hebräer,* vol.I, Zürich 1990, 60.

7   Ibidem 62s.

En ambos textos, en Col 1 y en Hebr 1, como advierte Helmut Merklein, "la imagen de Dios no se esfuma en el invisible mundo platóniço de las ideas, sino que toma forma (*Gestalt*) en la persona histórica de Jesús"[8]. En el cuarto evangelio vemos expresada claramente esa conclusión de Merklein: "el *logos* se hizo carne y habitó entre nosotros", prueba de esto es que "nosotros *vimos* su gloria –gloria como de Hijo único que viene del Padre" (Jn 1,14). Éste no es, obviamente, otro que el Jesús histórico, del cual el evangelista dirá repetidas veces que revela la gloria (*doxa*) de Dios, por eso es el Padre quien al final lo glorificará (en plenitud). Por cierto, esa gloria se ve sólo a través de los ojos de la fe: "a Dios nadie lo ha visto jamás, () el Hijo único es quien lo dio a conocer" (Jn 1,18). El cuarto evangelio es una exposición de Jesús como rostro visible del Dios invisible: el que me ve a mí, ve al Padre (14,8ss); yo hago lo que veo del Padre (10,37s); digo lo que oigo del Padre (8,40; 15,15).

Es en la Cruz donde se manifiesta la nueva creación: el *súmmum* del amor, hasta "entregar el Espíritu" al Creador en el camino del servicio a los hermanos, cual Hijo de hombre. La grandeza del hombre radica en esa capacidad de amar, pues es capacidad creadora que respira el mismo Espíritu de Dios de la creación y del bautismo de Jesús. La cruz evidencia, por un lado, la capacidad destructiva en la creación cuando se endiosa. Por otro lado evidencia la nueva creación en la que la humanidad se desvive, no por y para sí, sino en el amor a prójimo, amor salvador y salvífico. No se da por la vía de las observancias de leyes, preceptos y mandamientos, sino de la fe en Jesucristo, del hacerse uno con él, "primogénito de muchos hermanos" (Rom 8,29). El nuevo Adán vive por el Espíritu creador, en contraste con el primer Adán que vive movido por la carne.... (Rom 5,12ss). Es verdaderamente "hijo de Dios", y por tanto libre.

---

8   art. cit. 67.

Mirando a este acontecimiento histórico, el hombre está invitado a despojarse de la vieja condición humana para revestirse de la nueva: "No se mientan los unos a los otros, habiéndose despojado del viejo hombre con sus acciones y revestido del (hombre) nuevo. Este, conforme a la imagen (*kat'eikona*) del que lo creó, se va renovando hasta el conocimiento donde no hay griego ni judío, circuncisión ni incircuncisión, bárbaro ni extranjero, esclavo ni libre, sino que Cristo es todo y en todos" (Col 3,9-11). Animado por el mismo Espíritu que impulsaba a Jesús, el hombre está invitado a "revestirse" de Cristo Jesús (Gál 3,26), hasta poder exclamar, como Pablo, "ya no vivo yo; es Cristo quien vive en mí" (Gál 2,20).

Jesucristo es, pues, el icono de humanidad propuesta por Dios[9]. Dicho de otro modo, el paradigma de humanidad redimida y humanizada no es otro que Jesús de Nazaret. Por eso Pablo podía afirmar en Rom 8,29 que, "a los que de antemano (Dios) conoció, también los predestinó a reproducir la imagen (eikonos) de su Hijo, para que fuera él el primogénito entre muchos hermanos". Por tanto el cristiano debe tener a Jesús el Cristo como su referente del hombre perfecto[10].

En 1Cor 15,49 Pablo empleó el vocablo *eikôn* antropológicamente: "Como hemos llevado la imagen del hombre terreno, llevaremos también la imagen del celestial". Al ser Jesús el auténtico icono de Dios, es él quien hace posible a la humanidad el acceso a ese Dios. Como dice Helmut Merklein, hace posible que el hombre pueda ser

---

9   J. I. González Faus tituló su conocido tratado de cristología "*La humanidad nueva*". En la misma vena, la más reciente presentación, de J. Moingt, que la tituló "*El hombre que venía de Dios*".

10 Buen resumen en U. Luz, "Imagen de Dios en Cristo y en los hombres en el Nuevo Testamento", en *Concilium* n.50 (1969), 554-566. Icono es una imagen que tiene *profundidad*. El icono se pinta desde el centro hacia fuera. En un icono de un rostro los ojos son fundamentales. Como me recuerda un amigo, el icono se narra, y el icono se lee.

"auténtica imagen de la imagen de Dios"[11]. Por eso escribió Pablo a los romanos que Dios nos destinó "a reproducir la imagen (*summorphous tês eikonos*) de su hijo" (8,29). La plenitud por cierto se dará al culminar esta vida: "nosotros todos, mirando con el rostro descubierto y reflejando como en un espejo la gloria del Señor (Jesucristo), somos transformados de gloria en gloria en su misma imagen (*tên autên eikona metamorphóumetha*), por la acción del Espíritu del Señor" (2Cor 3,18; cf. 4,4). Este proceso de transformación se da "por la acción del Espíritu" que nos mueve a vivir como vivió Jesús de Nazaret, reflejando así al Evangelio, al seguirle e imitarle[12]. Su realismo se manifiesta en "el fruto (singular!) del Espíritu: amor, alegría, paz, comprensión, benignidad, bondad,..." (Gál 5,22).

Si la tradición cristiana preservó relatos de la vida de Jesús y los atesoró, fue porque en ellos se veía una luz para el camino y el sentido de la vida de las personas; eran paradigmáticos. No se preocuparon por preservar doctrinas o enseñanzas en sí, sino una determinada manera de entender al hombre y de vivir la vida. El evangelio es buena noticia para el hombre, para su vida, para su realización humana. No se trata de ir al cielo, sino de empezarlo aquí.

Es así que Jesucristo es paradigma para la humanidad; es el "nuevo Adán".

JESÚS, VERDADERO HOMBRE

Ante la tendencia a espiritualizar a Jesús o sobredimensionar su divinidad, es necesario resaltar que los cuatro evangelios canónicos presentan el recorrido de un hombre de carne y hueso, no mitológico o imaginario, llamado Jesús, de Nazaret, hijo de María y José. Era

---

11 Art. cit. 69.
12 Vea al respecto el magnífico estudio de R. A. Burridge, *Imitating Jesus. An Inclusive Approach to New Testament Ethics,* Cambridge 2007.

tan humano que vivió tentaciones, tuvo amigos, compartía con la gente, experimentaba emociones, se compadecía, y finalmente fue arrestado, condenado y ejecutado en una cruz en Jerusalén. Hablamos, repito, de un hombre real, no de un personaje mitológico, cuya existencia refrendan autores no-cristianos de antaño (Flavio Josefo, Tácito, Suetonio; el Talmud), que vivió en un tiempo y lugar concretos. Un humano que compartió las contingencias propias de su tiempo, pero también vivió la individualidad que lo hacía único, como es propio de toda persona.

No admitir la humanidad integral y consecuente de Jesús de Nazaret, no sólo es arriesgar caer en alguna de las herejías cristológicas (arrianismo, subordinacionismo, adopcionismo), sino que, más seriamente, es negar la encarnación en su sentido más primigenio: se hizo carne (Jn 1,14), solidario con la humanidad, humano en todo (Hebr 5,7s), "el primogénito de muchos hermanos" (Rom 8,29). Ya lo advirtió el autor de 1 Jn: "todo espíritu que confiesa a Jesucristo, venido en carne, es de Dios; y todo espíritu que no confiesa a Jesús, no es de Dios; ese es el del anticristo" (4,2), reiterado en 2 Jn: "Muchos seductores han salido al mundo, que no confiesan que Jesucristo ha venido en carne. Ese es el seductor y el anticristo" (v.7).

La minusvaloración de la humanidad de Jesús se refleja en la falta de estudios, aparte de la búsqueda del Jesús histórico, sobre la antropología en los evangelios[13]. Las consecuencias de esta miopía son conocidas a lo largo de la historia del cristianismo: la atención se concentra en la escatología, acentuada con la tradición platónica que, en su visión dualista, desprecia el cuerpo y sobrevalora el alma; la predicación y la catequesis fijan la mirada en los cielos, no en la tierra, preocupadas en asegurar la salvación del alma; la fe se entiende como asentimiento a doctrinas, no como compenetración con la

---

13 Una de las notables excepciones la constituye el estudio de A. Simons, *Ser humano. Ensayo de antropología cristológica,* Lima 2011.

persona de Jesús Cristo y el consecuente seguimiento de su camino, camino que puso en el mero centro a las personas vistas desde Dios como hijas del Padre, por tanto hermanas unas de otras. Se forjó una teología metafísica, ignorando el Evangelio, y una ética de leyes, no de libertad. Jesús pasó a segundo plano frente a la concentración en Dios y la Iglesia; y de Jesús la atención se concentra en su gloria, su poder, su divinidad, obliterando su humanidad. La religión relaciona al hombre con Jesucristo en el culto y no en el seguimiento: se venera al Jesús glorioso pero su humanidad es recuerdo u objeto sólo de admiración. El resultado es un cristianismo que no está comprometido con la humanidad en cuanto humanidad, con sus vicisitudes. No se indigna efectivamente ante las injusticias, discriminaciones, empobrecimientos, opresiones, o marginaciones de la humanidad. Dicho evangélicamente, no se confronta con los criterios del juicio final en Mateo 25, ni bendice a los sujetos de las bienaventuranzas en Mateo 5. No encarna las afirmaciones introductorias de la *Gaudium et Spes,* del concilio Vaticano II: "Los gozos y las esperanzas, las tristezas y las angustias de los hombres de nuestro tiempo, sobre todo de los pobres y de cuantos sufren, son a la vez gozos y esperanzas, tristezas y angustias de los discípulos de Cristo…. La Iglesia por ello se siente íntima y realmente solidaria del género humano y de su historia" (n.1).

Este hombre Jesús de Nazaret, según la fe cristiana, encarna la revelación definitiva de Dios; es el *logos* de Dios. ¿Qué es lo distintivo de este hombre desde la perspectiva de su humanidad? No pretendo hacer un tratado teológico sobre Jesucristo, de los que ya hay muchos y excelentes, sino resaltar su humanidad. Por eso remito a los evangelios, donde se resalta precisamente lo que hace de Jesús de Nazaret ser único, hijo de Dios e hijo de hombre. En él convergen de pleno Dios y el hombre! En él Dios se hizo "prójimo" (vea Mc 9,37 par; Mt 25,32ss). Visto al revés, él es el paradigma del hombre realizado en su humanidad.

Valgan, en esa vena, unas palabras sobre la idea subyacente que se forjó en la tradición cristiana *naciente* sobre la humanidad de Jesús. Esta fue marcada profundamente por su Pasión. En ella, inseparablemente de su resurrección, puso el sello de garantía de la seriedad de su predicación, en la que resaltaba la importancia capital de vivir por el principio del amor ilimitado, incondicional, e irrestricto, hasta dar la propia vida. Lo que hace al hombre ser humano es vivir la vida auténticamente, es decir en clave de servicio, de don de sí mismo, lo que sólo es posible como persona libre. Libre quiere decir despojada de intereses egoístas, y esto va "hasta las últimas consecuencias" coherente y tenazmente.

La idea que nos formamos de Jesús de Nazaret –forjada ya a lo largo de la historia del cristianismo– depende en buena medida, entre otros factores, de nuestra idea del hombre, es decir de *nuestra* visión antropológica, además de nuestra particular comprensión de los evangelios y de nuestros presupuestos dogmáticos[14].

Los estudios exegéticos críticos han arrojado un perfil de Jesús que confiadamente podemos aceptar como correspondiente a su personalidad histórica. ¿Qué podemos saber sobre Jesús? La mejor exposición que poseemos en castellano, que recoge los frutos de los estudios críticos, es aquella elaborada por José Antonio Pagola, *Jesús. Aproximación histórica*[15].

---

14 Cf. C. A. Evans, *El Jesús deformado,* Santander 2007.
15 Madrid 2008. En pocos meses llegó a 8 ediciones. Si bien vapuleada por sectores conservadores, recibió los aplausos de renombrados exegetas y, más recientemente, el Card. G. Ravasi la elogió como "el modo más transparente" para guiar al lector no técnico en el conocimiento del Jesús histórico.

EL NUEVO ADÁN

Con su muerte y resurrección Jesucristo pasó a ser el nuevo *Urmensch* de dimensión escatológica. Por eso, el que "muere con Cristo" renace a una vida nueva que se extiende hacia la resurrección (Rom 6,3ss). De aquí que Pablo concentrara su atención en la cruz y resurrección de Jesucristo. Todo depende de la relación que se establezca con Jesucristo. Es el sentido de la expresión paulina "en Cristo".

Fue san Pablo quien, en Rom 5 y 1Cor 15 calificó a Jesucristo como el "nuevo Adán". En Rom 5 afirmó que el primer Adán era "figura (*typos*) de aquel que estaba por venir" (v.14). El nuevo Adán vive por el Espíritu creador, en contraste con el primer Adán que vive movido por la carne (Rom 5,12ss; 1Cor 15,22.45). Su obediencia a Dios contrasta con la desobediencia del primer Adán (5,19), como el tipo y el antitipo. El contraste es entre dos personas, Adán y Jesús, ambas vistas por Pablo desde la perspectiva histórica[16]. Para Pablo, Jesucristo es el Adán definitivo, cabeza de la nueva humanidad, de vida nueva (Rom 6,4).

En 1Cor 15,45, Pablo escribió: "El primer hombre, Adán, fue hecho ser viviente; el postrer Adán (fue hecho) espíritu que da vida" por su resurrección. Como nuevo Adán da origen a una nueva manera de ser humanos. El hombre en este mundo adquiere su dignidad humana sólo en la medida en que se mida con "el postrer Adán". Por eso Pablo podía hablar de ese hombre como "nueva creación" (2Cor 5,17; Gál 6,15), es decir como aquella que Dios había hecho al inicio, como "imagen y semejanza" suya. El factor decisivo que produce el cambio es la presencia y acción del Espíritu, el mismo

---

16 Para Pablo, como para todos sus contemporáneos –y por largos siglos, hasta hoy–, Adán era tenido como una persona histórica real, no como un personaje literario. Igual leemos de otros personajes como Noé (QLc 17,26s; 1Pdr 3,20) y Jonás (QLc 11,29ss).

que impulsaba a Jesús y que lo resucitó. Por eso Pablo podía decir que Jesucristo, "el postrer Adán, (fue hecho) espíritu que da vida (*pneuma zoopoioun*)" por su resurrección.

La acción del Espíritu es procesal; no se da de golpe y porrazo pues depende del sujeto, el hombre, que es quien va madurando. Es un proceso de configuración con Jesucristo vivido concretamente aquí, cuya culminación, obviamente, se da en la trascendencia tras la muerte (1Cor 15,49s).

El fruto del Espíritu está descrito por Pablo en Gál 5,22s. En eso se revela la persona como plenamente humana (cf. 1Cor 12-14 como bloque; Rom 7-8; 12,6-9; Gál 5,16-25). No es metáfora o poesía; es realidad vivida concretamente en este mundo.

HIJO DE HOMBRE

Jesús se autocalifica en repetidas ocasiones como "hijo del hombre". Ben 'adam (hebreo)/bar 'enosh (arameo) es la expresión semítica que designa al ser humano en cuanto que es hijo de 'adam[17]. Lingüísticamente, es un circunloquio para el pronombre personal (yo)[18], pero con el matiz que enfatiza su humanidad. Cuando Jesús lo empleaba en relación a su comportamiento[19], esta expresión, poco

---

17 Se trata de un modismo semítico para expresar una cualidad. Hijo del demonio equivale a endemoniado; hijo de la mentira designa al mentiroso; hijo del hombre denota la cualidad de ser humano, enfatiza su humanidad. No es de por sí un título.

18 Cf. detalladamente H. E. Tödt, *The Son of Man in the Synoptic Tradition,* Londres 1965. Vea, p.ej. el paralelo a Lc 12,8 (hijo del hombre) en Mt 10,32 (yo).

19 El hecho de que haya quedado impregnado en las memorias de Jesús se debe a su carácter enfático, que visto en perspectiva resalta su *solidaridad* con la humanidad –por la cual entregó su vida. "Hijo del hombre" en frases referentes a la escatología, en particular a la parusía, son indudablemente aplicaciones de este calificativo puestos en su boca durante la tradición post-pascual a modo de

común, llamaría la atención porque enfatiza su "solidaridad" con la humanidad: yo, aquel tan humano como ustedes,...[20]. Por ser solidario es que se puede apropiadamente hablar de un proyecto universal de salvación, y de Jesús como el "nuevo Adán". Así lo hizo expresamente san Pablo en Rom 5.

Con esto en mente podemos apreciar mejor la expresión "hijo del hombre" en boca de Jesús, muy particularmente cuando la emplea en contextos en los que se presenta en actitud de servicio[21]: "El hijo del hombre no vino para ser servido, sino para servir" (Mc 10,45). Particularmente cuando alude a lo que tendrá que sufrir, esta expresión revela la cercanía de Jesús a la humanidad, su solidaridad con ella, especialmente la sufriente. Esto significa que se determina quién realmente es humano midiéndolo con la humanidad de Jesucristo, más concretamente, con su com-pasión, de la cual él es el paradigma.

Al utilizar la expresión "hijo del hombre" en las referencias al *juicio final*, adquiere un nuevo sentido. Éstas no se originaron en Jesús, sino en la tradición cristiana inspirada en Daniel 7. En esos pasajes se afirmaba que el paradigma con el que se juzgará a la humanidad no es otro que la humanidad de Jesús de Nazaret. Esto está claro en el cuadro pintado en Mt 25,31-46. Y si el que ha de volver (parusía) es calificado como "el hijo del hombre", eso significa que fue en ese hombre concreto, Jesús de Nazaret, en quien Dios reveló concretamente lo que debe ser la humanidad según el designio divino. Su camino es el que conduce a la humanidad a ser humana –lo distingue del animal, del que camina "según la carne" (Rom 8).

---

título honorífico, inspirados en los libros de Daniel y Henoc. No son originales de Jesús.

20 E. Reinmuth, *Anthropologie im Neuen Testament,* Tubinga 2006, 73s; 79.

21 Esta actitud es contraria a la que se pinta en Daniel 7 sobre aquel "hijo del hombre", que vendrá sentado en gloria, será servido, y juzgará a las naciones.

El evangelista Marcos en particular ha expresado mediante la designación "hijo del hombre" cómo se acerca Dios a los hombres en la vida concreta de Jesús, tanto en sus palabras como en su conducta. Al mismo tiempo, y por contraste, pone en evidencia lo que es la negación de la vida vivida humanamente, o mejor dicho, del actuar que es inhumano o inauténtico. Quién es humano no es determinado por el hombre mismo, sino medido por la humanidad de ese "hombre de Dios", Jesucristo. El proceso de humanización no es otro que el camino seguido por Jesús (Mc 8,38). "El futuro de la humanidad es el del hijo del hombre"[22]. Qué significa ser humano se determina en relación a ese camino, que es el de Dios –no el de Judas, ni el de Caifás, ni el de Pilato, ni el de los fariseos y los maestros de la Ley (ver abajo).

En pocas palabras, como hijo de hombre, y precisamente por eso, Jesús puso en el centro de su predicación evangélica a la persona en su humanidad. Se solidarizó plenamente con ella. Fijó la atención allí donde la religión formalmente no la ponía. La fijó en el hombre como persona con dignidad y derecho al honor –valor supremo en el oriente–, con sus fragilidades y sus esperanzas, con sus penas y sus alegrías. Fue por eso por lo que Jesús sintonizaba con el pueblo sufrido y lo buscaba. Más se parece a Job[23] que a los amigos de éste, y a los profetas que al sacerdocio. No en vano se ha visto a Jesús como maestro sapiencial, y se ha hablado de él inclusive como sabiduría encarnada[24]. Por eso afirmamos los cristianos que Jesús "vino para salvar a la humanidad"[25].

---

22 Reinmuth, ob.cit., 83.
23 Jesús ha sido comparado con Job, al igual que al siervo sufriente de Isaías.
24 M. Gilbert – J.-N. Aletti, La sabiduría de Jesucristo (CB 32), Estella 1985; J. P. Lémonon, Jesús de Nazaret Profeta y sabio (CB 119), Estella 2004.
25 El gran detalle de esta afirmación doctrinaria está en la manera en que se entiende "salvación". Tradicionalmente equivale a "ir al cielo" o, dicho más teológicamente, a "gozar de la visión beatífica". La atención está fijada en el más allá de la muerte. Sin embargo, no era en eso precisamente en lo que pensaría Jesús y la gente entendería de su predicación. La atención de Jesús estaba centrada

NUEVA CREACIÓN

Nueva *creación* es una expresión antropológico-teológica usada por san Pablo[26]. Es así como calificaba la manera nueva de vivir la humanidad encarnada en Jesucristo, en contraste con la precedente que fue configurada por "Adán" como lo pinta el relato de Génesis. Por eso Pablo podía hablar de Jesucristo como el "nuevo Adán". Esa nueva creación empezó con la encarnación de Jesucristo, por obra del Espíritu Santo. El acontecimiento-Jesucristo significaba el inicio de la nueva creación ansiada por los profetas y otras comunidades[27]. Con él se instauraba una nueva dimensión en la historia (2Cor 5,16s), abierta a las personas que quieran re-nacer a una nueva vida marcada y guiada por el Espíritu (Jn 3), como enfatizaba Pablo al tocar la dimensión ética –que contrasta con la vida "según la carne" (Gál 6,15; Rom 8). En ella, que es un estar "en Cristo", ya no hay "judío ni griego, esclavo ni libre, varón ni mujer" (Gál 3,28; Col 3,11), es decir el mundo es reconciliado.

La expresión "nueva creación" usada por Pablo pone de relieve esta dimensión de carácter soteriológico –libera a la humanidad de su inhumanidad, al pasar del ámbito de la carne al del Espíritu, el mismo que movió a Jesucristo a vivir y proclamar el Evangelio (ver Rom 8). Esa expresión es el *Leitbegriff* (el concepto fundamental) de la antropología teológica de Pablo[28].

Ahora bien, la Buena Nueva (evangelio) es sencillamente que *sí* es posible la realización del hombre en su humanidad, es decir lograr

---

en este mundo; su predicación estaba orientada a la vida presente, a hacer que *"venga* tu reino" (cf. Mc 1,15), y lo ilustraba con su praxis y curaciones.

26 J. Mell, *Neue Schöpfung,* Berlin 1989.
27 Cf. esp. Isa 43,16-21 [v.19]; 65,16-23. En Qumrán: 1QH 3,11s.19-23; 11,9-14; 13,11s; 15,13-17; 1QS 4,23-26; 1QTemp 29,9; et.Henoc 72,1; 91,15s; 72; Jub 1,29; 4,26; 4Esdr 7,75.
28 J. Mell, *ob. cit.,* 387.

una "existencia auténtica". Esto exige curarse de los demonios, de los miedos, de la lepra social; supone apertura al otro, verlo como reflejo del yo, como hermano/a; supone romper las limitaciones de la ley religiosa y también cambiar de centro focal: no la Ley *per se*, sino la Ley *pro nobis*, no el agradar a Dios sino el abrazar al prójimo. De aquí la primacía del amor al estilo de Jesucristo, lo que se traduce en la primacía de las personas. Todo esto significa que el hombre no nace plenamente humanizado, sino que su humanización es un proceso que, por un lado supone conocer "el camino, la verdad y la vida", y por otro lado constantemente exige decisiones entre "lo bueno y lo malo" (Gén 3), entre una existencia auténtica y una inauténtica.

El Evangelio es, pues, en realidad esa buena noticia de la posibilidad de tener parte en la nueva creación, iniciada por Jesús de Nazaret, nuevo Adán, que es impulsada por el Espíritu, operando ahora en Jesucristo (de aquí la importancia del relato del bautismo de Jesús, y las referencias al Espíritu, esp. en Juan).

La culminación de esa nueva creación se da en la resurrección (Rom 4,17), a la que estamos invitados a participar –resucitar con Él: Rom 6,3ss. A título personal[29], la relación con Dios se da ahora pasando por la fe en la persona de Jesucristo, ya no por la Ley, que nos establece como "hijos de Dios" (Gál), por eso se vive en comunidad como "cuerpo de Cristo" (1Cor 12,13). Esto se visualizaba en el bautismo –un morir y resucitar con Jesucristo, pasando a ser nueva creatura de Dios– y se manifiesta como real en la medida en que el mismo Espíritu está activo en la persona al vivir el amor, "el fruto del Espíritu", como lo llama Pablo (Gál 5,5s).

---

29 La expresión "nueva *creación*" no la aplicó Pablo a los individuos, sino a la dimensión comunitaria o cósmica (creación). El hombre será "creatura" nueva. Recordemos que Pablo pensaba y hablaba del cristianismo en términos relacionales, por tanto comunitarios, no individuales. El cristiano lo es en la medida en que es parte integral del "cuerpo de Cristo", o sea de la *ekklesía*.

LO PARADIGMÁTICO EN JESÚS

No es'el actuar el que constituye al ser humano, sino al revés, el actuar *resulta* de su ser humano y lo revela: *agere sequitur esse*, se actúa en consecuencia de lo que se es, reza el aforismo latino. El hombre no es producto de sus acciones. Se actúa según lo que se es; y en el actuar se desvela quién y qué es el que actúa.

Lo excepcional y distintivo de Jesús descuella cuando se contrasta con los personajes que aparecen en los evangelios:· con Judas y Pedro, con los discípulos y la muchedumbre, con los fariseos y los saduceos, con los letrados y los ricos.

Lo primero que llama la atención es la opción de Jesús por el hombre. Sus enseñanzas a sus discípulo se centraban en las relaciones entre personas: el perdón, la humildad, la servicialidad, la solidaridad, es decir hacer realidad el reinado de Dios aquí y ahora. Sus conflictos con las autoridades religiosas se centraban en la importancia de las personas y no en la Ley y las tradiciones religiosas: "el sábado fue hecho para el hombre, no el hombre para el sábado" (Mc 2,27 par.), por eso Jesús era motivo de escándalo para los "justos". Piense en la escena del paralítico bajado desde el techo (Mc 2,1-12 par.): más fácil es perdonar pecados que curar a un paralítico, y es precisamente lo más difícil pero importante lo que hizo: hacerlo caminar, devolverle la vida (parálisis simboliza muerte). Y eso produce escándalo, ¡hasta hoy!

Jesús no sólo no era indolente ante los sufrientes y marginados que salían a su paso, sino que se comprometía a liberarlos, se les acercaba, los levantaba, les inyectaba esperanza, les aseguraba que Dios sí está de su lado. Hacía suyas las aspiraciones de los pobres y relegados. Y es que se dejaba guiar e inspirar por Dios, el padre compasivo. Buscaba hacer su voluntad, que entendía como un dar su vida para salvar, es decir dignificar a las personas liberándolas de la baja estima, de la parálisis, de la marginación, del agobio de pesadas cargas religiosas, de los males que las abruman.

Lo segundo que impresiona de Jesús es que predicaba la inmediatez de un "reino de Dios" que contrasta con las expectativas triunfalistas comunes en su tiempo. Ese Dios es primordialmente Padre, escandalosamente cercano a los hombres. Jesús es su hijo y actúa como tal. Por tanto, solidario con los hombres: es "hijo de hombre". Dios Padre lo es de los humildes, los ninguneados, los moralmente descalificados por los que se tienen por justos.

Jesús no es el dueño del Reino, menos su rey, sino mediador y guía: "venga *tu* reino… hágase *tu* voluntad…". Rehuía las tentaciones de endiosarse, de la vanidad, de la búsqueda de poder y dominación, del prestigio (recuerde las tres tentaciones). Jesús no imponía religión alguna, ni cultual, ni ritual, ni jurídica. Sólo exhortaba de diversas maneras a vivir guiados por el amor. Por lo mismo, de talante universalista, no discriminaba, ni por sexo, raza, o religión.

Jesús era un hombre eminentemente libre[30]. No se interesaba por lo que dijeran, pero era tercamente fiel a la voluntad del dios Padre. Es así que fue consecuente hasta la muerte, y muerte de cruz…

Jesús vivía espíritu de pobre; no buscaba nada para sí. Por lo mismo era humilde y servicial. Jesús, el icono de Dios, se presenta como servidor de sus hermanos los hombres: "no vine a ser servido, sino a servir" (Mc 10,45). Esto lo ilustran sendos episodios en los evangelios –el más impactante, que debe ser modélico, es el lavatorio de pies en Jn 13. Bien conocemos sus múltiples advertencias sobre el ser primero…

---

30 Cf. C. Duquoc, *Jesús, hombre libre*, Salamanca 1974.

El rasgo más saltante de la humanidad de Jesús quizás sea su compasión, sobre la que ya hemos hablado ampliamente en el capítulo anterior.

Quiero compartir aquí las acuciosas observaciones del conocido psicoterapeuta y teólogo Enrique Martínez Lozano sobre la personalidad de Jesús[31]. Empieza aclarando conceptos. "La conciencia transpersonal es una conciencia *unitaria* y *desegocentrada*. Quien accede a ella, 've' la unidad de lo real más allá del velo opaco que interpone la mente –más allá de las aparentes diferencias– y *actúa* desde el *amor* a todos los seres. De ahí que los dos rasgos más característicos de quien se halla en ese nivel de conciencia sean la *sabiduría* y la *compasión*"[32]. El eje de la conducta de Jesús era el amor a los otros, expresado como compasión, servicio, bondad. Eso "no proviene, en primer lugar, de un empeño ético, esforzado o voluntarista, sino de su propia *comprensión* de la realidad: él (Jesús) vio que el yo no era la realidad definitiva y por eso mismo enseñó que *vivir para el yo equivale a perder la vida*"[33]. Eso le hace ser plenamente humano. Eso vivía Jesús y lo quería compartir y contagiar.

En cambio, el 'yo' busca aferrarse a lo que le dé seguridades y le autoafirme (cf. Mt 6,19ss), eso se manifiesta en el ansia por acumular, de figurar, de ser aplaudido, de buscar imponerse y descollar. No es el ser sino el tener el que lo guía. Eso deshumaniza. Jesús, en cambio, invitaba a priorizar el ser: ser prójimo, ser compasivo, ser servicial, ser humano.

El hombre se desplegará como humano cuando no se deje encerrar en la cárcel del yo. Esto significa que no verá a los otros como

---

31 "El hombre sabio y compasivo: Una aproximación transpersonal a Jesús de Nazaret", en *Journal of Transpersonal Research* 1(2009), 34-56. Agradezco a Javier Pérez Barco haberme llamado la atención y facilitado este texto.

32 *Art. cit.*, 36 (énfasis del autor).

33 Ibid, 37; cf. Mc 8,35; Mt 5,38-41: 5,43ss; 6,25-34.

rivales, sino como hermanos. Implica también descartar la idea de actuar para ser premiado (centrado en el yo), de "cambiar un 'tener' por otro 'tener'"[34]. El que es verdaderamente humano no actúa para 'tener' sino para 'ser'[35].

Visto desde otro ángulo, la conciencia *unitaria* es "el reconocimiento de la 'familiaridad' universal... la conciencia inclusiva por la que nos descubrimos y sentimos unidos a todos los seres"[36]. Es la fuente de la com-pasión. Recordemos el cuadro del juicio final en Mt 25: "cuando tenía hambre...". Cuando le preguntan a Jesús "¿quién es el más importante?" pone como respuesta a un niño en el medio! Alguien tenido por su sociedad como carente de derechos, que no cuenta. Con ellos se identifica Jesús –"quien recibe a uno de éstos, a mí me recibe" (Mt 18,1-5). Esto hace al hombre ser verdaderamente humano.

Jesús "fue el 'hombre fraternal': todo su comportamiento tuvo como eje el amor a los otros, expresado como *bondad, compasión* y *servicio incondicional.* .... él vio que el 'yo' no era la realidad definitiva, y por eso mismo enseñó que *vivir para el yo equivale a perder la vida.* Y lo que enseñaba no era diferente de lo que él mismo vivía"[37]. "¿De qué le aprovecha al hombre ganar el mundo entero si él mismo se pierde?" (Mc 8,36 par.).

Podemos añadir que Jesús veía al hombre en clave de *felicidad*, vocablo por cierto ausente, pero su espíritu impresionantemente presente[38]. Contrasta con el ascético Juan Bautista. El ayuno no es para el tiempo en que Jesús esté presente; este es tiempo de festejar *con*

---

34 Ibid., 39.
35 Vea las incisivas observaciones de E. Fromm, *¿Tener o ser?* México 1998.
36 Ibid., 42.
37 Ibid., 55.
38 Cf. J. M. Castillo, *Dios y nuestra felicidad,* Bilbao 2005; E. Arens, *El humor de Jesús y la alegría de los discípulos,* Lima/Madrid 2006.

"el novio" (Mc 2,18-20). Es tildado de "bebedor y comilón" (QLc 7,34). Son conocidas sus cenas compartidas, con espontaneidad, aceptando a las personas como son. Compara el reino de Dios a un banquete (Lc 14,16ss), a una fiesta de bodas (Mt 22,2ss) –nunca a un velorio o un funeral.

EN RESUMEN...

Con la Encarnación, Dios se puso históricamente del lado de la humanidad. Jesús es el icono de Dios, y también de la humanidad redimida. Dios y hombre convergen. En él, confesado como el mesías y reconocido como el "nuevo Adán", guiado por el Espíritu, se renuevan la creación y la alianza, más precisamente se concretiza la esperada "nueva alianza" (2Cor 4,4ss) y se inaugura una "nueva creación". Su Ley o torá es la del amor cuyo paradigma es él: "ámense como yo les he amado" (Jn 13,34; 15,12).

Jesucristo es modelo para la humanidad rescatada y glorificada. El es *Grundbild* (modelo fundamental) de aquello que hace al hombre ser humano. En la medida en que se cree en Él, que se traduce en asumir su camino, se es hijo de Dios, como lo es Él mismo, y por tanto heredero... (Gál 4). Creer es un modo de vida, no solo de pensar. De aquí la importancia en los evangelios del *seguimiento* de Jesús –no de imitarle.

Ser cristiano es en esencia seguir a Jesús de Nazaret, ser su discípulo. Eso significa tomar en toda seriedad su humanidad, en la cual Dios reveló de forma eminentemente pedagógica el camino de "salvación". No se puede ser discípulo de un mito o de una divinidad. Inseparablemente, significa tomar en serio la humanidad y el proyecto de humanización de las personas, que es la intención del Creador, manifiesta en Jesús de Nazaret, icono de humanidad humanizada. Esto puede sonar a reduccionismo, sociologismo, pero...

el centro ético del evangelio es el mandato del amor concreto entre humanos. Jesús es el paradigma.

Con su resurrección, Jesucristo da inicio a una humanidad consumada (1Cor 15,17ss), de la cual Él es imagen (1Cor 15,45-49). El creyente en Jesucristo pasa a ser una "creatura nueva" (2Cor 5,17; Gál 6,15; Jn 3), entra a formar parte de la "nueva alianza" (Lc 22,20; 1Cor 11,25; Hbr 8,6-13; 9.15-28). ¿Por qué? Porque el creyente, por el hecho de serlo, sigue el camino del Espíritu, el mismo que movió a Jesús (Rom 8; Gál 5,22-25). En su comunión con Jesucristo, pasa a ser persona auténticamente libre, hija del Padre (Gál).

En la experiencia y la convicción de san Pablo el cristiano, que vive "en Cristo", es una "nueva creatura" (2Cor 5,17; Gál 6,15), siendo que Cristo es "el primogénito de toda creación" (Col 1,15; Apoc 3,14). La carta de Santiago califica a los cristianos como "primicias de sus creaturas (de Dios)" (1,18). Éstos no serán meros enunciados si somos "movidos por el espíritu que resucitó a Cristo: entonces vivificará nuestros cuerpos" (Rom 8,11).

El hombre estará en armonía con Dios cuando esté "revestido de Cristo", "crucificado con Cristo", y por tanto tenga "los mismos sentimientos que tuvo Cristo Jesús". Movido por el mismo Espíritu, podrá decir como Pablo: "no soy yo quien vive; es Cristo quien vive en mí" (Gál 2,20). En ese momento vive una vida *auténtica*.

PROYECCIONES

La antropología es inseparable de la ética. Hablar del hombre es hablar de su ser en sociedad, pues solo así se realiza y despliega como persona humana. Y eso supone un comportamiento que asegure la armonía, el *shalom*. Es así como la mentalidad semítica entiende al hombre: fundamentalmente en su dimensión social, preguntando *quién* es, a lo que responde mirando a sus relaciones con la sociedad –es padre/hijo/hermano de, proveniente de, dedicado a (trabajo). Es "imagen" del Dios creador de una trama que une al hombre a la creación. Por eso he apelado a una visión existencialista del hombre, no metafísica, o siquiera esencialista[1].

Me dirán que no he dicho nada nuevo. Y probablemente tengan razón. Podía haberme centrado en Dios como creador, o en la éti-

---

1   Ya R. Bultmann, como es sabido, leía la Biblia desde el existencialismo hei-deggeriano. Pero, como buen luterano, se quedó en la visión estrecha centrada en el individuo y su fe, obliterando cualquier consideración política, social, o simplemente comunitaria. Fue criticado por eso certeramente por D. Sölle en su opúsculo *Teología política*, Salamanca 1972, que, sorprendentemente, recibió poca atención.

ca, y presentarla con el manto de "antropología". He optado por ver las cosas desde el lado del hombre, no desde el de la divinidad –de "abajo" hacia "arriba", usando las imágenes populares, no desde "arriba" (Dios) hacia "abajo" (el hombre)–, no con ánimo moralizante sino inquisitivo, pues las cosas no parecen haber cambiado mucho en cuanto al hombre como tal.

Descendiendo a lo concreto, después de Auschwitz y Ayacucho, ¿se puede hablar del hombre como imagen de Dios? Más aun, ¿cómo hablar de Dios hoy? Como sea, la pérdida de Dios, la "muerte" de Dios, es también la muerte de la humanidad, como nos lo recuerda la historia de la humanidad, y no por último muchos relatos bíblicos. La Ilustración que divinizaba al hombre, ¿no ha sido la misma que lo ha ido destruyendo? ¿No ha sido precisamente por jugar a Dios que hombres han sido sus propios verdugos?

En el siglo pasado el "paraíso en el Edén" fue reemplazado por el paraíso comunista, en el que solo la *nomenklatura* vivía bien. En el otro extremo estaban los Gulags, los tiranos como Pol Pot en Cambodia y otros tantos guardianes de las cárceles que construyeron para su pueblo. El mismo paraíso, aunque con otro signo, nos lo ha prometido el capitalismo que, cual tentador del Edén ha seducido a multitudes, luego vino su variante llamada "(neo)liberalismo",...

Hoy día, el factor más importante en nuestra sociedad es el económico, no el humano. El Ministerio más importante en Perú y muchos otros países es el de Economía y Finanzas; el criterio primordial para la mayoría de las decisiones gubernamentales es el economicista[2]. En muchos centros educativos, la formación está en función de

---

2 Mientras escribo estas líneas me hicieron notar que el primero de los ministros nombrados por el nuevo Presidente del Perú, Ollanta Humala, ha sido el de economía, que mantiene la línea liberal del anterior, y que con eso se atenuaron los miedos a un gobierno "socialista".... La última en ser nombrada, semanas después, fue la de Educación.

éxitos profesionales, que por lo general significa que hacen harto dinero. La meta es tener cuanto antes una cuenta bancaria de por lo menos siete dígitos, como me lo confesó un joven hace un par de años. De hecho, muchos jóvenes deciden sus estudios superiores en los mismos términos: el que sea más lucrativo. En pocas palabras, el dios supremo en el panteón moderno y al que se rinde pleitesía es el dios Mamón. En su altar se sacrifica la humanidad –tanto el "*ser* humanos*"* como a los seres humanos. La explotación, inclusive de niños, está a la orden del día. No extraña que el drama más grande del mundo hoy sea su deshumanización. Es esto que critican los textos bíblicos, como hemos visto: anteponer el tener al ser, priorizar el egoísmo, instaurando una existencia inauténtica en lugar de la armonía del ser que solo se da en la solidaridad incluyente[3].

Esto no es todo. ¡Cuántos en nombre de Dios, declarándose defensores de su santidad, o sus delegados por algún artificio revelatorio, han hecho de la religión un negocio y un instrumento de dominación! ¡Cuántos en nombre de Dios han sido y son tiranos con las personas, han confundido fe con ideología! Pensemos en los movimientos islamistas, y también en los "talibanes cristianos"[4], en el nacional-catolicismo en la España de Franco, y en tantos movimientos fundamentalistas fanáticos.

Más aún, ¿actuamos realmente como imagen de Dios en relación a la creación? Nos vienen advirtiendo cada vez más frecuentemente sobre la paulatina destrucción de nuestro *habitat*. Al destruir la naturaleza, los recursos hídricos, los suelos y subsuelos, la atmósfera, los bosques, la fauna y la flora, nos autodestruimos: en lugar de ser

---

3   La armonía cívica, *homónoia*, era un valor fundamental en la vida ciudadana en la antigua Grecia.

4   En estos días (julio 2011) estamos atónitos por la masacre perpetrada por el extremista *cristiano* Anders Breivik, en Oslo contra "la locura de la inmigración musulmana", permitida por "marxistas", para "impedir que arrase con Europa".

guardianes y cultivadores de la naturaleza, la estamos destruyendo... no actuamos como imagen del dios Creador.

El futuro de la creación, por tanto del hombre mismo, le fue encomendado al hombre. Es su responsabilidad. Eso significa que su *ser* humano depende de su relación con la creación. Lo será en la medida que asegure el *shalom*, que viene de la armonía en las relaciones mutuas –con la naturaleza, con sus semejantes, y con el Creador.

En el Nuevo testamento se habla de "nueva creación", obviamente no en el sentido de crear lo no creado, sino de renovar la única creación –igual que se habla de nueva alianza. El calificativo "nueva" es por contraste, no por oposición. Solo se puede hablar de creación por cuanto el creador es el mismo Dios, por lo tanto se trata de una relación mutua. Esa relación, en la perspectiva cristiana, se da ahora por mediación de Jesucristo. Se lee en el prólogo juánico y en el himno en Colosenses –"todo fue creado por él, mediante él...". Ese "todo" tiene en primer plano la humanidad. En él todo se renueva. Si en Jesucristo se cumplieron las esperanzas, el mesianismo, entonces algo decisivo sucedió para la humanidad. La invitación a acoger y hacer realidad ese evangelio, esa buena noticia, sigue plenamente vigente. No les falta razón a los judíos cuando nos enrostran que, con la venida de Jesús, el mundo no ha mejorado, –por tanto no puede ser el mesías–, sin mencionar las críticas de muchos que nos recuerdan las barbaridades que en su nombre han llevado a cabo cristianos hasta recientemente, los comportamientos que contradicen el Evangelio... Sigue en pie el reto de vivir a cabalidad el Evangelio propuesto y vivido por Jesús de Nazaret.

Los textos bíblicos nos presentan una sabia comprensión del hombre que haríamos bien en repensar. La pregunta clave es *quién* es el hombre. Está claro que esos textos no son la última palabra, pero son una "palabra de Dios" que tiene mucho que decirnos, especialmente en relación a la dignidad de los seres humanos. Esto nos ha obligado a repensar la sopesada afirmación en Gén 1,27 que el hombre fue creado "a imagen y semejanza" del Creador, y a reconsiderar la dignidad humana reflejada en Jesucristo, icono de la "nueva creación".

Al acercarnos a los textos bíblicos para repensar nuestra identidad como "imagen de Dios", debemos empezar por reconocer el género literario de los textos y respetar sus condicionamientos culturales –que nos ha ocupado en los primeros capítulos. Debemos cuidarnos de proyectar sobre relatos mitológicos, como son los de la creación, afirmaciones que presuponen que se trata de un hecho histórico o que son afirmaciones doctrinarias e inmutables. El relato de Génesis no justifica una idea pesimista de la naturaleza humana como corrompida, marcada por la concupiscencia, para desembocar en el agustiniano "pecado original". ¿Qué dios es ese que hace sufrir a toda la humanidad (su creación) las consecuencias del pecado ajeno cometido hace milenios (asumiendo su literalidad), como si se tratara de un virus, más aun si se trata de recién nacidos? Aquí habría que repensar el tema del mal, el de la culpabilización a Dios por nuestras desgracias, y el de las imágenes de Dios que hemos fabricado, que exigen una desmitificación de la Biblia. Sobre esto advierte la Biblia con la prohibición de hacer imágenes suyas.

La mirada crítica a la antropología "bíblica" nos obliga a reconocer que los textos bíblicos reflejan los condicionamientos y las limitaciones propios de su tiempo y cultura. A lo largo de los siglos que han trascurrido desde entonces hemos aprendido mucho sobre el hombre en sus diferentes dimensiones, que en aquellos tiempos no se conocían. Ya en cuestiones de salud, que muchas veces se relacionaban con visiones míticas, hemos aprendido mucho: epilepsia no es posesión demoníaca (vea Mc 9,17ss); la "mano seca" es producto de hemiplejia, la "lepra" es cualquier enfermedad cutánea; la "ceguera" a menudo resulta de legañas en los ojos, y el estar encorvado es resultado de escoliosis o lumbago.

Pensar que el hombre naturalmente nace bajo la fuerza del mal, que nos mueven fuerzas divinas o demoníacas, que flotan inclusive demonios y ángeles, ha sido aclarado en términos sicológicos, neurológicos, o simplemente médicos. La idea de que el hombre está predestinado, sujeto a una suerte de fatalidad, que es una marioneta de la diosa Fortuna, nada tiene de cristiano, y pone en jaque a la libertad, y la responsabilidad por las decisiones.

Por tanto, es necesaria una desmitización de la antropología bíblica. Hay que revalorizar (1) la biología humana (p. ej. el tema de los males de salud, de la sexualidad, la idea que la vida está en la sangre, etc.); (2) la sicología humana (p. ej. en relación a males neurológicos y trastornos síquicos), y (3) los aportes médicos y científicos en general. Pero también debemos valorar las *constantes*, que no varían por cuanto el hombre es igual de humano hoy que ayer en sus deseos y anhelos profundos (p. ej. de felicidad), y en sus inclinaciones naturales (p. ej. al egocentrismo).

La presentación exegética de los relatos de creación nos obligan a revisar la literalidad de algunas afirmaciones tradicionales asociadas a los textos bíblicos, tales como "Dios creó el mundo en siete días", "el hombre es imagen de Dios en su espiritualidad", "Adán y Eva cometieron el pecado original que, además, todos heredamos", "Dios estableció en la creación el matrimonio monogámico", y "creó a la mujer para la procreación". Debemos, repito, cuidarnos de proyectar sobre los textos bíblicos nuestros prejuicios doctrinarios y así hacerles decir (a sus escritores) lo que ellos no pretendieron decir. Apelar a la inspiración puede servir –y a menudo sirve– de excusa para ignorar la exégesis histórico-crítica que en la Iglesia Católica se ha reconocido formalmente como absolutamente indispensable[5]. Por cierto, lo dicho no descalifica los desarrollos y profundizaciones posteriores a los tiempos bíblicos, en una suerte de fundamentalismo biblicista.

Después de lo expuesto, podemos preguntar, desde la antropología bíblica, si ésta tiene algo que aportar a la antropología secular como se estudia hoy, en el mundo científico, que deja al margen la religión. ¿Es aceptable hoy como paradigma de humanidad la persona de Jesucristo? O dicho en términos más tradicionales: ¿Qué aporta la evangelización a la humanidad?

En la perspectiva cristiana el hombre no es visto solo como un organismo biológico, como un ser en sociedad, o como parte de una historia. El acento no está ni en su origen ni en su situación en el mundo, sino en su futuro. Lo propio cristiano es la trascendencia. Es el tema escatológico. Por eso el fundamento es la resurrección, empezando por la de Jesucristo (1Cor 15). Él vino para que todos "tengan vida, y la tengan en abundancia" y esa vida sea "eterna" (Jn). Él es el paradigma de la "nueva creación". La apertura al espíritu que lo movió a Él, lleva a ser plenamente humano, pues trasciende el ego y el presente; se abre al mundo y a la eternidad; es movido a la compasión y a la esperanza. Esto se describe en el Nuevo testamento como la búsqueda o ansia de "salvación": "¿De qué le sirve al hombre ganarse el mundo entero, si al final él mismo se pierde?" (Mc 8,36). Es el tema de la esperanza, tratado inclusive por filósofos no-cristianos, que colora el sentido del presente en sus proyecciones futuras[6].

---

5   Cf. *La interpretación de la Biblia en la Iglesia*, Vaticano 1993. Vea, más recientemente, Benedicto XVI en la Introducción de su libro *Jesús de Nazaret*.

6   Vea los dos grandes tratados, el del teólogo J. Moltmann, *Teología de la Esperanza*, y el del filósofo marxista E. Bloch, *El principio esperanza*, colegas en Tübingen.

Lo humano no es algo dado definitiva y completamente. El hombre se va haciendo humano –o inversamente, se va deshumanizando. La humanización es un proyecto cuyo proceso culmina en el encuentro definitivo con el Creador, en comunión con la humanidad. Es un proyecto que se vive en comunidad y con la creación, primordialmente con la humanidad, –como destaca Génesis–, nunca aisladamente. El hombre es humano en la medida que sea solidario, contribuya al proyecto del *shalom* escatológico, la armonía universal. Ese proyecto, creemos los cristianos –y estamos retados a vivirlo coherente y consecuentemente– tiene como paradigma a Jesús Cristo y se vive siguiendo su camino, que llamamos "cristianismo"[7] –no cristiandad, que es un fenómeno cultural.

La antropología cristiana debe preguntar a la secular si el hombre es un ser solamente situado y condenado a su situación en. el mundo, que hay que entender solamente desde la biología, la sociología, la antropología, y las ciencias humanas en general, o si su existencia tiene un sentido no medible movido por sus anhelos profundos de vida y de felicidad sin fin –como en los cuentos. Es la pregunta por *el sentido* de la vida frente a la muerte, en última instancia la pregunta por la esperanza[8]. Y esta colora el presente. Mañana será hoy....

---

7   Notoriamente, en Hechos se presenta la predicación como la prosecución de un camino. El cristianismo es de hecho calificado una y otra vez como "el camino" (*ho hodos*: 9,2; 19,9.23; 22,4; 24,14.22). El cristianismo no es una doctrina o una ideología; es un estilo de vida guiado por el espíritu de Cristo (Rom 8).

8   Estando *ad portas* de la impresión de este libro, llegó a mi atención el extenso estudio de Alberto Simons, *Ser humano* (Lima 2011). De lo leído, sospecho que es un excelente complemento a lo aquí expuesto.

Impreso en Gráfica AVA S.A.C.
Pasaje Adán Mejía 180 Jesús María
Telf: 4711749
Lima 11 - Perú